秋田

AKITA

秋田

AKITA

JAPAN KENNEL CLUB, INC.

Typischer Akita mit rotem Haarkleid

Typischer Akita mit weissem Haarkleid

Typischer Akita mit gestromtem Haarkleid

brindel

Andere Japanische Hunderassen

Hokkaido

dogs:
48,5 - 51,5 cm
(19,4 - 20,6'')

Bitches:
45,5 - 48,5 cm
(18,2 - 19,4'')

Kai

dogs:
53 cm (21,2'')

Bitches:
48 cm (19,2'')

Shiba

dogs:
40 cm (16'')

Bitches:
37 cm (14,8'')

Kishu

dogs:
52 cm (20,8'')

Bitches:
46 cm (18,4'')

Shikoku

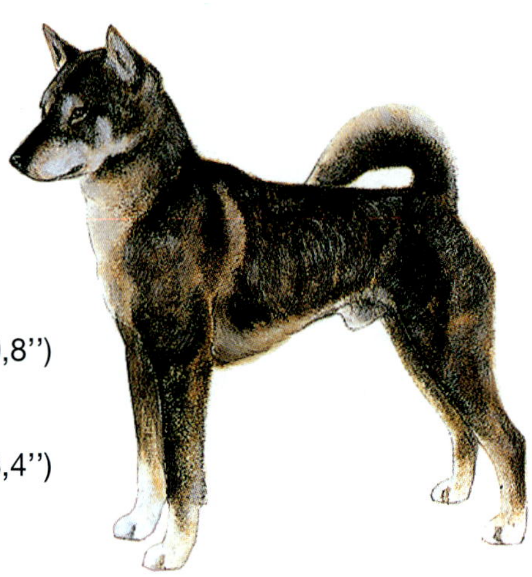

dogs:
52 cm (20,8'')

Bitches:
46 cm (18,4'')

Tosa

dogs:
60 cm (24'')

Bitches:
55 cm (22'')

Japan und sein Umfeld

(......): alte Namen, frühere Bezeichnungen

< >: Rassenamen

Die Akita Provinz und ihr Umfeld

(......): alte Namen, frühere Bezeichnungen

___ Grenzlinien zwischen den Provinzen

═══ alte Grenzlinin

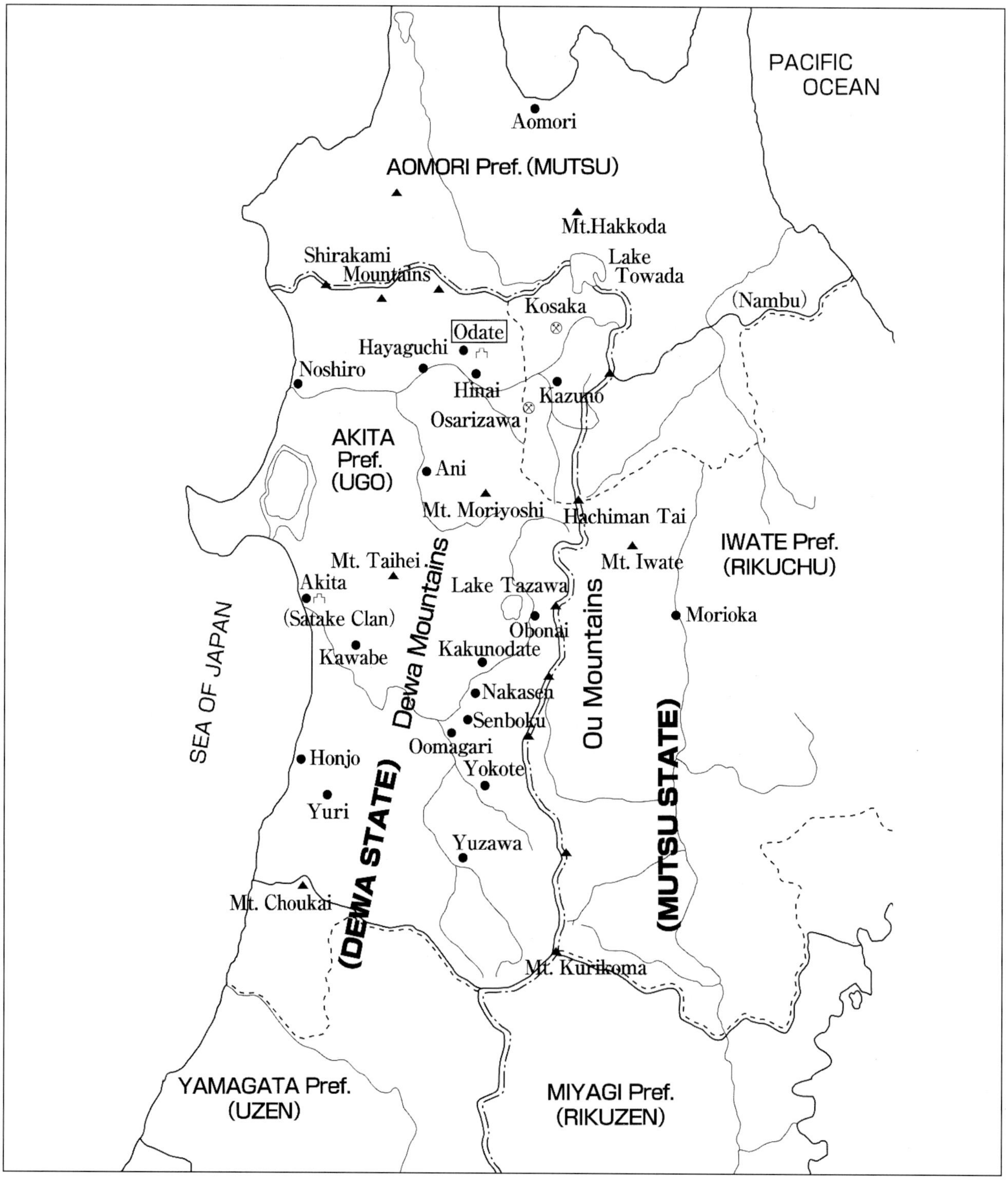

Inhaltsverzeichnis

Zum Anlass der Veröffentlichung

Der Akita wurde als erste der sieben Rassen zum Naturdenkmal Japans erklärt, da er die Kriterien "eines urprünglichen japanischen Tieres" erfüllen konnte. Dies war im Juli 1931.

Zwischen 1945 und 1955 wurden viele Nachkommen der Kongo Linie von den amerikanischen Besatzungstruppen in die USA importiert.
Die Nachkommen dieser Hunde wurden ohne Bemühungen, die Rassereinheit zu garantieren, in die ganze Welt exportiert.

In Japan dagegen hat man sich darum bemüht, die geistige Schönheit japanischer Hunde zu bewahren und den ursprünglichen Akita, der im Einklang mit Körper und Geist ist, wiederzuherstellen.

Daraus ergab sich, daß sich in der Welt zeitgleich zwei ganz unterschiedliche Typen des Akita entwickelt haben.
Dies hat zu erheblicher Verwirrung unter den Akita Freunden und Züchtern in Hinsicht auf den Standard, die Beurteilung und die Züchtung der Rasse geführt.

Da wir denken, daß Japan als Heimat der Akita die Verantwortung hat, der jetzigen Lage eine günstige Wendung zu geben, haben wir im Dezember 1996 in Tokio den "1. ‚Akita Weltkongress" sowie eine "Akita-Sonderausstellung des Japan Kennel Clubs" veranstaltet.
Für diese Veranstaltungen wurden Repräsentanten der Akita Klubs und der Japanischen Hund Klubs aus dreizehn Ländern in Europa, den USA und Lateinamerika eingeladen, um sie mit der Geschichte der Züchtung bekannt zu machen.
Auch die Vorsitzenden des wissenschaftlichen Kommission und des Standardausschusses der FCI haben an den beiden Veranstaltungen teilgenommen.

Nach einer Beratung mit der Organisation für Erhaltung der Akita (Akita-Inu Hozonkai) haben wir im Oktober 1997 den Akita Club of Amerika (ACA) in den USA, im Staat Missouri besucht, um "Die erste Konferenz über die Klassifizierung und den Standard des Akita" zu veranstalten. Die Beratung mit ACA dauern an.

Heute ist ein passendes Nachschlagewerk über den Akita, der in der ganzen Welt eine sehr populäre Züchtung ist, notwendig.
Ich wünsche aufrichtig, daß dieses Buch nicht nur von Akita Züchtern der Welt gelesen wird, sondern auch von anderen Hundezüchtern, damit dadurch das Verständnis für das wahre Wesen und die Eigenschaften des Akita gefördert werden.

Zum Schluß möchte ich mich bei Herrn Kajiwara für seine fortdauernde Forschung und seine Bemühungen bedanken, durch die diese Veröffentlichung verwirklicht werden konnte.

Hirofumi Keitoku
Präsident des Japan Kennel Club

Vorwort

Zu seinem anmutigen Aussehen und seiner Charakterfestigkeit hat der Akita als japanischer Großhund ruhige und gehorsame Eigenschaften sowie scharfe Sinne.
Die Anzahl der Akitazüchter wächst nicht nur in Japan, sondern in der ganzen Welt.

Da aber bisher keine von Japanern verfaßten Erläuterungen über den Akita in Fremdsprachen veröffentlicht worden ist, scheinen es, daß Japan als die Heimat der Rasse die Verpflichtung hat, die bereits im Ausland veröffentlichte Literatur - der eine einheitliche Ansicht fehlt und von denen viele falsche und mißverständliche Auslegungen enthalten - ein Buch zu veröffentlichen, das diese Mißverständnisse ausräumt.
Deshalb erscheint dieses Buch gerade rechtzeitig und hat große Bedeutung.

Die Zahl der jährlich eingetragenen Welpen in den USA und in anderen Ländern des sogenannten "Amerika Akita" liegt über 20.000. Dies geht weit über die Zahl in Japan hinaus.

Aber die „Amerika Akita" unterscheiden sich stark von den in Japan gezüchteten Akita. Gesichtszüge, Haarfarbe und Körperstruktur sind sehr unterschiedlich. Der Umstand führt zu einer großen Verwirrung unter den Akitazüchtern in der Welt.

Japan als Herkunftsland des Akita trägt eine erhebliche Mitschuld an dieser Verwirrung, da es die nach dem zweiten Weltkrieg (1939-1945) in die USA ausgeführten Akita völlig außer Acht gelassen hat.

Für die Akita Züchter ist es nicht zumutbar, daß es auch in Zukunft zwei verschiedenen Akitaarten, den "Amerika Akita" und den "Japan Akita" nebeneinander gibt. Es läßt sich leicht vorstellen, wie groß die internationalen Verwirrungen beim Züchten und den Ausstellungen sein würde, wenn die zwei Akita-Typen weiterhin unter dem gleichen Namen existieren sollten.

Auf dieser Ausgangslage basierend haben wir, auf Initiative des Japan Kennel Club, im Dezember 1996 den "1. Akita-Weltkongreß" veranstaltet, um so früh wie möglich eine einheitliche Ansicht des Standard-Problems zu erarbeiten.

Das Buch wurde geplant, um auf die Wünsche der Repräsentanten aller Länder beim Kongreß zu reagieren. Im Buch wurde versucht, auf Grundlage der vorhandenen japanischen Literatur über die Rasse, den langen und harten Weg des Akita zu beschreiben. Von der Entstehung und Anerkennung der Hunderasse Akita, über die Kreuzungszeit mit anderen Rassen und das Bemühen, nach dem zweiten Weltkrieg, einen Akita zu züchten, bei dem alle rassefremden Merkmale ausgemerzt wurden, der im Wesen und Phänotyp wieder einen typisch japanischen Hund verkörpert.

Zum Schluß möchte ich mich bei dem Autor des Buches Herrn Kajiwara für seine großen Bemühungen bedanken. Ich wünsche mir von Herzen, daß das Buch zur Lösung des „Akita-Problems" einen großen Beitrag leisten wird.

Toyosaku Kariyabu
Ehrenpräsident des Japan Kennel Club

Zur Veröffentlichung in Deutschland

Lutz Lammers
1. Vorsitzender des deutschen Akita Club
im VDH/FCI und der WUAC

In Absprache mit Herrn Kariyabu, Ehrenpräsident des Japan Kennel Club, habe ich Anfang 1999 die Aufgabe übernommen, zusammen mit Angelika Kammerscheid-Lammers das Buch für den deutschsprachigen Raum zum Teil zu übersetzen und zu überarbeiten. Nicht zuletzt hat bei der Überarbeitung natürlich auch das hochbrisante und sehr sensibel zu behandelnde Thema >die mögliche Verwendung als auch für den Hundekampf eingesetzte Rasse< sowie die Berücksichtigung der unterschiedlichen Zuchtentwicklung in Japan und den USA seinen Platz gefunden.

Für diese Erlaubnis, wie für die Erlaubnis, das Buch verlegen zu dürfen und natürlich für die vielen Vorarbeiten, die der Japan Kennel Club geleistet hat, sage ich recht herzlichen Dank und hoffe, daß das Buch mit der Überarbeitungen an seinem Aussagewert und seiner Kompetenz nichts eingebüßt hat.

Entschuldigen darf ich mich für die lange Zeit, die wir für das Verlegen des Buches gebraucht haben.

Angelika und ich glauben aber, daß sich die Wartezeit gelohnt hat und wir Ihnen heute nicht nur ein, sondern gleich zwei kompetente Bücher über den Akita anbieten können.

Mit dem JKC-Buches "Akita", das erstmals die Rassegeschichte aus Sicht des Herkunftslandes Japan in deutscher Sprache aufzeigt und den darin enthaltenen Informationen, wird hoffentlich so macher "selbstgebastelten" oder seit 30 Jahren immer wieder abgeschriebenen Rassegeschichte ein Schlusspunkt gesetzt.

Das Buch von Angelika "Akita - ein faszinierender Hund aus Japan", zeigt überwiegend die Entwicklung in Deutschland und gibt praktische Tips und Hinweise im Umgang und der Zucht des Akita und zeigt die aktuellen Änderungen seit 1999 auf.

Durch die Kombiantion beider Bücher ist es m.E. gelungen, für alle Leserkreise ein informatives und unterhaltendes Gesamtwerk aufzulegen.

Herzliche Grüße aus Hamm
Lutz Lammers

Einleitung

Schon mehr als 60 Jahre sind vergangen, seit der Akita-Inu (Akita-Hund) im Juli 1931 als erste der sieben Hunderassen japanischen Ursprungs (Akita, Hokkaido, Koshino-Inu, Kai, Kishu, Shikoku und Shiba) zum „Naturdenkmal" erklärt wurde. Bis zu dieser Zeit war der Akita nur den Bewohnern von Odate in Tohoku (Nordostjapan) und einer begrenzten Anzahl von Hundefreunden als Odate Inu oder auch als Kazuno-Inu bekannt.
Die Würdigung zum Naturdenkmal veranlaßte die neue Rassebezeichnung "Akita-Inu" und führte zu verstärkten Bemühungen um Förderung und Erhaltung seiner Reinrassigkeit.

Ein Artikel in der Asahi Shinbun (Asahi-Zeitung) vom 4. Oktober 1932 über den treuen Hund Hachiko hinterließ nicht nur bei allen Hundefreunden, sondern in ganz Japan einen tiefen Eindruck. Der Akita-Inu Hachiko erlangte landesweite Berühmtheit, und die Akita-Rasse als solche geriet dadurch in den Mittelpunkt der allgemeinen Beachtung.

Der Ausbruch des Zweiten Weltkriegs im Jahre 1939 brachte höchst negative Auswirkungen auf alle Lebensbereiche Japans und damit auch eine schwer überbrückbare Vakuumszeit für die Erhaltung und Zucht des Akita mit sich.

Nach dem Kriegsende im August 1945 stabilisierten sich die sozialen Verhältnisse allmählich so weit, daß auch die Hundefreunde an die Wiederaufnahme ihrer Aktivitäten denken konnten. Die 1927 in Odate gegründete Akita-Inu Hozonkai (Verein zur Erhaltung des Akita-Inu (Akiho) e.V., die 1928 in Tokyo gegründete Nihonken Hozonkai (Verein zur Erhaltung japanischer Hunderassen) e.V. und die beiden nach dem 2. Weltkrieg gegründeten Vereine Akita-Inu Kyokai (Akita-Inu-Gesellschaft) e.V. und Akita-Inu Hozon Kyokai (Gesellschaft zur Erhaltung des Akita-Inu) e.V bemühten sich durch Steigerung der Mitgliederzahl, Eröffnung von Ortsgruppen und die Organisation von Frühjahrs- und Herbstausstellungen um die Etablierung des Akita.

Der Akita ist beim Japan Kennel Club e.V. (JKC), der japanischen Rassehundedachorganisation, seit dessen Gründung im Jahre 1948 eingetragen. 1981 wurde in der Stadt Akita eine Ortsgruppe ins Leben gerufen, die sich seither der besonderen Förderung der Akita-Rasse annimmt.

Nach anfänglichen Schwierigkeiten wie organisatorischen Veränderungen und Unsicherheiten bei der Bestimmung der Rassemerkmale des Akita nahm die Entwicklung glücklicherweise in jeder Beziehung einen positiven Verlauf.

Leider bleibt ein wichtiges Problem bestehen: das Fehlen eines einheitlichen Standardsin Japan für den Akita als Rassehund.
Zwar gibt es keine allzu großen Abweichungen, aber die Tatsache ist doch bedauerlich. Trotz unterschiedlicher Gruppenorganisationssysteme sollte man zu einem einheitlichen Rassestandard kommen.

Verglichen mit den ersten Boom-Zeiten nimmt die Zahl der eingetragenen Hunde in Japan, sicher auch wegen der vergleichsweise beschränkten Wohnverhältnisse, nicht mehr so zu wie z.B. in Europa, Amerika und anderen Ländern, wo auch Ausstellungen größeren Stils stattfinden.

Zur Zeit macht sich jedoch ein schwerwiegendes Problem bemerkbar. In Amerika gezüchtete "Akita" zeigen in ihrem Äußeren starke Abweichungen zu ihrem japanischen Gegenstück.

Der JKC organisierte im Dezember 1996 in der Präfektur Saitama eine Akita-Sonderausstellung mit Vertretern aus über 30 Ländern, gefolgt von einer „Akita-Weltkonferenz". Als Hauptthema standen die oben erwähnten Standardunterschiede auf dem Programm. Lebhafte Diskussionen mit sehr konstruktiven Vorschlägen machten diese Veranstaltung zu einer bedeutenden internationalen Konferenz.

Bei dieser Gelegenheit möchte ich dem JKC meine Hochachtung für seine hervorragende internationale Zusammenarbeit aussprechen.

Lassen Sie mich an dieser Stelle kurz die Organisationsform des JKC erläutern. Der JKC trat im Jahre 1963 der FCI (FÈdÈration Cynologique Internationale) bei, einer internationalen Organisation mit Mitgliedern aus 68 Ländern. Diese Mitglieder verteilen sich geographisch auf vier Kontinente, wobei der JKC Asien repräsentiert.
Bis jetzt führte der JKC zur internationalen Förderung des Akita-Inu Sonderausstellungen in mehreren Kontinenten durch, die mit großem Interesse aufgenommen wurden. Außerdem bemüht sich der JKC um die einheitliche Ansicht zum Akita unter den einzelnen FCI-Mitgliedsorganisationen.
Innerhalb der FCI gibt der JKC-Standard den Rassestandard für den Akita vor.

Als Liebhaber des Akita und Kenner einer seit alten Zeiten überlieferten Geschichte der Rasse ist mir die Bewahrung und Förderung dieser Hunderasse als japanisches Kulturerbe eine Herzensangelegenheit. Zu diesem Zweck ist es nötig, einmal die Tendenzen der letzten Entwicklungen, vor allem auch derjenigen direkt nach dem Kriege zu untersuchen und zu klären.

In alten Zeiten

Die Heimat des Akita ist die Stadt Odate und ihre nähere Umgebung in der heutigen Präfektur Akita. Seine Geschichte reicht weit bis in historische Zeiten zurück. Odate ist seit altersher als „Hundestadt" im Tohoku-Gebiet (Nordostjapan) bekannt.
Nach 1800, in der späten Tokugawa-Zeit, wurden Haushunde, die sich durch günstige soziale und lokale Verhältnisse vermehrt hatten, mehr und mehr zum Hundekampf verwendet. Nach der Meiji-Restoration 1868 wurden Hundekämpfe als öffentliche Vorführungen abgehalten, und viele Hunde sammelten sich in der „Hundestadt Odate".

Für diese Hunde gab es mehrere Bezeichnungen, je nach ihrem Abstammungsort. Tiere aus Odate selbst und nördlich davon hießen „Odate-Inu"; „Kazuno-Inu" kamen aus dem Kazuno-Gebiet, „Nambu-Inu" waren nach dem alten Gebietsnamen „Nambu-han" benannt.
Zusammenfassend wurden sie als „Chi-Inu", (regionale Hunde) bezeichnet. Die regionalen Hunde aus den Städten, die zum Kampf benutzt wurden, nannte man „Kuwae-Inu" ("Hunde, die fassen") oder im Dialekt „Kuriya-Inu", die Jagdhunde in den Dörfern und Bergen „Matagi-Inu".

Die ersteren Namen waren geographisch abgeleitet, wie auch z. B. der heutige „Akita", die letzteren vom Verwendungszweck der Tiere. Auf jeden Fall waren es mehr oder weniger ähnliche japanische Hunde, wie sie seit alten Zeiten in diesem Gebiet verbreitet waren. Sie sind die Vorfahren unseres heutigen Akita-Inu.

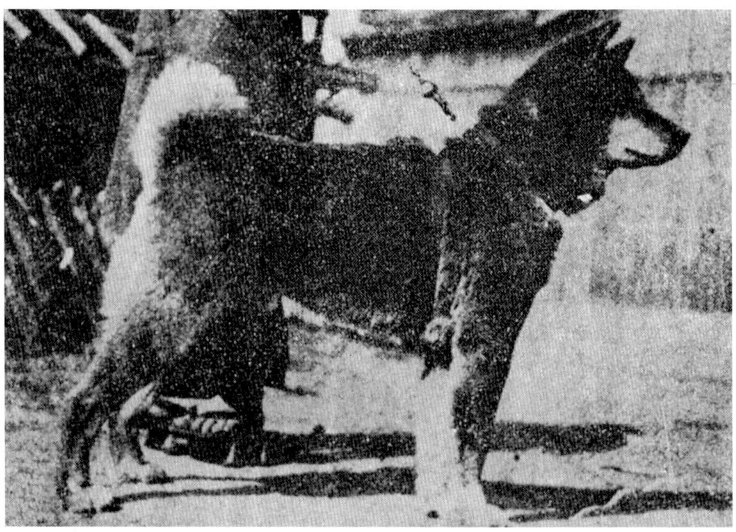

Akita Matagi Inu

Bis jetzt wurden viele Studien und Untersuchungen über die Abstammung und Geschichte des Akita veröffentlicht. Dr. Toru Uchida schreibt in seinem Buch „Das Hundebuch" „Der Körperbau des Akita unterscheidet sich von dem der übrigen japanischen Hunde, sowie von dem der Sachalin-Hunde, den Laikas und den samojedenartigen des Festlandes.
Man darf darum annehmen, daß diese Hunde schon in vorhistorischen Zeiten in dieser Gegend zu finden waren und nicht erst später durch menschliches Zutun geschaffen wurden.
In der „Scientific Society", Bd. 22, sagt Dr. Shozaburo Watase: "Japanische Hunde können in drei verschiedene Herkunftsgruppen eingeteilt werden die hochnordische, die mittelnordische und die südliche." Die Hunde aus dem hohen Norden, die zusammen mit den Menschen nach Japan einwanderten, waren von großem Wuchs mit dichter Behaarung und hatten eine kräftige über dem Rücken gerollte Rute. Zu diesem hochnordischen Stamm gehört der Akita."

Hirokichi Saito, einer der Gründer der Nihonken Hozonkai (Verein zur Erhaltung des japanischen Hundes) e.V. und gleichzeitig ein bekannter Hundeforscher, schreibt in seinem Buch „Japanische Hunde und Wölfe":
„Der Akita entstand durch die Kreuzung eines mittelgroßen japanischen Hundes mit einem Angehörigen der nördlichen Spezies oder mit einem großwüchsigen Hund des chinesischen Kontinents.
Dazu gehören ebenfalls die inzwischen ausgestorbenen Nambu-Inu aus Rikuchu (heutige Präfektur Iwate), der Takayasu-Inu aus Uzen (heutige Präfektur Yamagata), der Iiyama-Inu aus Shinshu (heutige Präfektur Nagano) und der Go, ursprünglich ein großer Hund vom chinesischen Kontinent, aus dem Dazaifu-Gebiet in Kyushu".
Eine ähnliche Meinung vertritt auch der in Odate wohlbekannte Taiji Kimura im Nachrichtenblatt der Akita-Inu Hozonkai e. V: „Hunde wie der Go wurden aus Bokkai (ein inzwischen historisches Land, dessen Gebiet sich auf Teile Nordkoreas und Ostchinas erstreckte) eingeführt; aus der Kreuzung mit japanischen Hunden entstanden die Vorfahren des
Akita."

Diese Bücher reichen jedoch nicht aus, um die Entwicklungsgeschichte des Akita eindeutig festzulegen.
Leider finden sich vor der Tokugawa-Zeit (Beginn 1602) keine nennenswerten Aufzeichnungen oder Überlieferungen über diese Hunde. Allgemeine Beschreibungen von japanischen Hunden können bis in die Nara-Zeit (710) zurückverfolgt werden. Die erste findet sich im „Keiki Tenno-ki" (12. Kaisergeneration), dann auch im „Kojiki", „Sushun Tenno-ki" und anderen historischen Quellen. „Yooki" , „Nihonshoki", „Shoku-nihonki"und „Ruiju-kokushi" berichten über als Tribut aus Kudara (historisches Land im heutigen Korea) und Bokkai neben anderen Tieren und Waren eingeführte Hunde.
In der Heian- (794-1185) und Kamakura-Zeit (ab 1192) wurden Hunde in literarischen Werken wie im „Makura-no-soshi", „Genji-Monogatari" (Geschichte vom Prinzen Genji), „Uji Shui- Monogatari", „Konjaku- Monogatari", „Tsurezuregusa", „Taiheiki" beschrieben. Nach Beginn der Kamakura-Zeit gibt es Darstellungen von Hunden auf Bildrollen. Viele Bilder wie zum Beispiel „Ojo Zoshu E" und „Gaki Soshi" zur Veranschaulichung der buddhistischen Legenden „Rikudo E" (Bild der sechs Wege) und „Jikkai Zu" (die zehn Welten) sind bis auf den heutigen Tag erhalten geblieben.
Diese Hunde sind eher als eine Art von Staffage anzusehen, die meisten von ihnen sind gescheckt. Die beiden Bildrollen „Kobodaishi Gyojo Emaki" und „Yadajizo Engi Emaki" nehmen eine Sonderstellung ein. Hier finden wir die Hunde im Vordergrund vor einer Feld- und Berglandschaft abgebildet. Es handelt sich dabei um kurzhaarige japanische Jagdhunde, die von mit Pfeil und Bogen ausgerüsteten Samurai und Jägern geführt werden.

Im späteren Mittelalter tauchen vermehrt Hunde in Schriftzeugnissen und Bildern auf. Bekannt ist der Bericht im „Taiheiki" (Kriegshistorie), Bd.5 vom Ende der Kamakura-Zeit (nach 1280) über den Regenten Takatoki Hojo, der als Laienpriester den Namen Sagami Nyudo führte, mit dem Titel: „Sagami Nyudo dengaku ben-ni token-wo moteasobukoto" (Sagami Nyudo vergnügt sich bei Tanz und Hundekampf).
Unter dem Titel „Hata Rokurozaemon-ga koto" (über Rokurozaemon Hata) wird im „Taiheiki", Bd.22 beschrieben, wie Rokurozaemon mit seinen Gefolgsleuten und seinem Lieblingshund „Inujishi"(Löwenhund) das Schloß Takanosu in Kozuke (heutige Präfektur Gumma) angreift und verteidigt. Während der Nanbokucho-Zeit (Periode der Nord-und Süddynastie) wurden Hunde auch zu militärischen Zwecken eingesetzt.

Soweit die Zusammenfassung der Literaturquellen von der älteren Zeit bis ins Mittelalter. Es wird gesagt, Hunde seien die ersten vom Menschen domestizierten Haustiere. In früheren Zeiten, als der Jagd für den menschlichen Lebensunterhalt noch eine große Bedeutung zukam, waren die Hunde

unentbehrliche Helfer und Gefährten des Menschen, die darum auch zu neuen Wohnplätzen mitgenommen wurden.
Historische Überreste und Funde in Akita und Tohoku (Nordostjapan) machen deutlich, daß die Jäger- und Sammlerkultur bis in die Jomon- (7. Jhrhdt. v. Chr.) und Yayoi-Zeit (3. Jhrdt v.Chr.) als Lebensweise vorherrschte. Obwohl der Reisanbau etwa im dritten nachchristlichen Jahrhundert aufkam, fiel der Ertrag wegen ungünstiger Klima- und Umweltverhältnisse so gering aus, daß Jagd und Fischerei weiterhin den hauptsächlichen Lebensunterhalt bildeten.
Auch als in der Gegend von Odate der Ackerbau allmählich die Oberhand gewann, spielte doch die Jagd bis in die jüngste Zeit hinein eine unübersehbare Rolle. In einigen Dörfern - den sogen. ‚Matagi-Dörfern" (Jägerdörfer) - blieb sie noch für lange Zeit die Lebensgrundlage.

In der Akita-Präfektur wurden folgende Dörfer „Matagi-Dörfer' genannt: Nekko, Dato, Hinaiuchi, Koya und Tsuyukuma in Ani-machi; Hagikata und Yagisawa in Kamianimura; Obonai, Sashimaki, Tazawa und Tamagawa in Tazawamachi; Nakagawa, Shiroiwa und Hirokunai in Kakudate-cho; Toyooka in Nakasen-cho, Yuda in Rokugo-cho, alle im Nord-Akitagebiet, Hyakutaku und Sasago in Chokai-mura, Bezirk Yuri; Oyu und Dairakumae, Bezirk Kazuno; Kanazawa in Fujisato-mura, Bezirk Yamamoto; Iwamisannai in Kawabe-cho, Bezirk Kawabe, und andere. Außerdem gab es jenseits der Oyama-Berge in den Präfekturen Iwate und Yamagata Matagi-Dörfer mit gleichen Gebräuchen und Jagdmethoden.

In diesen Dörfern wurden bis in die neuere Zeit die sogen. „Matagi-Inu" (zur Jagd verwendete japanische Hunde) gehalten.
Andererseits gibt es über die anderen Hunde dieser Gegend, die Odate-Inu und Nambu-Inu, keine einschlägige Literatur oder Überlieferung. Es bleibt uns nichts anderes übrig, als aus den Umwelt- und Gesellschaftsbedingungen jener Zeit unsere Schlüsse zu ziehen.
Das „Fudoki" und andere historische Quellen beschreiben Tohoku als ein weites von den Oyama-Bergen zweigeteiltes Gebiet: die Pazifikseite und die Japanmeerseite.
Geographische und klimatische Bedingungen beeinträchtigten die Entwicklung von Odate. Das Gebiet war durch die Berge vom Osten abgeschnitten, den Zugang zum Süden erschwerten lange und kalte Winter, die See- und Landwege unpassierbar machten.

Wenden wir uns nun den gesellschaftlichen Bedingungen zu. In dieser Zeit erstarkte der Adel in Tohoku, was zu ständigen Konflikten führte. Der Kaiserhof von Yamato, der dann im siebten Jahrhundert einen quasi souveränen Staat bilden konnte, bemühte sich in dieser Zeit (um 500) mit wiederholten gegen die Emishi gerichteten Eroberungsversuchen in Tohoku Fuß zu fassen.
Direkt nach der Taika-Reformation (645) entstand zunächst der Staat Mutsu in Tohoku, welcher bis dahin als außerhalb des Reichsgebietes gelegen galt. Ein halbes Jahrhundert später wurde dann der Staat Dewa errichtet, zu dem die heutige Präfektur Akita gehört.
Ein großer Einwandererstrom aus dem heutigen Kanto-(Tokyo) und Chubugebiet (Nagoya) trug zur Fortentwicklung dieser Gegend bei. Dieser Fortschritt erweckte jedoch Besorgnis und Unterdrückungsängste bei den Sippenoberhäuptern und den mächtigen Klans. Dies führte zu häufigen Revolten, die alle Anstrengungen wieder zunichte machten und noch heftigere Kämpfe mit sich brachten.

Unter den oben geschilderten Umwelt- und Sozialbedingungen ist nichts über die Umstände oder das Aussehen der seit langem in dieser Gegend verbreiteten Hunde bekannt. Es ist jedoch anzunehmen, daß eine gewisse Festigung des Typs stattgefunden hat. Der vorher erwähnte Hirokichi Saito schreibt in seinem Buch: „Die Körperhöhe von mehr als 300 an verschiedenen Orten Japans ausgegrabenen Hundeskeletten betrug 37-50cm. Später wurden an zwei Stellen im Tohoku-Gebiet Skelette von etwa 57cm gefunden."

In der Azuchi-Momoyama-Zeit (1573-1602) besuchten immer mehr Spanier und Portugiesen das ferne Japan. Sie brachten Hunde mit, deren Bilder wir im Hintergrund der Faltschirme in den Museen und an anderen Orten bewundern können.

Anmerkungen

1. Matagi Inu:
Mittelgroßer Hund, der von den Matagis genutzt wurde, die eine lange Tradition als Jäger in den Bergen der Provinz Tohoku hatten.

2. Toru Uchida:
1897-1981, geb. in Hamamatsu-shi, Shizuoka-Präfektur. Absolvent der Zoolog. Abtlg. der Naturwissenschaftl. Fakultät an der Tokyo-Universität, 1923.
1928-1930 Studium in Deutschland, Prof. an der Hokkaido-Universität und an der Nippon Joshi (Frauen)-Univ.; Präsident der Gesellschaft für Zoolog. Taxonomie (Japan) und der Zoological Society of Japan.
Neben vielen anderen Publikationen erhielten "Hunde - ihre Geschichte und Psychologie" und "Das Hundebuch". 1953 als erste den Preis des Japanischen Essayisten-Clubs.

3. Shozaburo Watase:
1862-1929, Zoologe. Führte die Watase-Linie ein, eine Grenzlinie zwischen zoogeographischen Zonen.

4. Hochnordische, mittelnordische und südliche Abstammungslinien:
Ein von Dr. Watase durch Untersuchungen an japanischen Hunden aus Honshu, Shikoku und Kyushu anerkanntes Abstammungssystem als Einteilungskriterium für japanische Hunde in groß-, mittel- und kleinwüchsig.

Der hochnordische Stamm hat seine Heimat im nördlichen eurasischen Kontinent und wurde von alten sibirischen Völkern in einem Teil Chinas gezüchtet. Die großwüchsigen Hunde sollen von dort nach Japan gekommen sein und sind im Akita wiederzufinden.

Der mittelnordische Stamm, ursprünglich von alten und später von neuen sibirischen Völkern gezüchtet, kam über die Halbinsel Korea nach Japan. Mittelgroße Hunde im Hokuriku (Nordwest)-Gebiet und anderen Gegenden schlagen nach diesem Typ.

Der südliche Stamm kam von Ostindien nach den Philippinen. Kleinwüchsig, finden sich seine Merkmale beim Shiba.

5. Shikken
Der höchstrangige Berater eines Shogun, der alle Geschäfte für ihn koordinierte.

6. Fudoki:
Beschreibung von Klima, Landform und Natur-bedingungen einer Gegend

7. Emishi:
Frühere Bewohner des nördlichen Kantons Tohokus und Hokkaidos, die sich der Regierung des Kaiserhofs widersetzten.

Mittelalter

Daten über japanische Hunde im Tohoku-Gebiet sind während der Sengoku-Zeit (Zeit der Kriegswirren um 1500) genauso spärlich wie zur Azuchi-Momoyama-Zeit (1582-1600). Tohoku war der Schauplatz lang anhaltender Kriegswirren und Fehden zwischen niederen Chargen und Feudalherren.

Odate, die Heimat des Akita, bildet da keine Ausnahme. Im Schloß von Odate wechselten im Laufe von 40 Jahren achtmal die Schloßherren bis zur Ankunft des Satake-Clans (1603-1867). Während der Toyotomi-Verwaltung wurde Odate ein Teil des Akita-han und Kazuno ein Teil des Nambu-han, ohne daß die Grenze zwischen ihnen festgelegt worden wäre. Das war der Grund für die bis in die Tokugawa-Zeit hinein anhaltenden Gebietsstreitigkeiten zwischen Akita- und Nambu-han, unter anderem über die Gebietszugehörigkeit der vom Nambu-han eröffneten Numayama-Mine.
Auch die ursprünglich auf dem Gebiet des Nambu-han gelegenen Goldminen von Shirane und Osaruzawa sowie die Goldminen Akasawa und Okuzu des Akita-han lagen in enger Nachbarschaft; dazu kamen bedeutsame Holzvorräte am Nagaki-Fluß, die zu ständigen Disputen führten, die noch gefördert wurden von privaten Feindseligkeiten der Bewohner untereinander. Erst nach 60 Jahren wurde dem Zwist im Jahre 1677 durch einen Erlaß des Shoguns ein Ende gesetzt.

Die „Roken-Schreinlegende" (die Schreinlegende vom alten Hund) von Kuzuhara wird seit langen Jahren unter den Bewohnern dieser Gegend von Generation zu Generation als die Geschichte eines treuen Hundes weitergegeben. Sie spielte sich vor dem Hintergrund der Gebietsstreitigkeiten ab.

Statue von "Shiro" am Rouken Schrein

Der Rouken Schrein in Odate

Matagi Sataroku aus Kusaki im Nambu-han war als Jäger im Besitz einer Jagderlaubnis vom Feudalherren von Nambu, Daizendayu Nobunao. Eines Tages, als er vergessen hatte diese mitzunehmen, geriet er bei der Verfolgung des Wildes auf fremdes Gebiet. Zu seinem Unglück wurde er gefangengenommen und ins Gefängnis geworfen.
Der verwirrte Jagdhund Shiro, der ihn begleitet hatte, näherte sich des Nachts und in den frühen Morgenstunden, wenn der Wächter nicht da war, winselnd dem Gefängnis. Nachdem ihm Sataroku verzweifelt zugeredet hatte, verstand er schließlich, daß sein Herr in Not war und lief, hungrig wie er war, über Felder und Berge nach Hause.
Die Frau hatte gemerkt, daß ihr Mann ohne seine Jagderlaubnis ausgegangen war. Schnell fütterte sie den Hund und schickte ihn dann mit dem Papier wieder auf den Weg. Als Shiro in der Abenddämmerung vor dem Gefängnis ankam, war es bereits zu spät. Man hatte Sataroku schon hingerichtet."

Von dieser Geschichte sind verschiedene Versionen im Umlauf, wobei der Standpunkt des Erzählers zu den Grenzproblemen sicher eine Rolle spielt. Leute aus dem Akita-han schildern die Geschichte so: „Sataroku wurde am Kuruman-Paß in Nambu gefangengenommen und dann vor dem Schloß in Sannohe hingerichtet. Seine Witwe und Shiro wurden ausgewiesen (tokoro harai) und ließen sich dann in Kuzuhara in Akita nieder. Die Dorfbewohner priesen Shiros Treue und errichteten nach seinem Tode einen Schrein über seinem Grab."
Dagegen erzählt die Nambu-Überlieferung folgendes: „Sataroku wurde in der Nähe von Kuzuhara gefangen und ermordet. Der treue Shiro spürte den Tod seines Herrn; aus den Bergen hinter dem Dorf erscholl Tag und Nacht seine Totenklage. Danach kamen Unglück und schlimme Krankheiten über das Dorf. Um weiteres Übel abzuwenden, nahmen die Bewohner schließlich die Witwe und Shiro bei sich auf. Der nach seinem Tode errichtete Schrein war dem Geist Shiros geweiht."

In den folgenden Zeiten erlebte das Akita-Gebiet durch die Erschließung der Minen einen plötzlichen Bevölkerungszuwachs. Sowie eine Mine neu eröffnet wurde, strömten aus dem ganzen Land Profitjäger herbei: Minenunternehmer, Unterpächter (kanako), Metallurgen (tokoya), Händler, Mönche und auch Prostituierte. Da die Minenarbeit jedem offenstand, fanden sich bald auch Heimatlose, Strafgefangene und auch die in vielen Gebieten verfolgten Christen ein; Einige von ihnen wurden ergriffen und dann hingerichtet.

Während der Tokugawa-Zeit (1602-1867) kam es zu mehr als 70 Aufständen (ikki). Höhepunkte waren die Aufstände gegen die Satake-Verwaltung, die Landvermessung (kenchi) von 1596-1623, die Zeit der Hungersnöte von 1783-1788 und um 1830. Die schlimmste Hungersnot im Jahre 1783 - die sogen. „Hungersnot im Hasenjahr" forderte allein in Akita mehr als 7000 Menschenleben.

Die schwierigen und unbeständigen Zeiten zwangen die verunsicherte Bevölkerung, Maßnahmen zu ihrem eigenen Schutz zu ergreifen. Viele begannen, sich Wachhunde zu halten. Der Matagi-Inu bekam eine neue Aufgabe.
Das Ausschlaggebende bei einem Jagdhund ist seine Leistung auf der Jagd. Bei einem Wachhund, der Menschen und ihren Besitz schützen soll, kommt es mehr auf Größe und ein imposantes Aussehen an.
Es ist anzunehmen, daß die Bevorzugung von größeren und kräftigeren Tieren dann zu einer Zuchtauslese in dieser Richtung beitrug.
Die großwüchsigen, jetzt Akita genannten japanischen Hunde, haben hier ihren Ursprung. Seit jener Zeit war es in dieser Gegend üblich, Hunde zu halten. Jagdhunde bei den Matagi und Wachhunde bei den wohlhabenden Bauern und alten Familien.
In Gebieten um Odate gab es einige Familien, die ihre Hunde auch zum Hundekampf benutzten, allerdings ist nicht genau bekannt, seit wann. Laut mündlicher Überlieferung besaß damals praktisch jede Familie ein bis zwei scharfe Hunde. Berühmte alte Familien hielten sich von Generation zu Generation Tiere gleicher Farbe, die dann fast die Bedeutung eines Familienwappens annahm.
So sollen zum Beispiel das „Shiro (Weiß) von Adachi", das Goma (Pfeffer und Salz) von Benzosama" und das „Kuro (Schwarz) von Izumi" festgelegt gewesen sein.Bei festlichen Anlässen, wo viele Menschen zusammenkamen, versammelten sich diese Familien später an einem anderen Ort und ließen zum Vergnügen ihre Hunde miteinander kämpfen, um zu sehen, welcher Hund gewann oder wessen Tier das stärkste war.

Zu folgender Behauptung gibt es auch keine weiteren Einzelheiten oder Berichte: Es heißt, daß ein Schloßherr von Odate, ein Angehöriger des Satake-Clans, Hundekämpfe über alles liebte und sie oft in einer Schloßecke in der Nähe des Toragomon (Nordosttor) durchführen ließ, um den Kampfgeist seiner Vasallen zu stärken.

Mittelalterliche Literatur und Volksüberlieferungen über Hunde außerhalb der Akita- und Odate-Gebiete erzählen von Ieyasu Tokugawas Hirschjagd mit über 60 „Kara-Inu" (ausländische Hunde) und geben einen Bericht über den Bau einer Hundekampfarena durch Motochika Chosokabe in Tosa (Shikoku).
Jedoch findet sich fast nichts Verwendbares über den Akita-Inu.

Die berühmteste Person der Tokugawa-Zeit war, was ihre Beziehung zu Hunden betrifft, Tsunayoshi Tokugawa (1646-1709), der fünfte Shogun. Nach dem chinesischen Tierkreiskalender war er im Jahre des Hundes geboren und wohl schicksalhaft dazu bestimmt, das Tier zu lieben. Seine Liebe zu Hunden war so außerordentlich, daß er zu ihrem Schutz ein Gesetz erließ: "Das Mitleidsgebot gegenüber Lebewesen".
Wer das Gesetz verletzte, wurde gnadenlos mit dem Tode bestraft.
Die durch dieses Gesetz verursachte rapide Zunahme von Hunden in Edo (das heutige Tokyo) machte den Bau von Hundehäusern in Okubo (Mai 1695) und in Nakano (November 1695) auf einer Landfläche von zusammen 58,8 ha nötig.

Zu dieser Zeit soll es bis zu 100.000 Hunde gegeben haben. Dieses absurde Gesetz plagte die Bürokraten und das Volk gleichermaßen und verhalf Tsunayoshi zu dem Schimpfnamen „Hunde-Shogun".

Uber das weitere Schicksal der Hunde in Edo ist fast nichts bekannt außer einem Artikel mit dem Titel „Hundekursus: Der Japanische Hund". Darin heißt es:
„Weil die inneren und äußeren Wälle des Schlosses von Edo dichten Kieferbestand hatten und überdies dem Volk der Zutritt verboten war, lebten dort um das Jahr 1894 (Sinojapanischer Krieg) zahlreiche herrenlose Hunde. Besonders in der Gegend von Ochano-mizu, wo es viele Schützengräben gab, trauten sich die Menschen nicht in ihre Nähe. Tagsüber hielten sich die Tiere in diesem Schutzgebiet versteckt, nachts streiften sie auf Futtersuche durch die Stadt. Zwischen Surugadai und Yotsuya-mitsuke wucherten damals wilde Gehölze und Bambus, und man konnte die Hunde sogar am hellichten Tage beobachten. Von den Leuten dieser Gegend wurden sie „Dote-Inu" (Dammhunde) genannt.

Unter ihnen gab es auch rein japanische Hunde in Rudeln von 20 bis 30 Tieren, meistens weiß, schwarz oder gefleckt. Normalerweise ließen sie ihre Schwänze hängen, aber wenn sie nachts andere Hunde angriffen, trugen sie sie aufgerollt. Alle Dote-Inu hatten einen kräftigen Körperbau von 30-34 kg. Einige waren sogar noch größer als Odate-Inu: Es wird berichtet, daß ein in der Nähe von Suidobashi gesichteter gefleckter riesiger Hund 45 bis 49 kg wog."

Obwohl sich nicht beweisen läßt, daß es sich bei den Dote-Inu genannten herrenlosen Hunden um Nachkommen der von Hunde-Shogun Tsunayoshi gehaltenen Tiere handelt, ist ein Durchhalten bis 1894 im Herzen von Edo als Resultat einer natülichen Auslese anzusehen, bei der nur die Größten und Stärksten überleben konnten.
In der Tokugawa-Zeit föderte das Sankin-kotai-System den Austausch zwischen Edo, dem kulturellen Zentrum, und den Provinzen. Deswegen ist es gut möglich, daß auch regionale Hunde, die ihre Herren nach Tokyo begleiteten, zu einer Blutvermischung beitrugen.

Was die Blutmischung des Akita betrifft, muß man den Einfluß des nordischen Stamms in Betracht ziehen. Leider gibt es nur wenige Berichte über Hunde aus Hokkaido, das damals kulturell zurückgeblieben war.
Nachdem der Akita zum Naturdenkmal erklärt worden war, soll zur Blutauffrischung eine Anzahl japanischer Hunde aus Hokkaido geholt worden sein.
Einige sprechen von Hokkaido-Inu, früher „Ainu-Inu" genannt. Ein alter Herr aus Odate, der sich gut mit dem Akita auskennt, meinte, es handle sich um Nachkommen von Odate-Inu, die seinerzeit bei der Erschließung von Hokkaido von Odate-Auswanderern dorthin mitgenommen worden seien.

Auf jeden Fall kann man sagen, daß der von den sozialen Umständen des Gebietes bedingte Rollenwechsel des mittelalterlichen Akita (Odate-Inu) vom Jagdhund zum Wachhund notwendigerweise zur Anstrebung eines größeren Hundetyps geführt hat.

Anmerkungen

1. Gekokojou:
Revolte der Unterschicht gegen das herrschende Regime

2. Tokoro Barai:
Strafmaßnahme der Edo-Zeit, Verbannung aus dem Wohngebiet

3. Kenchi:
Land einmessen und Grenzen festlegen mit dem Ziel, die Ernte und das Land zu besteuern.

4. Kara-Inu:
Ausländische Hunde, die einem Shogun oder Feudalherren. von niederländ. Handelsleuten geschenkt worden waren, wahrscheinlich greyhoundartig

5. Chinesischer Tierkreiskalender:
Zwölfjahreszyklus, in dem jedes Jahr nach einem Tier benannt ist: Ratte, Ochse, Tiger, Hase, Drache, Schlange, Pferd, Schaf, Affe, Hahn, Hund und Wildschwein

6. Hunde-Shogun:
Spitzname des Shogun Tsunayoshi Tokugawa, der Hunde sehr liebte.

7. Schloß/Burg Edo:
Heute der kaiserliche Palast in Tokyo (vormals Edo). Die Burg Edo wurde 1457 erbaut.

8. Sankin kotai:
System, das Feudalherren dazu zwang, abwechselnd je ein Jahr in Edo und in ihrem eigenen Gebiet zu leben

Die neuere Zeit

Bis zur Mitte der Meiji-Zeit (1890) hatte sich entsprechend den Sozial- und Umweltbedingungen der Gegend von Odate das Aufgabengebiet der dort seit alten Zeiten bis in unsere Tage verbreiteten japanischen Hunde vom Jagdhund zum Wachhund bis hin zu einem Hunde, der auch für den Hundekampfhund gebraucht wurde, entwickelt.

Ab 1890 begann plötzlich eine Phase der Einkreuzungen, verursacht durch die Tatsache, daß Hundekämpfe, die bisher nur einigen wenigen zugänglich gewesen waren, als öffentliche Veranstaltungen stattfanden. Die Nachfrage nach großen und scharfen Hunden führte durch die massiven Kreuzungen zu einem abweichenden Hundetyp mit fehlerhafter Ohrstellung und schlechter Rutenhaltung.

Nach der Meiji-Restoration (1868) brachen mehrfach Feuersbrünste in Odate aus, so daß aus diesen Tagen praktisch keine Aufzeichnungen von Hunden erhalten geblieben sind. Lediglich in dem Buch eines Lehrers der Mittelschule von Odate, Susumu Ono, mit dem Titel „Die Hundeszene der Hundestadt Odate" findet sich ein Bericht über eine Gesprächsrunde mit Teilnehmern der älteren Generation.

Am besten war den zwischen 1854 und 1863 geborenen Alten ein im Jooji-Tempel gehaltener Hund namens Naka-no Tera-no Moku in lebhafter Erinnerung.
Es klang etwas übertrieben, aber angeblich soll Moku-gos Schulterhöhe 85 cm betragen haben. Sein pfeffer-und-salzfarbenes Fell war recht lang, er war so kräftig, daß zwei Kinder oder ein Erwachsener auf ihm reiten konnten und er konnte es mit zwei bis drei Hunden gleichzeitig aufnehmen. Nach 1855 als Einzelwelpe im Dorf Hayakuchi in Nord-Akita geworfen, starb er 1871, von dem Speer eines unbekannten Samurai durchbohrt.

Alle anderen berümten Hunde nach Moku-go waren Kampfhunde; erwähnt wurden Saku aus Niizawamura, Jiku aus Matomura, Aka aus Misonaimura, Goma von Benzosama. Über ihr Aussehen ist nichts bekannt.

Bei den vorgenommenen Einkreuzungen spielte ein ausgesprochen großer Hund mit Hängeohren (vermutlich ein Mastiff) eine wichtige Rolle, den um 1868 ein deutscher Bergingenieur zu seinem Gastaufenthalt bei der Kupfermine von Ani, Nord-Akita, mitgebracht
hatte.
Außerdem noch ein anderer sehr großwüchsiger Hund (vermutlich eine Bernhardinerkreuzung), den Kenkichi Mogami aus Kadomagawamachi in Süd-Akita im Jahre 1904 im Ausland erworben hatte. Vor der Ankunft des Hundes von Herrn Mogami hatte auch eine Gruppe des Hundekampfverein aus Tosa (Shikoku) der Stadt Odate einen Besuch abgestattet.

Auf jeden Fall gewannen die Hundekämpfe zunehmend an Popularität, nachdem sie, wie schon vorher erwähnt, ihren exklusiven Charakter zugunsten öffentlich organisierter Veranstaltungen verloren hatten.
Im Jahre 1899 wurde eine Enyukai (wörtlich „Gartenfest") genannte HundekampfOrganisation gegründet. Eine Arena wurde in Shintomi-cho errichtet, die Eintrittsgebühren betrugen 5 sen für Erwachsene und 3 sen für Kinder. In den besten Zeiten traten bis zu 100 Hunde auf, und es wurden Wettkampfprogramme verteilt.

23
Angeheizt wurde das Hundekampffieber in Odate durch die Konkurrenz mit den Kampfhunden aus Tosa. Im Jahre 1901 tourte eine Gruppe des Kampfhundevereins Tosa durch Westjapan, Kansai und

Kanto. Sie kam gegen Jahresende auch nach Odate und hielt dort Kämpfe gegen Odate-Inu ab. Dabei sollen die größeren und schwereren Odate-Inu im Vorteil gewesen sein.

Wegen seiner Beziehung zum Akita-Inu möchte ich hier kurz etwas zum Ursprung des Tosa-Kampfhundes einfügen.
Es wird gesagt, daß der Tosa-Kampfhund kein seit altersher in Japan lebender Hund ist, sondern in der Meiji-Zeit durch eine Kreuzung von Tosa-Inu aus Shikoku mit auslädischen Hunden entstanden sei, mit dem Ziel, eine starke Rasse für den Hundekampf zu züchten.
Folgende Hunde sollen zur Kreuzung benutzt worden sein: ein scharfer Hund aus Nagasaki (um 1850), dann die Bulldogge eines um 1870 in Kochi (Shikoku) Englisch unterrichtenden Briten, der Mastiff eines deutschen Arztes um 1873, außerdem ein Bostonterrier, ein Bullterrier und ein Bernhardiner.
Wärend der Taisho-Zeit (1912-1925) importierte ein Herr Kyono aus Süd-Akita eine Dänische Dogge aus Deutschland. Sie wurde zusammen mit Mastiffs im Besitz von Herrn Matsunaga aus Tokyo und Herrn Oohara aus der Präfektur Okayama für die Einkreuzungen benutzt, wodurch hervorragende Tosa-Kampfhunde entstanden.

Bei einem Hundefreund in Akita hatte ich die Gelegenheit, in einer Photosammlung aus der Taisho-Zeit (1912-1925) Tosa-Hunde zu sehen. Sie unterschieden sich in ihrem Äuß eren stark von den Hunden unserer Tage. Nur wenige zeigten die mastiffhaften Merkmale, wie sie heutzutage vorherrschen. Einige ließen den Einfluß anderer ausländischer Rassen wie zum Beispiel Pointer erkennen.

Insgesamt gesehen waren sie nicht so stattlich wie heutzutage. Doch es waren auch Tiere mit japanisch wirkendem Äußeren abgebildet, „rein japanische Hunde", wie dort zu lesen war.
Aus dieser Bezeichnung läßt sich einerseits ersehen, daß damals noch Tiere existierten, die sich ihr japanisches Blut bewahrt hatten, andererseits liefert sie uns einen Beweis für die Existenz von Mischlingen.
Unvermutet traf die Organisatoren und Liebhaber von Hundekämpfen in Odate ein schwerer Schlag aus heiterem Himmel.
Hunde-, Stier- und Hahnenkämpfe erfreuten sich an verschiedenen Orten Japans großer Beliebtheit. Da die dabei gesetzten Wettsummen in schwindelnde Höhen gestiegen waren, wurden überall strenge Kontrollen eingeführt.
In Akita erließ der damalige Gouverneur, Masataki Mori, im Jahre 1909 ein totales Verbot der Hundekämpfe.

Die Anhänger der Hundekämpf in Odate hatten nicht nur einen schweren Schlag erlitten, sondern sie hatten auch den Verwendungszweck für ihre Tiere verloren.
Obendrein trat ein Jahr später ein Hundesteuergesetz in Kraft; dazu kam nach dem Ausbruch einer Tollwutepidemie noch die strikt durchgeführte Bewegung zur Vernichtung herrenloser Hunde.
Auf diese Weise erlebten die Odate-Inu einen beispiellosen Niedergang, der sie an den Rand des Aussterbens brachte. In Odate sollen keine Hunde mehr gesehen worden sein.
Auch nach dem Beginn der Taisho-Zeit änderte sich wenig in Odate. Dagegen kamen in Tokyo in neuen Buchveröffentlichungen Artikel über Hunde heraus.
Die Zeitschrift „Inu (Hund)" brachte den Aufsatz eines Odate-Bewohners, Motoharu Hayashi, mit dem Titel „Schützt den japanischen Hund".

Er verlangte, man solle die Hundekämpfe als Mittel zur Erhaltung des japanischen Hundes fördern. Dr. Shozaburo Watase, Professor für Naturwissenschaften an der Tokyo-Universität und Urheber des

Akitas während der Meiji und der frühen Taisho Zeit

Maru-Go, ein Weibchen

Kuma-Go, ein Rüde

Kosaku-Go, ein Rüde

Kuma-Go, ein Rüde

Dou-Go, ein Weibchen

Shiro-Go, ein Weibchen

Gesetzes zur Erhaltung der Naturdenkmäler, untersuchte in seinem Bemühen, den Ursprung des japanischen Volkes festzustellen, die noch existierenden japanischen Hunde in den verschiedenen Regionen Japans.
In der Zeitschrift „Inu" (Bd. 6) veröffentlichte er den Artikel „Die Abstammung des japanischen Hundes", später „Über den japanischen Hund", „Hunde und die japanische Kultur", usw..Im Jahre 1922 hielt er beim Jahrestreffen der Zoological Society of Tokyo einen Vortrag zu dem Thema: „Über die Ursprünge der japanischen Hunde". Bis heute oft zitiert, wurde er später in der „Scientific Society", Bd. 22 publiziert. Im Übrigen gab es noch einen Artikel über den japanischen Hund, in „Der Haushund und die Jagd", die restlichen beschäftigten sich entweder mit Kämpfen zwischen Odate-Inu und Tosa-Kampfhunden oder mit der Jagd.

Zu erwähnen ist noch, daß 1914 zwei Odate-Inu auf der Taisho-Ausstellung in Ueno, Tokyo, eine Silber- und eine Bronzemedaille erhielten, die eine besondere Auszeichung darstellten.

Hundekämpfe, deren Durchführung in Akita gesetzlich verboten worden war, wurden bei Kuroishi in der benachbarten Präfektur Aomori, das andere Verordnungen hatte, halböffentlich abgehalten. Es dauerte dann nicht lange, bis auch in Odate, als die Kontrolle allmählich nachließ, hinter dem Rücken der Polizei am frühen Morgen, auf dem Gelände von Schreinen oder an entlegenen Plätzen heimlich Hundekämpfe stattfanden. Nach nicht allzu langer Zeit waren Hundekämpfe wieder so im Schwange, daß in den Jahren 1915/16 schon wieder Kämpfe mit Tosa-Kampfhunden arrangiert wurden.

Die Wettkämpfe zwischen den beiden Hunderassen - wenn auch sehr beliebt bei ihren Anhängern - wurden zu einem problematischen Auslöser für die Rassenvermischung. Die Tosa-Leute priesen ihre eigenen Tiere und auch die Odate-Leute liessen nichts auf die Stärke ihrer Hunde kommen - doch schließlich mußten sie doch die gegen-seitigen Vorzüge anerkennen.
Das führte dazu, daß Odate-Inu nach Tosa mitgenommen wurden und auch in Odate ganz selbstverständlich Tosa-hunde eingekreuzt wurden.

Die Artenvermischung wurde so eifrig betrieben, bis ein neuer Hundetyp entstand, der „Reformhund" genannt wird.
Das ausschlaggebende Kriterium für die Unterscheidung vom Tosa-Hund war die gerollte Rute.
Der "Reformhund" besaß idealerweise eine gerollte Rute. Die Beliebtheit dieser Hunde als Odate-Kampfhunde hielt bis etwa gegen 1926 an.

Nun könnte man befürchten, daß in der Gegend von Odate bald keine japanischen Hunde mehr existierten. Dem ist nicht so:
In den Dörfern wurden weiterhin regionale Hunde zur Bewachung und in den Bergen die Matagi-Inu für die Jagd gehalten. Deshalb gab es um 1915 herum zwei verschiedene Typen von Odate-Inu: Einen Typ mit Stehohren und gerollter Rute, der die Statur und das Aussehen von japanischen Hunden bewahrt hatte, und die absichtlich gezüchteten Kampfhunde, manche davon mit Falten und Kipp- oder Hängeohren.

In dieser Zeit entstand unter den japanischen Wissenschaftlern und Intellektuellen in Tokyo eine Bewegung zur Erhaltung der schwindenden japanischen Traditionen, historischen Stätten, Kulturlandschaften, Flora und Fauna. Ein Plan zur Schaffung von sogen. „Naturdenkmälern" entstand, und bald darauf wurde im Jahr 1919 ein Gesetz zum Schutz derselben erlassen. Zu schützende Tiere werden als „nur in Japan existierende Spezies" im achten Artikel behandelt.

Interessehalber seien hier die Kriterien für die Erklärung eines Tieres zum „Naturdenkmal" gegeben:

(1) eine allgemein bekannte nur in Japan lebende Tierart und ihr Lebensraum
(2) eine nicht unbedingt auf Japan beschränkte, aber als japanisch anerkannte schutzbedürftige Tierart und ihr Lebensraum
(3) eine einzigartige Tierart oder -gemeinschaft und ihr Lebensraum
(4) eine auf Japan beschränkte Haustierart
(5) eine allgemein bekannte aus dem Ausland eingeführte und gegenwärtig in der freien Natur lebende Tierart und ihr Lebensraum
(6) ein besonders wertvolles Tierexemplar.

Folgende Tiere listete Dr. Watase, der Urheber des Gesetzes, als schutzbedürftig auf:
Den langschwänzigen Tosa-Hahn (Onagadori), die Uzurachabo (eine Zwergwachtelart), Akita-Inu, Tosa-Inu, den Chin (japanischer Spaniel), das Oki-Uma (wilde Pferdeart auf den Oki-Inseln, Shimane-Präfektur), das Tosa-Koma (Pferdeart aus Shikoku) und Pferde und Rinder der Insel Tanegashima (Kyushu).
Ein Jahr nach der Gesetzesverkündigung begab sich Dr. Watase persönlich zu Untersuchungen über den Akita nach Odate. Da sich der Akita-Inu zu diesem Zeitpunkt gerade in einer Phase des Niedergangs befand, traf er keinen Hund an, der seinen Erwartungen entsprochen hätte.

Für mehr als zehn Jahre hing die Erklärung des Akita zum Naturdenkmal damit in der Luft. Dennoch trug der Besuch Dr. Watases in der Folgezeit zu einer Renaissance des japanischen Hundes, und besonders des Akita bei.

Die damaligen Hundebesitzer in Odate hielten und züchteten ihre Tiere hauptsächlich für den Kampf und niemand kam auf die Idee, daß die regionalen Odate-Inu per Staatsgesetz zum Naturdenkmal erklärt werden könnten.
Immerhin löste Dr. Watases Untersuchung einen heilsamen Schock aus, der den Beteiligten die Wichtigkeit einer Reinhaltung der japanischen Hunderassen vor Augen führte. Von hier aus nahm die Restauration des Akita-Inu ihren Anfang.

Noch zu Beginn der Showa-Zeit (1925) hatte sich im Vergleich zur Meiji- und Taisho-Zeit nicht allzuviel in der Welt der Hundestadt Odate verändert: Hundekämpfe spielten nach wie vor die Hauptrolle, und nur wenige machten sich Gedanken über die Erhaltung des rein japanischen Hundes.

Trotzdem hatten Dr. Watases Ermittlungen einen wichtigen Anstoß gegeben. Zunächst erfolgte 1927 die Grüdung der Akita-Inu Hozonkai e.V. (Akiho) durch den damaligen Bürgermeister von Odate, Shigeie Izumi.
Hirokichi Saito, der sich schon seit Beginn der 20er Jahre mit dem Gedanken der Erhaltung japanischer Hunde trug, gründete dann im Juni 1928 mit der Zustimmung von Dr. Watase die „Nihonken Hozonkai" (Vereinigung zur Erhaltung japanischer Hunde) e. V..

Glücklicherweise wurden diese Ereignisse in den Zeitungen wie zum Beispiel der Tokyo Asahi, Tokyo Nichinichi und Yomiuri aufgegriffen, was zu einer Flut von aufmunternden Zuschriften mit Unterstützungsangeboten aus ganz Japan führte.
In der Praxis wurden aber eher ausländische Rassen bewundert und zur Verbesserung der regionalen Hunde zu Einkreuzungen herangezogen.
Als das geeignetste Mittel, um die überhandnehmenden Kreuzungen, welche die Erhaltung des japanischen Hundes gefährdeten, einzudämmen, wurde das schon seit 1919 bestehende Gesetz zu den Naturdenkmälern erkannt.

Es würde nicht nur den Hundefreunden sondern auch der allgemeinen Offentlichkeit den Wert der ursprünglich bodenständigen japanischen Hunde zu Bewußtsein bringen. Der Akita war der erste Kandidat.

Arakuma-Go,
berühmter Hund für Hundekämpfe um 1900
Größe: ca. 67, 2 cm, Gewicht: ca. 52.5 kg

Shin-Akita (neuer Akita)

Nach dem Tod von Dr. Watase war noch kein Nachfolger bestimmt, weswegen der oben erwähnte Shigeie Izumi in seiner Eigenschaft als Vorstandsmitglied der Nihonken Hozonkai e.V. die Initiative für die Bewerbung des Akita ergriff. Später wurde Dr. Tokio Kaburagi in den Ausschuß der Hozonkyokai gewählt. Die erste Erklärung des Akita-Inu zum Naturdenkmal erfolgte dann im Juli 1931.

Der von Herrn Izumi bei der Hozonkyokai angemeldete Tochini-go lebte bereits nicht mehr, als Dr. Kaburagi Odate besuchte. Anerkannt wurden seine Nachkommen, der Rüde Kin-go und die Hündin Matsukaze-go, beide im Besitz von Herrn Izumi; ein Rüde von Herrn Ichinoseki, eine Hündin von Herrn Aoyagi, eine Hündin von Herrn Takahashi, ein Rüde von Herrn Tayama und eine Hündin von Herrn Akahira. Laut Dr. Kaburagi waren die Tiere von den Herren Ichinoseki, Aoyagi und Akahira mit den Hunden von Herrn Izumi blutsverwandt; es wird berichtet, daß ihre Blutlinien anerkannt waren.

Auch nachdem die ersten Bemühungen zur Erhaltung des nunmehr „Akita-Inu" genannten Hundes in Gang gekommen waren, blieben die Hundekämpfe in Odate nach wie vor populär, was alle Anstrengungen sehr erschwerte. Die wenigen Eingeweihten machten sich jedoch für die Erhaltung der Rasse stark. Zu ihnen gehörten: in Odate der oben erwähnte Shigeie Izumi, Susumu Ono und Yaichiro Tayama von der „Aiken Kyokai (Gesellschaft der Hundefreunde)", Kunio Ichinoseki aus Niidamura und Hyoemon Kyono aus Yuzawa, Süd-Akita.
In ihren Bemühungen um die Restoration des Akita gingen sie teils selbst oder schickten auch Leute aufs Land und in die Matagi-Siedlungen in den Bergen, um regionale Hunde mit nur geringen Kreuzungsmerkmalen zur Zucht anzukaufen.

Tochini-Go,
gestromter Rüde

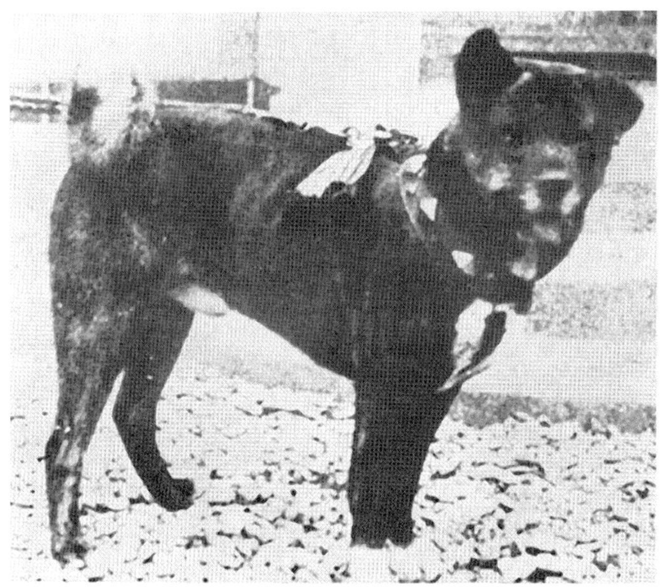

Kin-Go, rot-hellbrauner Rüde,
geboren 5. Mai 1930

Zusätzlich zu seiner Ernennung zum „Nationaldenkmal" im Jahre 1931 machte ein Artikel vom 4. Oktober 1932 in der Asahi Shinbun (Zeitung) über den treuen Hund Hachiko mit dem Titel „Die Treue eines alten Hundes: sieben Jahre Warten auf die Rückkehr des verstorbenen Herrn" dann den Akita mit einem Schlag landesweit berühmt.

Mit einem Photo versehen, erschien der Artikel gerade in der Folgezeit des „Mandschurischen Zwischenfalls" (1931), auf ideale Weise dem damaligen Zeitgeist angepaßt.
Er rührte deswegen nicht nur alle Hundeliebhaber, sondern das gesamte japanische Volk. Es gab niemanden, der den Namen Hachiko nicht gekannt hätte; und auch die Akita-Rasse rückte ins Scheinwerferlicht.

Berichten zufolge wurde Hachiko im November 1923 in Odate im Hause eines Freundes des späteren Besitzers geboren. Zwei Monate nach seiner Geburt, im Januar 1924, kam Hachiko zu Dr. Eizaburo Ueno, einem Professor für Landwirtschaft an der Tokyo-Universität. Sein Haus lag in Shibuya Oomukai, Shibuya-machi, damals noch ein Außen-bezirk von Tokyo.
Der Professor pflegte mit der Bahn nach Komaba zur Landwirtschaftlichen Fakultät der Universität und auch zur Landwirtschaftlichen Versuchsanstalt des Landwirtschafts- und Forstministeriums nach Nishigahara zu fahren.
Hachiko wuchs wie ein Familienmitglied auf und begleitete seinen Herrn nicht nur auf Spaziergängen, sondern auch morgens und abends zum und vom Bahnhof. Im Mai 1925, als Hachiko erst anderthalb Jahre alt war, erlitt Dr. Ueno unerwartet an seinem Arbeitsplatz einen tödlichen Schlaganfall. Obwohl Hachiko danach von Dr. Uenos Familie und Freunden versorgt wurde, kam er immer zum Bahnhof, um auf seinen niemals wiederkehrenden Herrn zu warten.

Schon bevor er am 8. März 1935 im Alter von elf Jahren und vier Monaten starb, wurde im April 1934 vor dem Bahnhof von Shibuya ein Hachiko-Denkmal errichtet. Nach der Bekanntmachung von Hachikos Tod versank sein Denkmal in .einem Blumenmeer und der gespendete Weihrauch soll die Sonne verdunkelt haben.

Zwar hatte die überwältigende öffentliche Anteilnahme an Hachikos Schicksal den ‚Akita" überall bekannt gemacht, doch standen damals die Vorfälle in der Mandschurei so im Mittelpunkt der allgemeinen Aufmerksamkeit, daß zu diesem Zeitpunkt keine weitere Entwicklung erwartet werden konnte. Wahrscheinlich ist dies auch der Grund, warum Berichte und Material über den Akita zu dieser Zeit fast nur auf Hachiko beschränkt sind.
Im Gegensatz dazu ermöglichte die Förderung der Nihonken Hozonkai e.V. - nicht zuletzt durch Abhaltung jährlicher Ausstellungen von November 1932 bis in die Mitte des Zweiten Weltkriegs 1942 - die allmähliche Entwicklung der übrigen japanischen Hunderassen.
Als Vertreter der großwüchsigen japanischen Hunde wurden auf diesen Ausstellungen auch mehrere Akita gezeigt. Ihre Großeltern waren als Hokkaido- und Kishu-Inu-Abkömrnlinge angegeben; schon zu dieser Zeit wurden also, wie auch später nach dem Kriege, die japanischen Matagi-Inu zur Einkreuzung benutzt.

Aus der Tatsache, daß in der Heimat des Akita, in Odate, nach Kriegsende im Jahre 1947 die elfte Ausstellung der Akita Hozonkai e.V. abgehalten wurde, läßt sich schließen, daß bis dahin zehn Ausstellungen oder Schauvorführungen stattgefunden haben müssen. Leider habe ich hierüber keinerlei Belege gefunden. Das einzige aus der Kriegszeit Erhaltene ist eine alte Mitgliederliste der Akita-Inu Hozonkai aus dem Jahr 1942, die ich im Hause des Veteranmitgliedes Sadakichi Tayama einsehen durfte.

Hachiko

Die Mitgliederzahl erreichte noch nicht einmal die Stärke einer einzelnen Ortsgruppe von heute. Wie sich doch die Zeiten wandeln! In diesen Zeiten der zunehmenden Wirren zwischen dem Mandschurischen Zwischenfall (1931) und dem Ausbruch des Zweiten Weltkriegs (1939) hatte man genug Mühe auch auf gesellschaftlichem Gebiet das Erreichte zu wahren, an einen Ausbau war da nicht zu denken.

Durch die Ausweitung des Krieges verschlechterten sich auch in Akita die Verhältnisse. Alle Bereiche des täglichen Lebens wurden unter Regierungskontrolle gestellt und strenge Rationierungen durchgeführt. Besonders die Lebensmittelversorgung wurde zum ernsten Problem. Es gab immer weniger Leute, die sich die Haltung eines Akita - des größten unter den japanischen Hunden - leisten konnten, so daß ihre Zahl mit der Zeit stark zurückging.

Die Ausdehnung der Kriegsfront auf den kalten Norden Chinas brachte eine zusätzliche Verschlechterung der Verhältnisse mit sich.
Sogar Hunde- und Katzenfelle wurden als Material für Militärwinterkleidung benutzt. Die Akita wurden wegen ihrer großen Statur vom Fleck weg eingefangen, da die Polizei einen Befehl zum Einfang aller Hunde herausgegeben hatte, von dem nur die für militärische Zwecke eingesetzten Deutschen Schäferhunde ausge-nommen waren. Hundefänger sollen Dörfer und Städte bis in die engsten Gassen durchkämmt und dann ihre Opfer erschlagen haben.
Um sie vor dem Massaker zu bewahren, brachten die verzweifelten Hundebesitzer ihre Tiere in entlegenen Bauernhöfen oder in den Bergen zu den Matagi in Pflege, einige sollen in den Apfelplantagen von Aomori als Wachhunde untergekommen sein.Wieder andere gaben ihrem Akita sonst nur bei Deutschen Schäferhunden übliche Namen oder kreuzten auch Schäfer-hunde ein, um die Häscher zu verwirren.
Das erklärt auch, warum sich bei den Vorfahren der Nachkriegszeit-Akita Namen wie ‚Peace, „Long", ‚Carl" und ‚Mary' finden. Auf jeden Fall waren dies für Herr und Hund gleichermaßen schwere Zeiten.

Anmerkung

1. Sen: frühere Münzeinheit, Hundertstel eines Yen
2. Tosas: heutige Shikokus

Gegenwart

Der Zweite Weltkrieg endete am 15. August 1945. Das japanische Volk ging durch eine Periode beispielloser Entbehrungen. Die Stadt Odate bildete keine Ausnahme, und das Halten eines Akita während dieser Zeiten der Lebensmittelknappheit muß seinen Besitzer vor fast unlösbare Schwierigkeiten gestellt haben.

Herr Kyono aus Süd-Akita hat in seiner „Akita-Fibel" eine Liste der Akita zusammengestellt, die den Krieg überlebt haben.
Dies sind aus der Ichinoseki-Linie: Ichinoseki Goma-go, Shintaro-go, Daini Terunishiki-go, Hachiman-go, Datenohana-go, Arawashi-go, Daini Matsumine-go; aus der Dewa-Linie: Raiden-go, Dewawaka-go, Taishu-go, Datemitsu-go, Shinmutsu-go; und andere wie Etsumaru-go, Akaishime-go, Futatsui Goma-go, Fujinohana-go, Ichimaru-go und Genzo Shiro-go.
Die Stadt Odate, die sich als Herkunftsort der Akita betrachtete, erholte sich schnell. Bereits im November 1947 wurde als erste Nachkriegsveranstaltung die elfte Ausstellung in Form einer Hundeschau abgehalten, wobei die Zahl der teilnehmenden Hunde unbekannt ist.
Zu dieser ersten Nachkriegsveranstaltung kamen viele Besucher, sogar Angehörige der Besatzungsmächte fanden sich ein, die von den „Akita Dogs" so begeistert waren, daß sie sie gleich mitnehmen wollten. Auch das soll sehr zur Renaissance der Akita beigetragen haben.

Im April 1948 wurde dann die zwölfte Ausstellung organisiert, an der mehr als 60 Hunde teilnahmen.
Bei dieser Gelegenheit wurde zum erstenmal der „Yuryoken-sho" (eine Auszeichnung für den besten Hund) verliehen; als die drei Empfänger wurden Shintora-go, Ohikari-go und Takeshi-go ausgewählt.
Takeshi-go war damals schon sieben Jahre alt, aber auch andere Tiere wie zum Beispiel Tamasakura-go, Botan-go, Furuhlme-go, Tomoe-go und Kofu-go waren wärend des Krieges geboren.
Laut Teilnehmerliste war Shintora-go nach dem Krieg geworfen. Die Ausstellung am 3. Mai 1949 konnte sogar 82 Hunde willkommen heißen. Mehrere Hunde, angeführt vom Ichinoseki Goma-go, nahmen ebenfalls außer Konkurrenz teil. In diesem Jahr wurde das erste Nachrichtenblatt der Akita-Inu Hozonkai e.V. herausgegeben.

Von nun an wurden regelmäßig jedes Jahr Ausstellungen abgehalten, und viele Hunde, die sich später in der Geschichte des Akita einen Namen machen sollten, wurden in der Folgezeit geboren.
1948 waren es: Goromaru-go, der „Anführer der Restoration", und seine Geschwister Jiromaru-go, Kongo-go, Torafusa-go und Long-go.
Im Jahr 1949: Senzan-go, Seiko-go, Tohoku-go, Araiwa-go Tsukasa-go, Tetsu-go, Hozan-go, Datenoryu-go etc. 1950 war das Geburtsjahr der Geschwister Tamagumo-go und Sachinishiki-go, Kincho-go, Shinsarashlna-go und Tanihibiki-go unter anderen.
Mit so vielen namhaften Rüden und Hüdinnen und ihren zahlreichen Nachkommen erlebte die Zucht eine Blütezeit .

Wenn so viele Tiere zusammenkommen, erhebt sich natürlich auch die Frage nach der Qualität. Um schon bei Jungtieren die Qualität bestimmen zu können, wird man selbstverständlich nach der Blutlinie fragen müssen.

Bei der Bestimmung der Blutlinien stand man damals beim Akita vor einem schwierigen Problem. Fast jeder Rüde und jede Hündin hatte unter den urgroßelterlichen Vorfahren Tiere mit mehr oder weniger Blutanteil aus Kreuzungs-zuchten. Die Welpen eines einzelnen Wurfes hatten höchst unterschiedliches Aussehen, so daß ihre Beurteilung sehr schwierig gewesen sein muß.

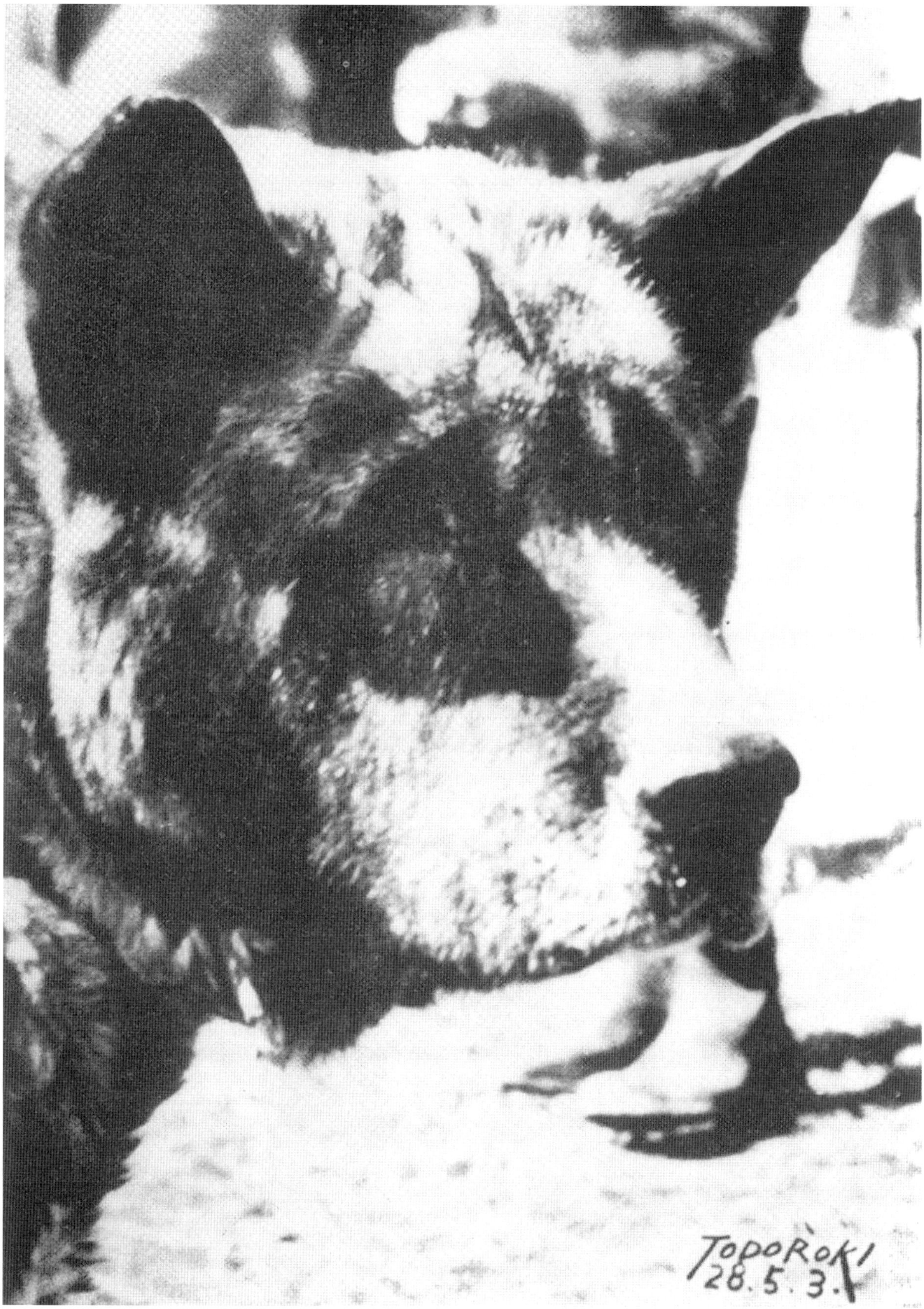

Ichinoseki Goma Go - Sesam-Rüe, geboren 10. April 1943
Meiyosho winner 1956

Dies war auf die vielfachen Kreuzungen mit ausländischen Hunderassen zurückzuführen. Es finden sich auch Nachweise über Kreuzungen zwischen dem als Militärhunden sehr geschätzten Deutschen Schäferhunden und Matagi-Inu mit ihrem hohen rein japanischen Blutanteil und mit anderen regionalen Hunden.

Shin-Mutsu-Go, Rüde, schwarz-brindel, geboren 10. Juni 1946

Beobachtete man jedoch sorgfältig mehrere Würfe eines solchen Elternpaares, konnte man daraus allmählich die Blutzusammensetzung erschließen. Aus diesem Grund legte man immer mehr Wert auf die Abstammung.

Die Abstammung der Akita dieser Zeit wurde grob in zwei Blutliien eingeteilt: die Ichinoseki-Linie und die Dewa-Linie. Selbst Hunde völlig anderer Herkunft erhoben Anspruch auf die Zugehörigkeit zu einer der beiden Linien.

Die Qualität eines Welpen wurde nach seiner Blutlinie beurteilt, und sowohl die Ichinoseki-Linie als auch die Dewa-Linie durchliefen für mehrere Jahre eine eigene getrennte Entwicklung.
Im folgenden einiges über die Geschichte der beiden Abstammungslinien:

Zur Ichinoseki-Linie gehörten die von der Familie Ichinoseki, einer wohlhabenden Familie aus Niitamura am Rande von Odate gezüchteten Hunde. Ihr Stammvater ist Tochii-go aus dem Besitz von Herrn Izumi, dem allerersten Vorsitzenden der Akita-Inu Hozonkai e.V. Tochini-gos Vater ist Saegusa-go, seine Mutter Noro Gamma-go.
Nur Name und Farbe des Großvaters väterlicherseits sind als einzige weitere Information erhalten. Ein Photo zeigt Tochini-go mit einem abgeknickten Ohr und einer nur locker gerollten Rute. Trotzdem wirkte sein Aussehen japanisch. Sein Rufname war „Aku".

Die Ichinoseki-Linie unterteilt sich wieder in mehrere Linien.
Zunächst sind da die Linien

Tochini-go
Kin-go
Tora-go
Saburo-go
Jugoro-go
Ichinoseki Goma-go
Goromaro-go

Rüde Saburo-go

Goromaru-go, sesam-pinto Rüde, geboren 18. Fenurar 1948
Meiyosho winner 1956

Die Tamagumo Rüdenlinie:

Saburo-go
Arawashi-go
Tamagumo-go

Arawashi-Go, Rüde

Tamagumo-Go, brindel Rüde, geboren 13. Dezember 1950
Meiyosho winner 1954

Die Unjou Rüdenlinie:

Jugoro-go
Shintora-go
Hamakaze-go
Hakko-go
Takeshi-go
Unjo-go
Muchi-go
Hachiman-go
Azumasakura-go
Toun-go.

Hakkou-Go, Rüde

Unjou-go, sesame Rüde, geboren 01. Januar 1955
Meiyosho winner 1956

Viele der berühmten Akita stammen aus diese Linien oder sind auf diese Linien zurückzuführen.
Auch innerhalb der Ichinoseki-Linie unterschied man speziell in die Goromaru-Linie, Tamagumo-Linie und Unjo-Linie. Die meisten Akita führen bis heute ihre Abstammung auf diese Linien zurück oder haben zumindest Einkreuzungen erfahren und können somit als "Ichinoseki" angesehen werden.

Die Dewa-Linie begann mit Dewa-go, einem Hund im Besitz von Yozaburo Ito, dem Inhaber einer Tierhandlung in Odate. Seine Nachfahren wurden als „Dewa-Linie" bezeichnet. Dewagos Großvater war der „Yari" gerufene Tachi-go. Sein direkter Nachfahre Akidate-go ist Dew-.gos Vater.
Die Vaterlinie geht weiter mit:

Dewa-go
Dewawaka-go
Taisho-go
Kongo-go
Kincho-go

Dewa-Go, sesam Rüde,
geboren 01. Februar 1941

Dewa-go hinterließ nicht so viele Linien wie die Ichinoseki. Aber es ist trotzdem anzunehmen, daß seine Blutlinie einen ziemlich starken Einfluß hatte, da Dewa-go diesem dem Besitzer der Tierhandlung in der Innenstadt von Odate gehörte.

Kongo-go, silber-sesam Rüde,
geboren 20. Juli 1948,
im Alter von 6 Jahren.

Während der Nachkriegszeit, wenn auch nur für eine kurze Zeit, rechnete die Dewa-Linie zusammen mit der Ichinoseki-Linie zu den Grundsäulen der Akita-Zucht. Der Bekanntsgrad dieser Linie war hauptsächlich auf Kongo-go zurückzuführen, der in 4. Generation von Dewa-go abstammte.
Zu seiner Glanzzeit kursierte der Ausspruch: „Ohne Kongo-Blut - kein Akita"; und sein Besitzer Heihachi Hashimoto setzte „Nationalschatz Kongo-go" unter das Werbephoto.
Er wurde auf allen Ausstellungen der Nihonken Hozonkai e.V. außer Konkurrenz gezeigt. Auch seine Leistungen als Deckrüde waren hervorragend. Zu seinen Abkömrnlingen gehören: der Ehrenpreisträger der Akita-Inu Hozonkai e.V. Kincho-go, Shoryu-go, Kinpo-go und Yako-go; der Ehrenpreisträger Koryo-go war sein Enkel.
Trotz allem begann die Dewa-Linie - und besonders die Kong-go-Linie - gegen Mitte der 50er Jahre abzufallen.

Dafür lassen sich verschiedene Gründe anführen. In dieser Zeit begannen sich bei der Ichinoseki-Linie schon die ersten Anzeichen von Qualitätsverbesserung zu zeigen, während die gesamte Kongo-Linie durch ihren Köperbau, Farbe und Gesichtsausdruck den Einfluß des gemischtem Blutes der Kreuzungszuchten verriet, was allmählich zu Zweifeln an dieser Lnie
führte.

Da es aber zu dieser Zeit für den Akita noch keine Zuchtrichtlinien gab, ließen sich die Erbanlagen nicht feststellen.
Wer hätte zu den Glanzzeiten von Kongo-go und Kincho-go diesen Niedergang voraussehen können? Die Pioniere der Hundewelt, die Richter aller Organisationen, hatten den beiden die höhsten Preise zuerkannt. Zu einer Zeit, als man die Voraussetzungen, d. .h. die Erbanlagen für einen echten Akita noch nicht richtig beurteilen konnte, waren solche Fehlentscheidungen wohl unvermeidlich.
Diese Fehlentscheidungen haben sowohl die Verzögerungen in der Restauration des Akita als auch die Unterschiede zwischen Akita-Inu aus Japan und Amerika verursacht.

Hierzu möchte ich eine Episode berichten. Gegen 1955 wurde im Tennoji-Park in Osaka eine Ausstellung von der Ortsgruppe Osaka der Akita-Inu Hozonkai e. V. abgehalten. Wenn ich mich richtig erinnere, kamen alle Spitzenpreisträger aus Akita. Beim gemütlichen Beisammensein am Abend saß ich zufällig neben Yoshijiro Funakoshi, dem Besitzer von Goromaru-go. Auf meine Fragen hin bot er mir an, mich zu besuchen, um meine Hunde zu begutachten.
Als er am nächsten Tag meine Hunde Maru-go und Chibi-go (Chibi ist ihr Rufname, der eigentliche ist Yuhi-go) sah, meinte er spontan: „Das sind ja noch Akita vom alten Schlag!"
Unter einem „alten" oder „neuen" Akita-'Typ konnte ich mir nichts vorstellen und bat um Erklärung.
Er sagte darauf: „Beim heutigen Akita gibt es, grob gesagt, drei Typen:
Matagi-Akita mit den Merkmalen der seit alten Zeiten in dieser Gegend gehaltenen Matagi-Inu, Akita-Mischlinge, denen man stark die Mischung mit anderen Rasse aus der Periode der Hundekämpfe ansieht, und Schäferhund-Akita aus Kreuzungen mit Deutschen Schäferhunden, die man vornahm, um als Militärhund den Hundefängern entgehen zu können.

Ihr Maru-go ist ein Matagi-Akita und Yuhi-go (Chibi-go) ein Akita, der noch von den Mischlingszuchten abstammt, die für den Hundekampf gezüchtet wurden.

Jiromaru-Go, Rüde,
geboren 8. Februar 1948

Senzan-Go, Rüde
geboren 1949

Datenoryuu-Go, Rüde,
geboren 1949

Tsukasa-Go, Rüde,
geboren 1949

Sachinishiki-Go, sesam Rüde,
geboren 1950

Tanihibiki-Go, Rüde
geboren 1950

Taishuu-go - Vater von
Kongo-go, rot-sesam
Rüde, geboren 25. Mai 1945.
Vater: Dewawaka-go,
Mutter: Takahime-go.

Tatemitsu-go
Mutter von Kongo-go,
schwarz-sesam Hündin,
geboren 08. Dezember 1944
Vater: Dewawaka-go,
Mutter: Kikumaru-go

**Kongo-go gewann 1953 Best in Show
unter den Richter Richard Chashoudioan aus den USA**

Kongo-go in seiner Jugend

Kincho-go, sesam Rüde,
geb. 20. Juni 1950,
Meiyosho winner 1953

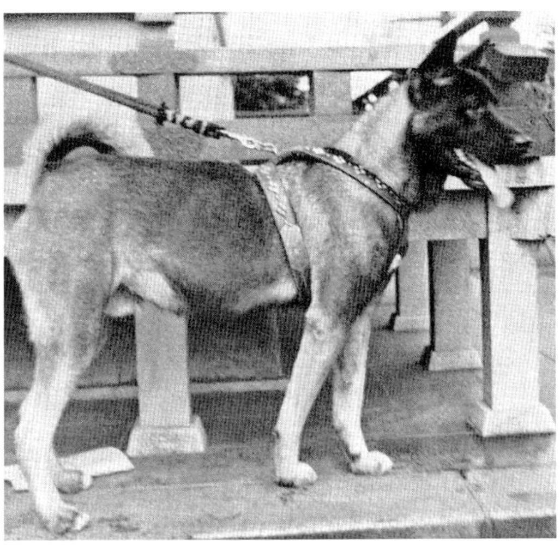

Kongo Go in seiner Jugend

Shouryuu-go, sesam Rüde,
geb. 08. April 1950

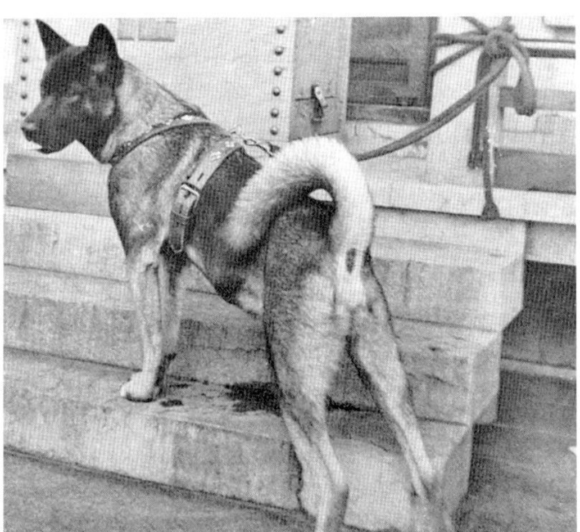

Kongo-go in seiner Jugend

Kinpou-go, silber-sesam Rüde,
geb. 30. April 1953

Später, als ich mich besser mit Akitas auskannte, erfuhr ich, daß Maru-gos Vater ein Akita namens Teruwaka-go war, seine Mutter zwar einen Akita-Vater, aber eine Kishu-Matagi-Hündin zur Mutter hatte.
Aus diesem Grund konnte keine Ahnentafel ausgestellt werden. Weil Maru-go deswegen nicht an Ausstellungen teilnehmen durfte, hatte ich Yuhi-go (Chibi-go) in einer Tierhandlung in Umeda (Osaka) gekauft.

Von Herrn Funakoshi hörte ich auch, daß jetzt in der Provinz Akita die Schäferhund-Akita am begehrtesten seien. Bestellungen kämen aus ganz Japan. Die repräsentative Linie sei dabei die Kongo-Linie. Als Junghunde seien Tiere dieser Linie wohl von guter Qualität, aber mit zunehmendem Alter bauten viele von ihnen ziemlich stark ab.

Bis dahin hatte ich mich nicht besonders für die Akita-Blutlinien und ihre Erbanlagen interessiert. Doch seit dem Zusammentreffen mit Herrn Funakoshi sah ich die Hunde mit neuen Augen an. Einmal war ich sehr erstaunt, als ich bei einem Freund ein drei Monate altes Jungtier aus der Kongo-Linie sah.
Es war einem Schäferhundwelpen zum Verwechseln ähnlich. Die Erbregel, daß sich in der individuellen Vererbung alte Erbanlagen wieder durchsetzen können, wurde hier ganz offensichtlich bestätigt.
Manchen Nachkommen sieht man ihre Vorfahren nicht an, bei anderen setzen sie sich völlig durch.

Nach der Ernennung zum Naturdenkmal gab es sogar während der Kriegszeiten einige - wenn auch vereinzelte - Bemühungen, die ursprügliche Gestalt des Akita wiederherzustellen, aber da die Züchter mit der plötzlichen Nachfrage nicht Schritt halten konnten, kümmerte man sich im allgemeinen kaum um die Reinerhaltung des Blutes. Das Ergebnis waren Kreuzungen wie zu früheren Zeiten.

Unjou-go, sesam-pinto Rüde,
geboren 01.Januar 1955
Meiyosho winner 1956

Hier möchte ich einmal die Unjo-Linie der Ichinoseki vorstellen, die die beispiellose Ehre hatte, in fünf aufeinander folgenden Generationen Ehrenpreise der Akita-Inu Hozonkai e.V. zu gewinnen.

Am Anfang stand Unjo-go, gefolgt von Muchi-go. Dann kommen Hachiman-go und Azumasakura-go, schließlich Toun-go und Bankomaru-go. Etwa ab 1955 erlebte diese Linie eine mehr als zehnjährige Blütezeit.

Die Züchter japanischer Hunde aus der Gegend von Odate sollen ihre Leute bis in entlegene Dörfer und Matagi-Siedlungen in den Bergen geschickt haben, um zu hohen Preisen geringfügige Kreuzungsmerkmale aufweisende regionale Hunde und Matagi-Inu für Einkreuzungszwecke anzukaufen.

Kiyohime-Go, rote Hündin,
geboren 19. Dezember 1950,
Meiyosho winner 1964

Zu den auf diese Weise gewonnenen Zuchtergebnissen gehörten Goromaru-go, Tamagumo-go und Unjo-go. Goromaru-gos Mutter, Futatsui Goma-go, soll einer Matagi-Linie aus dem Matagi-Dorf Ani in Nord-Akita entstammen.
Als Deckrüde wurde Goromaru-go weniger in der Odategegend sondern eher in Senboku und Yuri in Süd-Akita eingesetzt.
Die besten Nachkommen der Rüden Tamagumo-go und Unjo-go kamen entweder von Hündinnen aus Süd-Akita oder solchen mit Goromaru-go-Blut, woraus sich die Wichtigkeit der Matagi-Inu-Abstammung ablesen läßt.

Die Akita der sogen. Ohira-Linie in Süd-Akita sollen von einem geschenkten Hund aus Odate abstammen.
Alle Tiere zeigen einen deutlich spürbaren Matagi-Einfluß. Zu den berühmten Zuchtbuchhündinnen gehören: Chinpei-go (Dateshiro x Peace), Akemi-go (Fudo x Hinai), Kiyohime-go (Goromaru x Chinpei), Wakasa-go und die Geschwister Meigyoku-go, Tamakiyo-go und Tamamego (Tamagumo x Akemi), Harumi-go (Goromaru x Kumame), Kiyome-go (Tamagumo x Kiyohime) und Daiunme-go (Daiun x Kiyome).
Die Überlegenheit der Zuchthündinnen im südlichen Akita erklärt sich durch den verhältnismäßig geringen Einfluß von Einkreuzungen, wie sie nach Beginn der Meiji-Zeit (1868) im nördlichen Odate üblich waren. Daß doch so viele regionale Hunde und Matagi-Inu erhalten geblieben sind, ist nicht hoch genug einzuschätzen.

Unjo-gos Eltern kamen beide aus der Ichinoseki-Linie; die väterliche Ahnenreihe ging von Takeshi-go über Hakko-go und Hamakaze-go auf Shintaro-go zurück: Die mütterliche Linie von Wakasa-go über Tamagumo-go.
Sein Vater Takeshi-go war wegen seines Farbschlags und seiner Zahnprobleme nicht so berühmt, aber sein Sohn Unjo-go wurde seit seiner Welpenzeit als hervorragend gepriesen.

Meigyoku-go, rote Hündin, geboren 07. Januar 1954.

Als ausgewachsenes Tier war er zwar in seiner vollen Größe eine stattliche Erscheinung, aber seine unklare sesam-Färbung beeinträchtigte die Würde seiner Ausstrahlung.
Als Deckrüde war er sehr aktiv und hatte viele Nachkommen. Sie erzielten - eher frühreif - auf Ausstellungen in der Welpen- und Jugendklasse höhere Preise, konnten aber die Erwartungen als Erwachsene später oft nicht erfüllen. Trotzdem gab es auch unter ihnen hochprämierte Tiere; als hervorragender Vertreter gilt hier Muchi-go, dessen Färbung und Aussehen sich vorteilhaft von Unjo-go unterschieden.

Muchi-go wurde in Yaotome-En in Nakasen-cho in Süd-Akita geboren. Seine Mutter war Kiyohime-go, deren Eltern Goromaru-go und Chinpei-go.
Goromaru-go stammte, wie schon vorher erwähnt, aus der Ichinoseki-Linie. Chinpei-gos Eltern waren Dateshiro und Peace mit vermutlich starkem Matagi-Bluteinfluß.
Man sagte Muchi-go nach, der im Unterschied zu den bisherigen berühmten Akita eine wundervolle rotgescheckte Färbung zeigte, er sei „der schönste Hund des Jahrhunderts".
Nach Körperhöhe und Gewicht gehörte er eher zur Mittelklasse, aber er hatte ein wunderbares großes Gesicht rnit tiefen Augen, die ihm einen tiefgründigen Ausdruck verliehen.
Trotz einiger negativer Kommentare zu seiner Färbung und Energieausstrahlung erhielt er den Ehrenpreis. Unter seinen zahlreichen Nachkommen gilt der rote Hachiman-go als der beste Vertreter.

Muchi -go, rot-pinto Rüde,
geboren 30. März 1956, Meiyosho winner 1959.

Hakkou-go
Takeshi-go
Unjou-go
Tamagumo-go
Wakasa-go
Akemi-go
Muchi-go
Ichinoseki Goma
Goromaru-go
Futatsui Goma-go
Kiyohime-go
Dateshiro
Chinpei-go
Peace

Hachiman-go wurde in Oomagari-shi in Süd-Akita geboren. Seine Mutter war Tsuruhime-go, deren Vater Monjumaru-go, der fünfte Ehrenpreisträger, ihre Mutter Reigetsu-go.
Reigetsu-gos Mutter war Kiyohime-go und ihr Vater Senzan-go, dessen Vater Shintora-go und seine Mutter Daii-Kisaragi-go, die ihre Statur vererbt zu haben schien.
Monjumaru-go mit Koryu-go als Vater und Damm Shirobotan-go als Mutter wurde in Odate geboren. Blutmäßig gehörte er zur Dewa-Linie. Zwar konnte man ihm einige Mängel nachsagen, doch überragte er mit seiner imposanten Größe alle bisherigen Ehrenpreisträger.

Hachiman-go war dunkelrot meliert mit einer Blesse. Er war von nicht so großer Statur, aber von kräftigem Knochenbau mit einem großen, ausgeprägten Gesicht und gut entwickelter Brust, dicken und kräftigen Läufen und einer prächtig gerollten Rute, ein sehr maskuliner Rüde.
Unter seinen Nachkommen finden sich so berühmte Hunde wie Hachiryu-go, doch der Hauptvertreter war der gestromte Azumasakura-go, mit vermutlich stark hervortretenden Zügen der mütterlichen Linie.

Azumasakura-go wurde ebenfalls in Oomagari-shi in Süd-Akita geboren. Seine Mutter war Tamakiyo-go, deren Vater Tamagumo-go, ihre Mutter Akemi-go. Beide stammten aus der Ichinoseki-Linie und hatten berühmte Geschwister. Ich kenne Azumasakura-go seit er zwei Monate alt war. Während seiner Welpen- und Junghundzeit war er eher von magerer Statur und konnte auf Ausstellungen keinen ersten Platz belegen. Als ausgewachsenes Tier entfalteten sich jedoch seine Anlagen und er erreichte in der Gesamtbewertung mühelos den ersten Platz im im drauf folgenden Jahre den Meiyosho Preis.
Er begeisterte seine Anhänger durch seinen wohlproportionierten Körperbau, seine gestromte Färbung und seine eindrucksvolle Gesamterscheinung, aber vor allem durch sein souveränes Verhalten im Ausstellungsring, wenn er in Positur stand.
Unter den Ehrenpreisträgern war er einer der herausragendensten. Als Deckrüde produzierte er eine reiche Nachkommenschaft, darunter auch den als sein späterer Nachfolger angesehen Meiyosho winner Toun-go von gleicher Farbe.

Hachimann go	Muchi-go	Unjou-go	Takeshi-go
			Wakasa-go
		Kiyohime-go	Goromaru-go
			Chinpei-go
	Tsuruhime-go	Monjumaru-go	Kouryuu-go
			Daini Shirobotan-go
		Reigetsu-go	Senzan-go
			Kiyohime-go

Hachiman-go, rot-sesam Rüde, geboren 12. Dezember 1957, Meiyosho winner 1961

			Unjou-go
		Muchi-go	
			Wakasa-go
	Hachimann-go		
			Monjumaru-go
		Tsuruhime-go	
			Reigetsu-go
Azumazakura-go			
			Arawahi-go
		Tamagumo-go	
	Tamakiyo-go		
			Fudou-go
		Akemi-go	
			Hinai-go

Azumazakura-go, brindel Rüde,
geboren 23. Februar 1960,
Meiyosho winner 1962

Toun-go wurde im Zwinger Matsuda in Tokyo geboren, seine Mutter war Gyokurei-go. Es erregte die allgemeine Aufmerksamkeit, weil er das Produkt sehr enger Inzucht war.
Gyokurei-gos Vater war Hachiman-go und ihre Mutter Meigyoku-go. Toun-gos Vater Azumasakura-go hatte ebenfalls Hachiman-go als Vater und Tamakiyo-go als Mutter. Meigyoku-go und Tamakiyo-go waren Geschwister. Es handelte sich hier also um einen Fall von Inzucht. Toun-go hatte schon seit seinen Welpentagen einen ausgezeichneten Ruf und erzielte später auf Ausstellungen stets den ersten Preis. Von mittlerer Größe, paßte sein Knochenbau gut zu seiner gestromten Tigerfärbung; seine Paradepositur im Ring bewies Ruhe, eine Kombination, die ihm den Ehrenpreis einbrachte. Aktiv als Deckrüde, hinterließ er eine große ebenfalls oft prämierte Nachkommenschaft. Aber es gab keinen Nachfolger, der an den Vater herangereicht hätte.

Touun-Go, brindel Rüde,
geboren 02.August 1961,
Meiyosho winner 1964

Touun-go	Azumazakura-go	Hachiman-go	Muchi-Go
			Tsuruhime-go
		Tamakiyo-go	Tamagumo-go
			Akemi-go
	Gyokurei-go	Hachiman-go	Muchi-go
			Tsuruhime-go
		Meiyoku-go	Tamagumo-go
			Akemi-go

Der nächste Kandidat für den Nachfolger von Azumasakura-go war der rote Bankomaru-go. Er machte sich erst als Junghund heraus und bekam als ausgewachsenes Tier den Meiyosho Award zuerkannt. Seine Mutter, Daiunme-go, war eine beachtenswerte Zuchthündin, die drei Ehrenpreisträger warf: Bankomaru-go, Kumohibiki und Tamagumome. Daiunme-gos Vater war Daiun-go, ihre Mutter Kiyome-go. Der gemeinsame Vater von Daiun-go und Kiyome-go war Tamagumo-go, ihre Mütter waren Makome-go bzw. Kiyome-go. Daiunme-go hatte ein hübsches Gesicht und auch eine schöne Färbung, doch war ihr Ohr an der Spitze leicht eingeschnitten, weswegen sie keine Ausstellungs-bewertungen aufweist. Dafür hatte sie ausgezeichnete Erbanlagen. Bankomaru-gos Bruder Nanun-go zeugte den Ehrenpreisträger Kumomaru-go, den Vater von Tamayu-go.
Mit Tanigumo-go als Vater warf sie Kumohibiki-go, den Vater von Tamagumohibiki-go. Der aus dieser Linie stammende Bankomaru-go war rot mit heller Wangenfärbung, wie man sie heutzutage antrifft. Auf dem Sattel hatte er Sesamsprengsel, seine Rute trug er hoch aufgerollt. Sein Gesichtsausdruck war so einzigartig, daß er sogar zum Modell des Nachkriegs-Akita erklät wurde. Leider war es ihm nicht möglich, Nachkommen zu erbringen, die an die Spitze dieser Ahnenreihe hätten treten können.

Bankomaru-go, roter Rüde, geboren 13. August 1964, Meiyosho winner 1966

Bankomaru-go	Azumazakura-go	Hachiman-go
		Muchi-Go
		Tsuruhime-go
		Tamakiyo-go
		Tamagumo-go
		Akemi-go
	Daiunme-go	Daiun-go
		Tamagumo-go
		Makome-go
		Kiyome-go
		Tamagumo-go
		Kiyohime-go

Tamagumohibiki-Go, brindel Rüde,
geb. 01. Juli 1965
Meiyosho winner 1968

Kumohibiki-Go, brindel Rüde,
geb. 27. August 1963
Meiyosho winner 1967

Mit Toun-go und Bankomaru-go endete die von Unjo-go begonnene Reihe der Ehrenpreisträger. Doch die Ichinoseki-Linie (Goromaru-, Tamagumo-, und Unjo-Linie) setzte ihre Entwicklung als Hauptlinie fort.
Wenn man die Blutlinienführung der oben erwähnten Hunde vom Vererbungsstandpunkt betrachtet, erkennt man einen starken Einfluß der mütterlichen Seite.
Vater und Sohn Unjo-go und Muchi-go, Vater und Sohn Muchi-go und Hachiman-go - sie sehen ihren jeweiligen, blutsmäßig doch zur Hauptlinie rechnenden, Vätern nicht besonders ähnlich.
Hunde, die direkt die Erbmerkmale ihrer Mütter oder im Generationssprung Körperbau und Aussehen von ihren Groß- bzw. Urgroßeltern übernommen hatten, traten nun die Spitzenstellungen in der Linie an. Besonders die Tiere, deren Farbe von der ihres eigenen Vaters abwich, waren überragend.

Hier möchte ich etwas zur Geschichte der Farbe des Akita sagen, ihren Wandlungen und Tendenzen, wie sie sich in den nunmehr 50 Jahren nach dem Krieg darstellt.
Als nach dem Krieg wieder Ausstellungen eröffnet wurden, waren die Farben überwiegend: sesam, rot, rot sesam, gestromt, schwarz gestromt, schwarz sesam, weiß, gelegentlich auch schwarz.
Nach der Teilnehmerliste der vom Hauptsitz der Akita-Inu Hozonkai e.V. 1953 abgehaltenen Ausstellung waren die Farben der 127 teilnehmenden Hunde:

36 schwarz sesam

35 rot sesam

15 rot

13 schwarz gestromt,

10 sesam

8 weiß

7 gestromt und

3 gescheckt.

Später wandelte sich das Bild, mal nahmen rote und rot sesam Hunde zu, das nächste Mal wurden schwarz sesam und gestromte in großer Zahl ausgestellt.

Zur Information sei hier angeführt, daß vor 1941 einige wenige Photos von Tieren anscheinend roter Färbung mit hellen Wangen in Hundezeitschriften erschienen, wie Dewa-go (nicht aus der Dewa-Linie) im Besitz von Herrn Saito und Gaku-go aus dem Besitz von Herrn Yonetani in der Präfektur Miyagi.
1958 habe ich im Zwinger von Herrn Funakoshi in Akita einen Abkömmling Goromaru-gos dieser Farbgebung gesehen. Auch der damals elfjährige Hikari-go - vermutlich ein Matagi - den ich außerhalb von Akita sah, war ein gutes Beispiel.
Im Frühjahr 1960 besuchte ich während meiner Akita-Erkundungstour in Süd-Akita den Yaotome-En, um Kiyohime-go auf ihre alten Tage zu sehen.
Diese Hündin hatte die gleiche Farbe, genau das richtige Körpermaß und Gewicht. Ihre ausgewogene Statur und ihr nobler Gesichtsausdruck brachten ihre hervorragende Qualität wunderbar zum Ausdruck. Ich erinnere mich noch, wie mich bei ihrem Anblick der Gedanke durchfuhr: Das ist ein rein japanischer Hund, ein Akita!

Auch unter den damaligen Ausstellungsteilnehmern sah man einige wenige Hunde dieser Färbung; sie wurden "Spitz-Typ" genannt und erhielten keine guten Bewertungen.
Im Laufe der Zeit wurde diese Farbe auch unter den Preisrichtern viel diskutiert. Da unter den Preisrichtern noch viele ehemalige Kampfrichter aus der Zeit der Hundekämpfe befanden, kam es zu den verschiedensten Meinungen, eine Entscheidung wurde aber nicht erzielt.

Die Befürworter dieser roten Farbe betonten, dass dies ein Nachweis sei, dass es sich um Urhunde handelt, die schon seit alten Zeiten auf den japanischen Inseln heimisch seien und dass es doch nur natürlich sei, daß diese Hunde, abgesehen von geringen Größenunterschieden, die gleiche Färbung und ähnliches Aussehen hätten.

Als im Jahre 1964 Bankomaru-go den Meiyosho Ehrenpreis erhielt, rückte diese Farbe ins Licht der Öffentlichkeit, und Akita mit Urajiro wurden sehr populär.
Leider gab es nach Bankomaru-Go keinen Akita dieses Typs der wirklich überragend war, von daher war es schwierig, diese Farbe zu enthablieren.

Hikari-go, Hündin aus Akita City, im Alter von etwa 11 Jahren

Nach den Ausstellungsberichten der Akita-Inu Hozonkai e.V. zu urteilen, nahm erst etwa ab 1975 die Zahl der roten Akita mit Urajiro bei den Ausstellungen wieder zu.
Nach 1975 war dies Akita wie Tetsuyuki-go, Urakaze-go, Gyokurin-go, Tamayu-go und andere zu verdanken.
Inzwischen hatte sich auch der Standpunkt der Preisrichter und der Geschmack der Hundefreunde gewandelt und die Züchter trugen diesem Trend Rechnung.
Seit etwa 1985 haben fast alle roten Hunde Urajiro an den Wangen.

Dieser Hundetyp wurde nicht nur in Akita-Kreisen, sondern auch von den Freunden anderer japanischer Hunde im allgemeinen begrüßt.
Nicht nur die Farbe, sondern auch der Körperbau des Akita hatte sich dem japanischen (regionalen) Hund angenähert, die Kreuzungsmerkmale mit dem Tosa und ähnlichen Hunden - oder die Schäferhundmerkmale hatten sich verloren.
Sogar im Vergleich mit dem roten Shiba-Inu standen die Akita ihnen als japanische Hunde in nichts mehr nach.

Obwohl schwarz sesam, rot sasam und sesam farbene Akita fast nicht mehr zu sehen sind, blieben weiß und gestromt als Farbe erhalten.
Seit alten Zeiten schätzen die Japaner die weiße Farbe, mit der sie fast religiöse Gefühle verbinden, als Symbol der Reinheit.
Fotos von sehr bekannten weißen Akita sind die von Shiro-go, im Besitz von Herrn Kitayama aus Odate, 1907, von Ookido-go im Besitz von Herrn Kurimori, ebenfalls aus Odate, 1912, und von Genzoshiro-go aus der Stadt Akita, der die schwierigen Kriegszeiten überlebte.
Auch nach dem Krieg gab es mehrere hervorragende weisse Vertreter der Rasse. Der 15. Meiyosho Preisträger Tatsumasa -go eröffnet den Reigen von weißen Akita, die höchste Auszeichnungen erzielen konnten.

Tetsuyuki-go,
roter Rüde,
geboren
20. August 1976

Gestromte Akita waren zu allen Zeiten beliebt, und ihre Anzahl hielt sich immer auf einer relativ hohen Anzahl.
Das Aussehen der Brindel beschwört die Erinnerung an die Feldherren der Sengoku-Zeit (Periode der Kriegswirren um 1500) herauf.
Nachdem Tamagumo-go als Vererber hoch geschätzt war, ebnete das Erscheinen des gestromten Azumasakura-go dann seinen Farbgenossen den Weg zur Erringung des Meiyosho Awards der Akita-Inu Hozonkai e.V..
Es brach eine Blütezeit für Brindel an. Toun-go, Amakuni-go, Kumohibiki-go, Tamazakura-go und Tamahibiki-go gehörten zu den Preisträgern. Seit dieser Zeit gab es bis jetzt keine allzu großen Schwankungen bei den gestromten Akita und auch auf Ausstellungen wurden sie immer gut bewertet.
Wenn wir noch einmal rückblickend die Geschichte betrachten, so kann man sagen, daß die Restauration des durch die Kreuzungszuchten der Meiji-Zeit verunreinigten Blutes der Akita vor gut 20 Jahren - etwa um 1980 - vollendet war.

Seit nach dem Kriege erneute Anstrengungen in dieser Richtung unternommen wurden, hat man dazu ungefähr 35 Jahre gebraucht. Nun sollten unter Anwendung der Ausstellungsbewertungskriterien diese Bemühungen um die Reinigung des Blutes ihre Anerkennung finden.

Im Gegensatz zu Japan halten Züchter und Besitzer in Amerika den Hundetyp aus der mittleren Periode des Restaurationsprozesses für den eigentlichen Akita.
Die sog. "Amerika"-Akita haben ihre Charakteristika aus der Zeit um 1955, als sie importiert wurden, unverändert bis heute beibehalten.
Es bleibt nichts anderes, als diesen Zustand auf das Tiefste zu bedauern.

Urakaze-go, roter Rüde, geboren 20. März 1974, Meiyosho winner 1978

Fuujinmaru-go, roter Rüde, geb. 14. Oktober 1969,
Meiyosho winner 1972

Goyokurin-go, roter Rüde, geb. 27. Juli 1977

Weiter Meiyosho Winner

Kumomaru-Go, brindel Rüde, geb. 08. Dezember 1964,
Meiyosho winner 1968

Touhachi-go, roter Rüde, geb. 08. Oktober 1970,
Meiyosho winner 1974

Tomoshiro-go, weisse Hündin, geb. 29. November 1972,
Meiyosho winner 1977

Isekumo-go, roter Rüde, geb. 06. Oktober 1982,
Meiyosho winner 1986

Goushi-go, roter Rüde, geb. 10. Oktober 1982,
Meiyosho winner 1986

Akatsuki-no-ou-go, roter Rüde, geb. 30. Dezember 1982,
Meiyosho winner 1986

Zur Beurteilung des Akita

Gesamterscheinung

Das hier „Gesamterscheinung" genannte Aussehen hängt wesentlich auch von der oben erwähnten Fellfärbung und vor allem auch von dessen Kondition ab.
Von noch größerer Bedeutung sind die Struktur und die Proportionen des Körperbaus; sie sollten möglichst den Bestimmungen des Standards entsprechen.
Im Wesen gleichgültig gegenüber Geräuschen und anderen Irritationen, Kopf mit gutem Ohrenansatz und Hals kraftvoll erhoben, Rücken und Lenden gerade und kräftig, eine prächtige hoch aufgerollte Rute, im richtigen Winkel angesetzte und gut ausbalanzierte Läufe und eine stabile, Energie ausstrahlende Standposition sind unerläßlich als Voraussetzung für einen wohlgeformten Körper und ein überzeugendes Aussehen.
Bei Jungtieren ist Unbeschwertheit erwünscht, bei Hündinnen eine exakte Standposition, gepaart mit weiblicher Anmut.

Body parts of the Akita

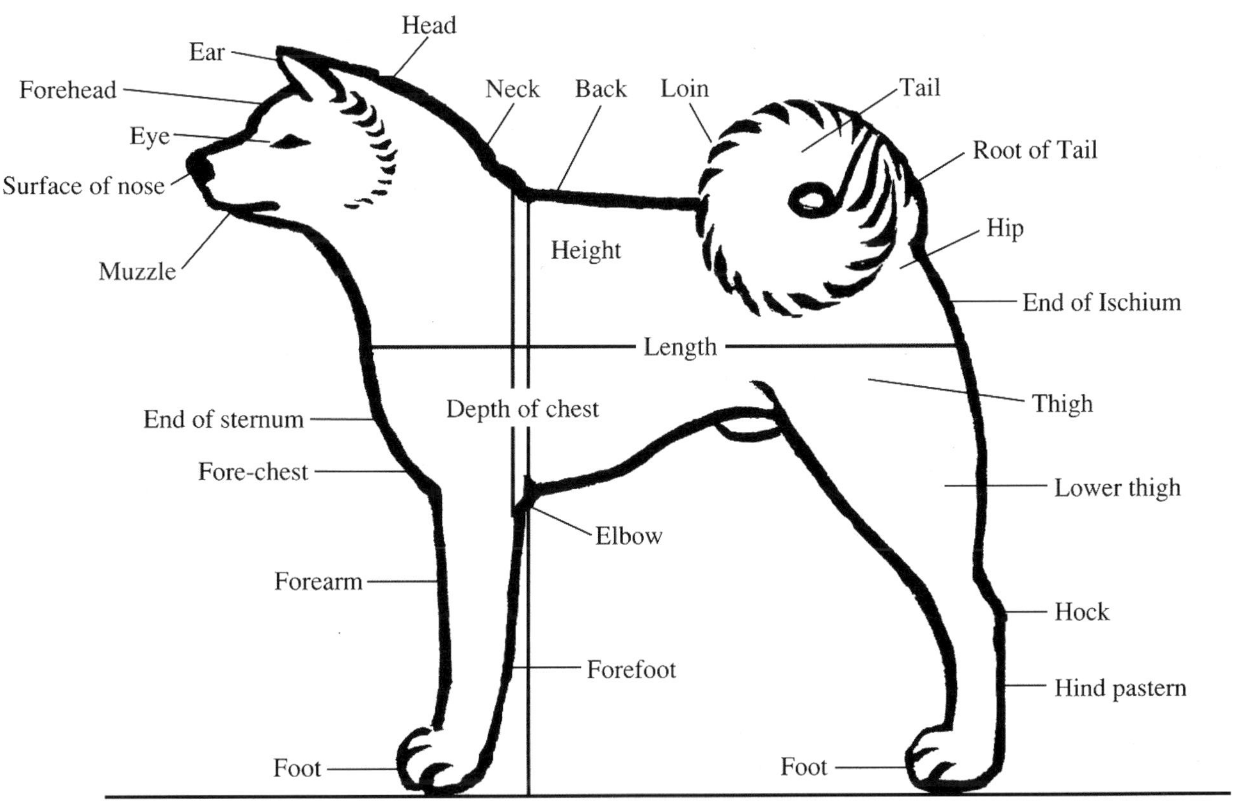

Bezeichnung der Körperteile des Akita

Kopf

Abbildung 1 zeigt den Kopf in Frontalansicht. Nicht nur die Ausbildung der einzelnen Teile des Majestät, Eleganz und Schlichtheit ausstrahlenden Gesichts ist wichtig, sondern auch ihre Anordnung und Proportion.

Zunächst die Form der Ohren: ein ungleichseitiges Dreieck mit leicht gerundeten Spitzcn.Sind die Ohren zu hoch angesetzt, wird der Abstand zwischen ihnen zu gering, sitzen sie zu tief, knicken sie leicht seitwärts oder nach außen.
Beim idealen Ohransatz verläuft eine gerade Linie von der Ohrspitze bis in den Mittelpunkt der Ohrenansatzstelle (Abbildung 1).

Als nächstes Form und Stellung der Augen. Von der Augenform und von ihrem Ausdruck können wir auf die Gemütslage des Hundes schließen.
Sie beeinflussen den Ausdruck der Würde und Majestät des Tieres. Die Augenform ist ein in horizontaler Richtung langgezogenes ungleichwinkliges Dreieck mit tiefen inneren Augenwinkeln.

Abbildung 1

Abbildung 2

zu niedrig

korrekt

zu aufrecht

Die untere Augenlinie verläuft leicht schräg nach oben zum äußeren Augenwinkel.
Ein Augenstand, bei dem das Auge auf einer senkrechten Linie direkt unter der Ohrenansatzstelle liegt, gilt als ideal. Ein zu enger Augenabstand führt zu einem finsteren, ein zu weiter zu einem nachlässigen Gesichtsausdruck. Die Iris sollte dunkel sein, eine zu helle Iris läßt Eleganz vermissen.

Abbildung 2 zeigt die Seitenansicht des Kopfes. Hier werden exakte Winkel wichtig.
Der korrekte Stehwinkel der Ohren, wobei es auf den Grad der Vorwärtsneigung ankommt, sollte in etwa auf einer Parallele zu der vom hinteren Nackenteil aus gezogenen geraden Verlängerungslinie liegen.
Zu aufrecht stehenden Ohren fehlt es eleganz und Ausstrahlung, zu weit nach vorn geneigte verleihen einen Eindruck von Schwere und fehlender Konzentration.

Der nächste Punkt ist der Stirnansatzwinkel. Die von der Stirn und die vom Stirnabsatz entlang des Nasenrückens gedachten Linien sollten in etwa parallel verlaufen.
Der Stirnansatz sollte nicht zu flach, aber auch nicht zu tief eingeschnitten sein, sondern genau den richtigen Winkel haben.
Der Winkel des Stirnabsatzes und die Stirnausbildung sind ein wichtiges Kriterium für das Gesicht des Hundes und sollte nahezu paralell zur Stirn verlaufen (s. Abbildung 2).
Der Winkel des Stop muss angemessen sein, wie auf der Zeichnung zu sehen. Die Ausprägung des Stop ist ein ganz wichtiges Kriterium für die Beurteilung des Akita Kopfes.
Das Gesicht sollte ohne Falten sein und eine deutliche Stirnfurche aufweisen.
Wenn der Lefzeneinschnitt zu weit geht, verliert der Hund seine Eleganz und sein japanisches Aussehen.

Abbildung 3 zeigt die Form des Fangs von vorn.

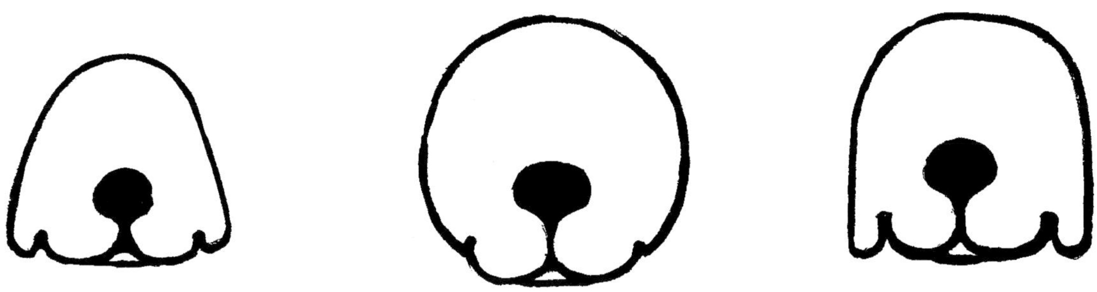

dreieckig rund rechteckig

Laut Standard ist der Fang kräftig und von mittlerer Länge, er ist im Ansatz breit und verjüngt sich allmählich ohne spitz zu werden..
Die Lefzen liegen eng an. Fest schließende Lefzen erlauben kein Hängen oder Lockerwerden der Lefze.
Die Form des Fangs kann grob in drei verschiedene Formen eingeteilt werden: dreieckig, rund oder viereckig.

Wie die Abbildung zeigt, vermittelt die dreieckige Form ein Gefühl von Unvollkommenheit. Wenn die Lefze des Oberkiefers auch nur etwas erschlafft, kommt sie ins Hängen.

Die rechteckige Form ist die „Kastenschnauze". Die Lefze gerät durch die zu geringe Wangenspannung leicht ins Hängen. Das führt dann zu einem schlaffen Fang.

Die runde Form ist in jeder Hinsicht die ideale, mit festgeschlossenen Lefzen bringt ihre Linienführung das Gesicht in seiner Ausgewogenheit vollkommen zur Geltung.

Abbildung 4 zeigt die Seitenansicht des Hundes, Skizze A die normale Vorführstandpositur.

Figure A

Figure B

Figure C

Alle Linien und Winkel sind anspannungsfrei, was die Voraussetzung für eine gute Kopfhaltung, den einwand-freien Aufrichtungswinkel des Nackens und die Bewahrung einer geraden Rückenlinie ist. Die Läufe zeigen einen exakten Stand, die Rute ist kraftvoll gerollt. Selbstverständlich sollten die Relationen von Körperhöhe zu Brusttiefe (10:5) und von Körperhöhe zu -länge (10:11) möglichst der Norm entsprechen.

Skizze B zeigt die sogen. „Sammelpositur".
Die Läufe sind einwärts gerichtet, da die Vorderläufe nicht genug ausgreifen und die Sprunggelenke der Hinterläufe zu stark angewinkelt sind.
Diese Haltung führt leicht zu einem „Karpfenrücken" oder auch „Katzenbuckel" genannten Rundrücken. Die übrigen Körperlinien verlieren ebenfalls ihre Exaktheit. Stärke und Eleganz gehen verloren.

Skizze C zeigt das Gegenstück zu Skizze B.
Eine auseinanderstrebene Positur. Allgemein gesehen, findet man diese Haltung bei Tieren mit schwächlicher Konstitution. Der Bauch ist nicht gut eingezigen und der Rücken hängt durch. Eine solche schlaffe Haltung läßt kein Gefühl von Kraft und Stärke aufkommen.

Abbildung 5

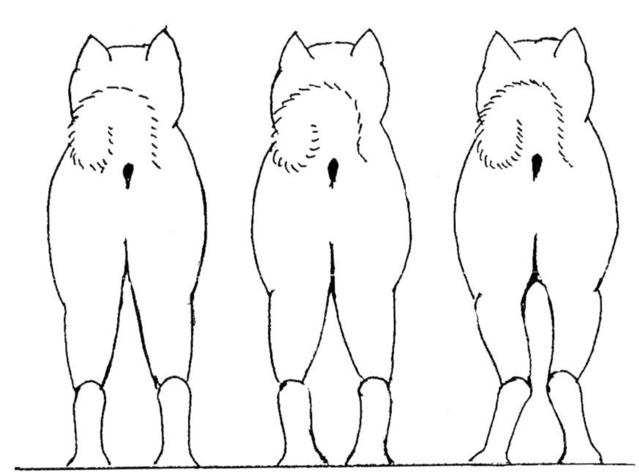

Abbildung 6

Abbildung 5 ist eine Frontalansicht des Hundes. Hier stehen Kopf, Hals, Vorderbrust, Ellbogen, sowie das Verhältnis von Vorderlauf und Vorderpfoten, ihre Form und Struktur zur Debatte.
Die Harmonie zwischen eine wohlgeformten Kopf und einem kräftigen Hals, gut entwickelter Vorbrust und den sie tragenden kraftvollen Vorderläufen ist bei der Frontalansicht ein wichtiger Punkt.
Die Ellbogengelenke müssen anliegend sein, die dicken runden Vorderpfoten brauchen einen gewissen Grad von Elastizität.
Zu geringer oder zu weiter Abstand zwischen den Ansatzpunkten der Vorderläufe verursacht eine unnatürliche Körperform und -haltung.
Zu breite oder auch zu schmale Vorderläufe und flache Vorderzehen wirken kraftlos.

Abbildung 6 ist die Rückansicht.
Der Abstand zwischen den Hinterpfoten und die Struktur der Hinterläufe ist sehr wichtig.
Die gute Hinterhand zeichnet sich durch im Training erworbene Robustheit und eine kraftvolle Elastizität aus.
Neben der normal gebauten Hinterhand findet sich die X-Stellung mit zu sehr nach innen weisenden Sprunggelenken und folglich gespreizter Fußstellung, sowie das Gegenteil, die O-Form mit zu geringem Abstand zwischen den Hinterpfoten, was einen schwächlichen Eindruck erweckt.

Abbildung 7 zeigt eine Seitenansicht der Vorderläufe. Sie müssen nicht nur das Gewicht des massiven Kopfes, des stämmigen Halses und der kräftigen Brust tragen, sondern haben die Funktion, schnelle Bewegungen ausführen und zu unterstützen.
Ihre Knochenstruktur setzt sich (von oben nach unten) wie folgt zusammen:
Schulterblatt, Oberarmknochen, Elle und Speiche, Mittelfußknochen und Zehenglieder, alle durch Gelenke miteinander verbunden.
Die linke Abbildung zeigt normal gebogene Fesseln, die mittlere ein „Stockbein' mit zu wenig Elastizität, die rechte zu schräge und darum kraftlose Fesseln. Die Fesseln fangen den Schock beim Aufkommen des Körpers auf den Boden ab, wozu die richtige Biegung und Elastizität nötig sind.

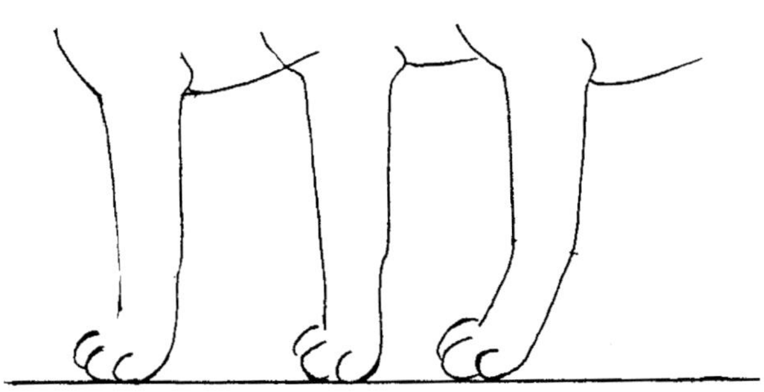

Abbildung 7

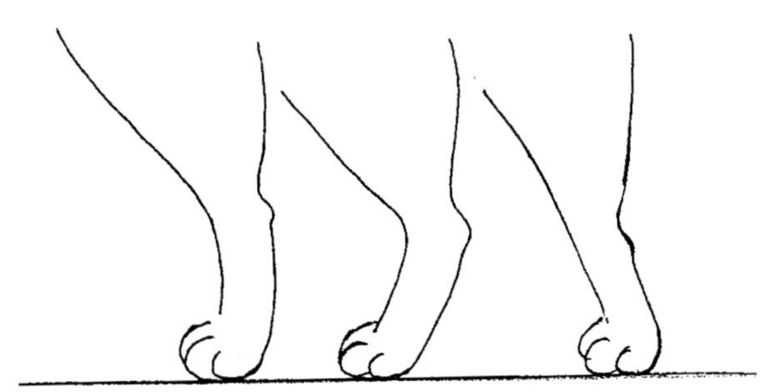

Abbildung 8

Abbildung 8 zeigt drei verschiedene Seitenansichten von Hinterläufen. Von den Hinterläufen des Hundes geht die Vorwärtsbewegung aus. Ihre Knochenstruktur besteht aus dem mit dem Hüftknochen verbundenen Oberschenkel, Schienbein, Wadenbein, Mittelfußknochen, Zehengliedern unter anderen. Genau wie bei den Vorderläufen müssen ihre Gelenke die richtige Winklung haben. Rein äußerlich gesehen, sollten sie durch Training erworbene Robustheit und eine kraftvolle Elastizität zeigen. Die Skizzen zeigen von links: Unterschenkel mit normal gebogenen Fesseln, Hinterlauf mit zu stark gewinkeltem Sprunggelenk, erlaubt kein ausreichendes Ausschreiten. Rechts - zu gerade Fessel, stockgleich zu wenig angewinkelt, ein Hinterlauf ohne Kraft. Die Vorder- und Hinterpfoten sollten rund und elastisch sein.

Abbildung 9 zeigt die Rutenhaltung. Die Rute dieses Hundes bringt seine Schönheit und Eleganz erst richtig zum Ausdruck.Sie muß großzügig und kraftvoll gerollt sein. Die korrekte Rutenlänge sollte ungefähr bis zum Sprunggelenk reichen. Zu kurze Ruten sind unzureichend gerollt, bei zu langen hängt die Spitze herunter, weil sie nicht richtig aufgerollt werden kann. Man unterscheidet rechts und links gerollte Ruten, „Trommelrollen" und Doppelrollen, etc.. Selbst Ruten des gleichen Typs sind individuell verschieden. Es gibt durch zu starkes Aufrollen klein wirkende Ruten, zu niedrig in Hüfthöhe gerollte, und dann die unzureichend gerollte Rute.Als ideale Rute sehe ich die ellipsenförmig hoch eingerollte Rute an. Ruten, in ihrem Winkel parallel zu den übrigen Körperteilen, besonders aber zur Nackenlinie, sehen vergleichsweise gut aus. Die gerollte Rute ist zusammen mit den Stehohren ein Symbol dieses Hundes. Nicht gerollte Ruten führen zur Disqualifizierung.

Abbildung 9

Nage-o
mangelhaft aufgerollte Rute

ideal

zu niedrig angesetzt

Haarkleid und Farbe

Was bei der Vorführung eines Hundes nach Einnahme der Standposition als erstes ins Auge fällt, sind die Gesamterscheinung und die Farbe seines Haarkleides.
Die Fellkondition des Tieres hat einen entscheidenden Einfluß auf den Gesamteindruck. Die drei Haarschichten, nämlich das Grannenhaar, das Deckhaar und das Unterhaar (Unterwolle) müssen von entsprechender Dichte sein.
Zulässige Farben sind: rot, gestromt, sesam und weiß. Die gegenwärtig auf Ausstellungen anzutreffenden Farben sind fast ausschließlich rot, gestromt oder weiß, Hunde anderer Farben sind selten. Mit Ausnahme von weiß, weisen die übrigen Farben Abstufungen verschiedenen Grades auf, wobei die angemessene Verteilung des weißen Unterhaars für das Herauskommen der Färbung von Bedeutung ist.
Die ideale Farbe zeichnet sich durch Eleganz und Reinheit, aber auch durch Schlichtheit aus. Außer der Haarstruktur und -farbe, spielt auch die Fellkondition eine große Rolle. Sie wirkt sich nicht nur verändernd auf die Farbgebung, sondern auch auf die Gesamtbewertung des Hundes aus.

Genetische Erkrankungen

Obwohl der Akita generell eine gesunde und robuste Rasse ist, können verschiedene Erkrankungen auftreten, die Akitazüchter und Liebhaber gleichermaßen beunruhigen. Autoimmunprobleme wurden sowohl in den Akitalinien in Japan, wie auch in Amerika festgestellt.

Auf einen simplen Nenner gebracht sind Autoimmunprobleme das Resultat eines überaktiven Immunsystems.
Diese Überaktivität suggeriert dem Immunsystem, dass es nicht nur gegen Eindringlinge wie Bakterien und Viren von außen ankämpfen muß, sondern simuliert dem Immunsystem auch, daß es Schutz gegen den eigenen Körper braucht.
Einige dieser Erkrankungen sind unterschiedlichen Formen von Phemphigus, Uveitis, Lupus und Hautleukoderma in Japan bekannt unter dem Namen Hokuto-Koyanagi-Harada-Syndrom, in Europa und den USA unter Vogt-Koyanagi-Harada-Syndrom (VKH).

Die Art der Ausprägung dieser Autoimmunerkrankung steht in großer Abhängigkeit zu den Erbanlagen, sowie Ursache die im Ergebnis das Immunsystem unter Streß setzen.

Einige Hunde sind nur wenig betroffen, andere sehr schwer. Eine aggressive Behandlung ist immer notwendig.

Progressive Retina Dysplasie (PRA), ausgelöst durch ein rezessives Gen, wurde auch bei Akita festgestellt. Diese Augenerkrankung führt zur Erblindung.

Andere Autoimmunerkrankung die beim Akita vorgekommen sind, sind Schilddrüsenerkrankungen, Anämie und Thrombozytenanomalie.

Die "Willebrand`s Disease" wurde bei 54 verschiedenen Rassen beschrieben, darunter war auch der Akita.

Von Willebrand Disease eine Erbkrankheit, die auf einen Mangel des Gerinnungsfaktors VII C des Blutes beruht.

Sebadinitis wurde ebenfalls in Akita aus Japan und den USA festgestellt. Betroffene Hunde verlieren das Haarkleid in unterschiedlicher Ausprägung. Dies liegt an der Zerstörung der Drüsen in der Haut. Es ist vermutlich ein rezessiv vererbliche Anlage, es könnte aber auch ein Autoimmunproblem sein.

Hautadynamie (Ehlers-Danlos-Syndrom) wurde beim Akita diagnostiziert. Bei dieser Erkrankung, die nur bei jungen Hunde vorkommt, ist die Haut sehr "zerbrechlich" und reißt schon beim leichtem Ziehen auf.

Wie bei allen großen Rassen, wurde auch beim Akita Hüftgelenksdysplasie festgestellt.

Die sorgfältige Beobachtung der Zucht und ein intensives Studium der Ahnentafeln, die Beobachtung der Nachkommen und die Untersuchung der Zuchthunde auf Anzeichen von Erkrankungen sind die Anhaltspunkte, die ein verantwortungsvoller Züchter berücksichtigt, um so in seiner Zucht die Probleme zu minimieren.

Über den Autor

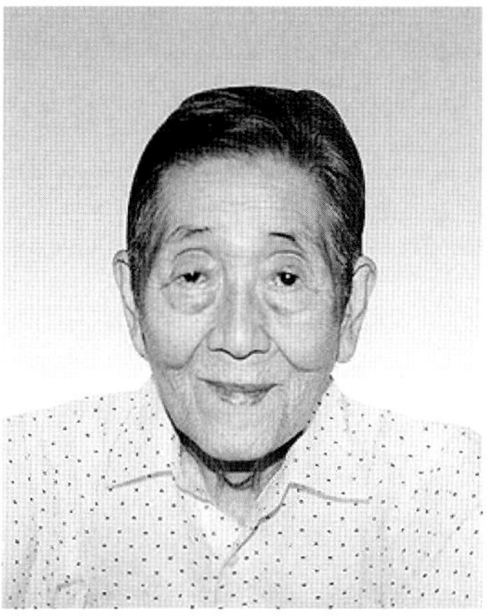

Mr. Naoto Kajiwara

Mr. Naoto Kajiwara ist seit vielen Jahren Züchter, Förderer und Zuchtrichter für den Akita.
Er ist sehr hoch angesehen und bekannt als große Autorität der Rasse und deren Geschichte.
Mr. Kajiwara wurde 1912 in der Stadt Houjusan, Asakura County, Fukuoka Präfektur in Japan geboren. 1940 zog er nach Osaka. Dort begann er 1951 mit der Akita Zucht.
1953 wurde er Mitglied des AKIHO und 1960 deren Präsident für die Osaka Landesgruppe.
1960 wurde er als Zuchtrichter für den AKIHO zugelassen.
Mr. Kajiwara wurde 1962 Vorstandsmitglied des AKIHO und 1964 Vize-Präsident des Zuchtrichterausschusses. Im gleichen Jahr wurde er auch noch AKIHO Präsident für das Kansei Gebiet.
Mr. Kaijiwara war von 1974 bis 1977 Verwaltungsdirektor des AKIHO und sein Vize-Präsident von 1978 bis 1989.
1994 wurde der zum AKIHO Ehrenpräsidenten ernannt. 1998 wurde zum Berater des JKC National Akita Club berufen, wo seine Rat und sein Insiderwissen sehr geschätzt wird.

Über den beratenden Herausgeber

Mr. Toyosaku Kariyabu

Mr. Toyosaku Kariyabu wurde 1925 in Hokkaido, Japan, geboren. Sein Interesse an Hunden begann mit dem Akita und dem Deutschen Schäferhund. Beide Rassen hat er viele Jahre gezüchtet und ausgestellt. 1974 wurde er geschäftsführender Präsident des Japan Kennel Club und 1975 dessen Präsident. Dieses Amt hatte er bis 1994 inne.
Mr. Kariyabu war von 1976 bis 1995 Präsident der Asien Kennel Union und für die Asien Kennel Union von 1980 bis 1995 Abgeordneter der Asien Sektion in der Fédération Cynologique Internationale.
1994 wurde er Ehrenpräsident des Japan Kennel Club und 1995 wurde ihn die Ehre zuteil, zum Ehrenpräsidenten der Asien Kennel Union ernannt zu werden.
Zu dem Akita und dem Deutschen Schäferhund hat Mr. Kariyabu auch z. B. Shiba, Chin, Bulldogs, Chihuahuas und weitere Rassen gezüchtet. Er ist FCI Allgemeinzuchtrichter und hat Ausstellungen auf der ganzen Welt gerichtet.

Japan Kennel Club
AKITA

Published in Germany 2002

Co-Autoren:	Naoto Kajiwara & Japan Kennel Club, Inc.
Leitender Herausgeber	Toyosaku Kariyabu
Mitarbeiterstab:	Mitsutero Hoshi Hiroshi Kamisato Jitaro Nakagawa Keiichi Fujita Hideki Tonegawa Kiyoshi Hasegawa Masashi Oyama Shigeki Kimura Yuji Ueda Masako Mitsushima Daisuke Takasawa Hajime Hirasaki Izumi Awashima
Veröffentlicht durch:	Japan Kennel Club, Inc. 1-5, Kanda, Suda-cho Chiyoda-Ku, Tokyo 101-8552 Japan
Deutsche Bearbeitung	Lutz Lammers & Angelika Kammerscheid-Lammers
Herausgeber	(c) 2002 Verlag Lutz Lammers Erlenkamp 26, 59071 Hamm Tel. 0 23 81 - 98 36 21, Fax: 0 23 81 - 98 36 20 Printed in Germany
	ISBN 3-931750-00-1

Angelika
Kammerscheid-Lammers

Akita

Ein faszinierender Japaner

2002
Verlag Lutz Lammers
Erlenkamp 26 · 59071 Hamm

Kammerscheid-Lammers, Angelika
"Akita - ein faszinierender Japaner"
Hamm, 2002 - 3. Auflage -

ISBN 3-931750-00-1

Zeichnungen Seite 58, 59, 60, 62,64, 65, Japan "Akita Ken",
Zeichnungen zum Standard:
Yoko Yamamoto, Japan, für den Japan Kennel Club mit freundlicher Genehmigung durch Herrn Toyosaku Kariyabu

Erlenkamp 26, 59071 Hamm (Tel.: 0 23 81 - 98 36 21 · Fax: 0 23 81 - 98 36 20)
Printed in Germany

Einbandgestaltung: Angelika Kammerscheid-Lammers
Gesamtgestaltung: Angelika Kammerscheid-Lammers und Lutz Lammers
Druck: Berges-Druck, Hamm

Inhalt

Vorwort

Ich bedanke mich herzlich bei meinen Akita-Freunden in Deutschland und im Ausland, die maßgeblich daran beteiligt waren, daß auch die 2. Auflage dieses Buches schnell ausverkauft war.

Insbesondere gilt mein Dank Lutz Lammers, der mir die Rasse nahe gebracht hat und ohne dessen Anregung und Unterstützung ich gar nicht auf die Idee gekommen wäre, ein Buch über die Rasse zu schreiben und meiner Freundin Susanne Faust, die mich seit vielen Jahren bei allen Angelegenheiten rund um den Akita unterstützt.

Als ich 1994 an der ersten Ausgabe des Buches geschrieben habe, haben weder Lutz noch ich geglaubt, daß jemals eine 3. überarbeitete Auflage auf den Markt kommen wird.

Zu meiner Person:
Anfang 1979 bekam ich Kontakt zu der Rasse. In den nächsten Jahren hat der Akita mich so fasziniert, daß ich 1986 mit der Ausbildung zur Spezialzuchtrichterin für den Akita beim Verband für das Deutsche Hundewesen (VDH) begonnen habe.

Seit 1988 bin ich VDH/FCI-Zuchtrichterin für die Rasse Akita und inzwischen zusätzlich für die Rassen:
Shiba Inu, Hokkaido Ken, Kishu, Großer Japanischer Hund;
Siberian Husky, Samojede, Alaskan Malamute, Grönlandhund;
Jämthund, Karelischer Bärenhund, Norw. Elchhund grau, schwarzer Elchhund, Lapinporokoira, Lapinkoira, Lapphund, Buhund, Finnenspitz, Islandhund, ostsib. Laika, russisch/europäische Laika, westsib. Laika, Lundehund, Norbottenspets und den Västgötaspets

Meine große (Hunde)Liebe ist aber der Akita geblieben. Dies äußert sich auch darin, daß ich seit Anfang der achtziger Jahre durchgängig unterschiedliche Aufgaben im Vorstand des deutschen Akita Club e.V. übernommen habe und somit einen großen Teil meiner Freizeit der Rasse Akita widme.

Ich hoffe, daß dieses Buch dazu beiträgt, Hundefreunden den Akita - mit seinen Stärken und Schwächen - näher zu bringen und damit die Entscheidung für oder gegen diese Rasse zu erleichtern.

Einleitung

Da die Geschichte der Rasse in Japan sehr ausführlich im Buch des Japan Kennel Club aufgeführt ist, werde ich auf die geschichtliche Entwicklung der Rasse nur noch kurz eingehen. Um aber die zum Teil auch heute noch anhaltende Diskussion und Konfusion um den Akita und den sogenannten Amerika-Akita (aktuelle F.C.I. Bezeichnung = Großer Japanischer Hund) verstehen zu können, ist es erforderlich einige Grundinformationen zu dem Thema "Rasseteilung" zu geben.

Bis zum 31.12. 1999 gab es innerhalb der FCI nur eine Rasse Akita. Der Akita wurde aber von den Züchtern und Besitzern immer schon in den sogenannten Japan Akita und den Amerika Akita unterteilt. Unterteilt deshalb, weil beide Varietäten sich im Laufe von 50 Jahren in der Zucht so weit auseinander entwickelt hatten, dass man von zwei völlig unterschiedlichen Hundetypen sprechen mußte.

Dieser Entwicklung wurde mit der Rasseteilung durch die FCI Rechnung getragen und im FCI - Magazin Ausgabe 32/99 mit folgendem Artikel veröffentlicht:

Endgültige Lösung des »Akita-Problems«

Unter dem Namen Akita findet man heute zwei Typen total verschieden aussehender Hunde; Akita vom japanischen Typ und "Große Japanische Hunde (vormals: Amerikanischer Akita)". Die Anerkennung des "Großen Japanischen Hundes" als eigene Rasse im Rahmen der FCI ist eine zweckdienliche Maßnahme, aber dies allein wird nicht genügen, um in diesem Durcheinander absolute Ordnung zu verschaffen.
Den hier abgedruckten Antrag des FCI-Vorstandes an die Generalversammlung in Mexiko City, der auch angenommen wurde, dient dazu, dass Akita-Problem einer endgültigen Lösung zuzuführen:
In allen zur FCI gehörenden Ländern werden alle unter dem Namen "Akita" eingetragenen Hunde durch ein vom Landesverband zu bestimmendes Gremium von 3 zum Richten der Rasse befugte Spezialzuchtrichtern begutachtet.
Hunde, die dem heutigen FCI-Standard Nr. 255 "Akita" entsprechen, bleiben weiterhin unter diesem Rassenamen eingetragen. Der Akita ist eine Rasse der FCI-Gruppe 5.
Hunde, die dem FCI-Standard Nr. 344 "Großer Japanischer Hund (vormals Amerikanischer Akita)" entsprechen, erhalten unter diesem Namen eine neue Abstammungsurkunde. Der Große Japanische Hund ist künftig eine Rasse der FCI-Gruppe 2, Sektion 4 (ohne Arbeitsprüfung).
Falls Zweifel in der Zuteilung von Hunden vorliegen, stellt der JKC zur endgültigen Lösung des Dilemmas entsprechende Richter zur Verfügung.
Diese Begutachtungen sollen innerhalb von 6 Monaten nach der offiziellen Anerkennung des "Großen Japanischen Hundes" stattfinden und bis spätestens Ende 1999 abgeschlossen sein.
Die neue Registrierung eines Hundes ist definitiv und kann nicht mehr modifiziert werden.
Vom 1. Januar 2000 an sind die Rasse "Akita" unter dem FCI-Standard Nr. 255 (FCI-Gruppe 5) und die Rasse" Großer Japanischer Hund (vormals Amerikanischer Akita)", unter der FCI-Standard Nr. 344 (FCI-Gruppe 2), Sektion 4, ohne Arbeitsprüfung)

zwei voneinander völlig unabhängige Rassen und jede Kreuzung untereinander ist verboten.

Vom 1. Januar 2000 an ist der Große Japanische Hund bei CACIB-Wettbewerben zugelassen.

Damit wäre das Problem fast gelöst. Leider nur fast, da vor allem in Europa über gut 25
Jahre beide Typen sehr häufig miteinander verpaart worden sind.

Dadurch ist fast eine dritte Varietät entstanden, die ich immer den Europäischen-Mixakita genannt habe. Einige europäische Länder, die nicht frühzeitig auf die sich über 10 Jahre ankündigende Rassetrennung reagiert haben, hatten auch zum 01.01.2000 noch eine Vielzahl von sogenannten Mixakita und haben die Diskussion, die wir in Deutschland zwischen 1990 und 1996 geführt haben, erst dann führen müssen.

Im dt. Akita Club wurde bereits seit Mitte der 90iger nicht ein Rüde mehr zur Zucht eingesetzt, dessen Ahnentafel nicht mind. überwiegend Japan-Importlinien aufwiesen.

Der Akita Club hat seit Jahren anläßlich der Zuchtzulassungen darauf geachtet, daß nur noch Akita vom japanischen Phänotyp zur Zucht zugelassen wurden.
Wenn nicht mindestens die Hälfte der Ahnen im Abstammungsnachweis Japanlinien aufwiesen, wurde zur Auflage gemacht, daß der Zuchtpartner sowohl linienmäßig, wie auch phänotypisch ein typischer Japanvertreter sein muß.

Von daher war der Akita Club in Deutschland am 31.12.1999 in der glücklichen Lage, die offizielle Rassetrennung bereits durch Zuchtselektion der letzten 10 Jahre, verschärft der letzten 5 Jahre, vorweggenommen zu haben.

Die Akita Besitzer, die lieber den Amerikatyp weiter züchten wollten, hatten sich 1996 vom Akita Club getrennt und sind ihren eigenen Weg gegangen. Mit der Rassetrennung durch die FCI in Akita und Großer Japanischer Hund (vormals Amerika Akita) ist es jetzt auch wieder möglich, beide Rassen innerhalb der FCI zu züchten.

Dieser Schritt wurde inzwischen auch durch den Akita Club nachvollzogen.
Seit 01.01.2002 vertritt der Deutsche Akita Club auch (wieder) den Großen Japanischen Hund.
Dies soll zumindest so lange Bestand haben, bis die Rasse zahlen- und qualitätsmäßig in Deutschland wieder Fuß gefasst hat.
Die aktuelle Anzahl guter Rassevertreter aus den USA ist recht gering. Durch die Importaktivitäten im In- und Ausland wird sich diese sicher bald positiv verändern.

Japan Akita

Großer Japanischer Hund (vormals amerikanischer Akita)

Die Geschichte des Akita

Der Akita gehört zu den sieben japanischen Hunderassen, die zu Kulturgütern Japans erklärt worden sind.
Die Entstehungsgeschichte der Rasse ist bis heute nicht gesichert und es gibt auch unter den Akita-Kennern und Wissenschaftlern in Japan sehr verschiedene Auffassungen über die Entstehung der Rasse Akita.
Als sicher kann angenommen werden, daß der Ursprung der Rasse im Norden Japans auf der Insel Honshu lag.
Die Hunde im Norden Japans, die als groß, mit dichtem, überwiegend weißem Fell, einem auf dem Rücken gerollten Schwanz und aufrecht getragenen Ohren beschrieben wurden, sollen sich großer Beliebtheit bei den Shogunen und Samurai erfreut haben.
Der politische Umbruch in Japan, die immer stärker werdende Öffnung nach Westen und den im Lande tobenden Machtkämpfen zwischen den Shogunaten, ließen eine gezielte Hundezucht wohl nicht zu.
Um 1900 lag ein Phase, in der die Rasse auptsächlich mit dem Tosa und großen europäischen Rassen gekreuzt wurde, um einen möglichst großen und kräftigen Hund zu züchten.
Dies hatte zur Folge, daß der größte japanische Hund immer mehr das Aussehen eines typisch japanischen Hundes verlor.
Viele Akita dieser Periode und auch deren Nachkommen bis etwa Anfang 1960 erinnern an den Schäferhund, den Bernhardiner oder auch an Mastiffs. Riesige Ohren, viel zu kurzes Haarkleid, schlecht gerollte oder zu kurze Ruten, viel lose Haut im Gesicht und am Hals, Langhaar, Schlappohren - alles Erbe der Einkreuzungen.
Bereits gegen 1900 wurde von einigen Züchtern der Versuch einer kontrollierten Zucht begonnen. Mit einigen Exemplaren der Rasse, die wenigstens noch einen Teil des ursprünglichen japanischen Phänotyps aufwiesen, begannen die ersten zarten Versuche der Rückkreuzung auf den großen japanischen Hund, der aber auch zu diesem Zeitpunkt noch nicht den Namen Akita trug.
Es gab den "Odate-Hund", den "Matagi" oder "Kari" Inu, alles Hunde, die man als Ausgangshunde der Akita Zucht betrachtet.
Odate weist auf das Herkunftsgebiet hin, Matagi oder Kari auf die Verbindung zur Jagd.
Um den Akita wieder zu dem "klassischen" Akita zu machen, gründete sich 1920 eine Forschungsgruppe unter der Leitung von Dr. Shozaburo Watase. Auf sein Drängen hin, entstand die Bewegung zur Erhaltung und zum Schutz des Akita. Erst seit dieser Zeit kann man auch von dem Versuch einer gezielten Reinzucht des Akita in Japan sprechen. 1931 erklärte Dr. Kaburagi, trotz erheblicher Bedenken, einige wenige Exemplare der damals vorhandenen Akita zum geschützten Nationalgut, mit der Bedingung, daß der Akita mit allen menschlichen Anstrengungen auf seinen Urtyp zurück zu züchten sei.

Die nunmehr gezielte Zucht mit ausgewählten Akita und die dazu notwendigen Kreuzungsversuche waren bis 1940 beendet und der "moderne" Akita geprägt.

Für die Kreuzungsversuche wurden hauptsächlich die japanischen Hunde mittlerer Größe genommen. Hier speziell der Hokkaido Ken und der Kishu Inu.
Als weitere Kreuzungspartner werden von einigen Japanern auch der Chow Chow und der Karafuto Ken angegeben.
Alle 4 Rassen haben auch ihr Erbe im heutigen Akita hinterlassen. Alle Rassen liegen in der Größe deutlich unter dem Akita Standard. Daher ist der 67 cm große Rüde in einer rein japanischen Zucht wahrscheinlich auch nicht so häufig anzutreffen.
In Japan soll es immer mal wieder vorkommen, daß ein Akita mit blauer Zunge geboren wird. Eine gefleckte Zunge ist auch als Standardfehler aufgeführt.
Sowohl der Chow, wie auch der Karafuto Ken haben wahrscheinlich das Langhaargen in die rein japanische Akita Zucht getragen.
Ganz sicher erscheint mir aber, daß alle 4 Rassen im Wesen ihre Spuren hinterlassen haben. Hokkaido und Kishu als kompro-

mißlose Jäger, der Chow als sturer Einzelgänger und der Karafuto als Schlittenhund sein sehr freundliches Verhalten gegenüber Menschen und eine gewisse Selbständigkeit.

Mit der Erklärung zum Nationalgut 1931, wurde auch die Ausfuhr des Akita verboten.
Als Kulturgut Japans wurde der Akita nur noch als Geschenk an ausländische Würdenträger oder als besonderer Beweis der Wertschätzung abgegeben. Diese Ausfuhrbestimmungen änderten sich erst um 1950.

Durch den 2. Weltkrieg wurde die Rasse erneut fast ausgerottet. Doch bereites kurz nach Ende des Krieges begann in Japan die Blütezeit des Akita.
Zunächst erlebte die Zucht allerdings eine Unterteilung in die Dewa und in die Ichinoseki Linie. Da es die Dewa Linie seit über 30 Jahren in Japan nicht mehr gibt, will ich auch nur kurz auf einige berühmte Rüden dieser Linie eingehen. Hier sind besonders Dewa-Go, geb. 1941, und Kongo-Go, geb. 1947, zu erwähnen. Beide Akita wurden ungewöhnlich häufig zur Zucht verwandt und bis 1955 gab es kaum einen Linie, die nicht mit diesen Akita zu tun hatte.
Die amerikanischen Akita Linien beruhen fast hauptsächlich auf Nachkommen von Kongo-Go.

Besonders liebevoll berichten die japanischen Rassekenner allerdings nicht über diese berühmten Hunde.
So beschrieb der Zuchtrichter Herr Kiraizumi den Rüden "Dewa-Go" wie folgt:
Stattlich und kraftvoll. Aschfarbiges Sesam-Haarkleid, schokoladenfarbene Maske, großer Kopf und helles Auge. Dieser Hund besitzt weder Eleganz noch Schönheit.
Kongo-Go wurde beschrieben: Silbersesam, loses Fell, schwache Struktur, zu starke Winkelung in Vor- und Hinterhand, schlechtes Gangwerk.

Durch die vielen Fehler in der Dewa-Linie und ihre im Erscheinungsbild an europäische Rassen erinnernde Nachkommen, verlor die Dewa Linie Anfang 1960 an Bedeutung.
Seit 1965 gibt es Japan nur noch die Ichinoseki Linie, deren berühmteste Rüden Goromaru-Go, Ichinosekegoma-Go und Tamagumo-Go gewesen sind.

Mit diesen Akita und den Rückkreuzungen hatte man etwa um 1970 einen Akitatyp kreiert, der dem heutigen japanischen Akita sehr nahe kommt. Obwohl diese Akita in Größe und Knochenstärke noch starke Unterschiede zeigten, konnte der Typ doch im Bezug auf Kopf und Ausdruck, Haarkleid, Farbe und Harmonie des Gebäudes relativ schnell vereinheitlicht werden.

Die Zucht des Akita in Japan war in dieser Zeit wohl auch geprägt von vielen Rückschlägen. Stimmten der Kopftyp, die Farbe und das Haarkleid, so waren die Akita oft zu klein. Rüden um 60 cm waren zu dieser Zeit keine Ausnahme. Daher mußten die Züchter auch noch gelegentlich auf noch vorhandene Exemplare mit Dewa-Blut zurückgreifen, da diese Hunde wesentlich größer waren.

Es wurde seither viel und gezielt gezüchtet, um ein möglichst einheitliches Rassebild zu formen. Ein Ziel, daß die Japaner auch erreicht haben.

Akita Museum und Akita Vereine

Der Norden Japans, speziell die Präfektur Akita ist auch heute noch das Zentrum der Akita-Zucht, vor allem die Stadt Odate. In Odate befindet sich das Akita Museum.

Leiter des Akita Museum war bis vor wenigen Jahren Dr. Keiichi Ogasawara, mit dem ich seit gut 20 Jahren in Briefkontakt stehe und dem ich auch einen meiner eigenen Akita zu verdanken hatte.

Dr. Ogasawara war, wie auch schon sein Vater, Vorstandsmitglied im Akita Inu Hozon Kai Club (Akiho). Durch den Akiho wurde das Akita Museum gegründet und wird auch heute noch durch die Mitglieder

dieses Vereins finanziert. Im Museum hat man eindrucksvoll alles nachweisbare über den Akita zusammengetragen. Durch Fotos, Zeichnungen, Skelette, Statuen und Felle wird die Entwicklung der Rasse dargestellt. 1999 hatte ich das Vergnügen Dr. Ogasawara in Odate kennenzulernen, mir das Akita Museum und die Städte Odate und Akita anzusehen.
Odate - die Hundestadt Japans - hat in den Berg am Rande der Stadt das japanische Zeichen für Inu in den Berg fräsen lassen.
Egal von welcher Straße aus man auf diesen Berg sieht, es leuchtet einem immer das Zeichen "Hund" entgegen.

Der Akita wurde um 1900 hauptsächlich als Jagd- und ArBeitshund genutzt. Seither wurde der als Schutz- und Wachhund, als Blinden- und Rettungshund und weiterhin als Arbeits- und Jagdhund eingesetzt. Bei der Jagd wurde er sowohl für die Jagd auf Klein- und Federwild, als auch für die Jagd auf Bären, Hirsche und Schwarzwild eingesetzt.
Heute wird er in Japan, wie auch weltweit, hauptsächlich als Familien- und Begleithund gehalten.

Besondere Bedeutung im Akita Museum hat das Akita Archiv, das, mit modernsten Mitteln geführt, alle im Akiho gezüchteten Akita erfaßt. Die Aufzeichnungen gehen bis auf die Vereinsgründung im Jahre 1927 zurück.

Nach den Informationen, die ich durch verschiedene Zuchtrichter des Japan Kennel Club und Akita Züchter erhalten habe, gibt es in Japan 3 Vereine die den Akita vertreten.

Den Akita Inu Kyokai Club (Akikyo), der 1908 gegründet. wurde; inzwischen aber auf Grund der geringen Mitgliederzahl fast bedeutungslos geworden sein soll.
Den Akita Inu Hozon Kai Club (Akiho), der 1927 gegründet wurde, und der auch heute noch der bedeutendste Akita Verein in Japan ist. In diesem Verein sollen etwa 70 % aller Akita Züchter und Besitzer organisiert sein.

Der Akita Club im Japan Kennel Club, der sich 1948 etabliert hat. Dieser JKC Akita Club, der auch der F.C.I. angehört, vereinigt etwa 30 % der Akita Züchter und Besitzer in Japan. Die Tendenz ist seit Jahren steigend.

1993 wurde dazu noch von einigen großen Akita Züchtern der Hozonkyokai gegründet. Die Gründung dieses Vereines erfolgte hauptsächlich, weil diese Züchter mit der Politik der Akiho-Vorstandes nicht mehr einverstanden waren.
Inzwischen sind diese Probleme wohl weitestgehend gelöst und nach Auskunft eines der Hozonkyokai Vorstandsmitglieder ist eine Wiedereingliederung in den Akiho geplant.

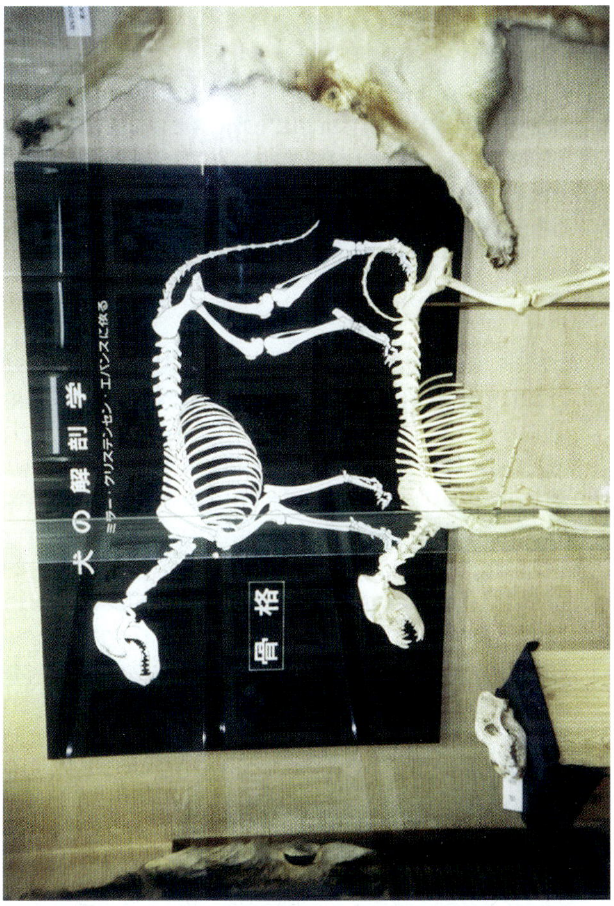
犬の解剖学
ミラー・クリステンセン・エバンスに依る
骨格

Hachiko

Vor einigen Jahren wurde in Japan die Geschichte des wohl berühmtesten japanischen Akita erneut verfilmt. Die Geschichte des Akita Rüden Hachiko.

Es gibt wohl keinen Akita Liebhaber auf der Welt, der diese Geschichte nicht kennt. Es ist eine anrührende Geschichte, über die Treue, den Mut und die Liebe eines Akita zu seinem Herrn.

Hachiko war der Akita des Professors Eizaburo Ueno, der an der Universität in Tokio unterrichtete. Jeden Morgen brachte Hachi seinen Herrn zum Bahnhof und holte ihn jeden Nachmittag dort wieder ab.

Am 21.05.1925 starb Professor Ueno an einem Herzinfarkt. Hachiko war zu diesem Zeitpunkt erst 1 1/2 Jahre alt. Er ging aber noch 10 Jahre jeden Tag zum Bahnhof um dort auf seinen Herrn zu warten.
Am 7.3.1935 fand man Hachiko tot auf dem Platz, an dem er so viele Jahre gewartet hat.
1943 wurde eine kleine Bronzestatue von Hachiko an diesem Platz aufgestellt, die jedoch dem 2. Weltkrieg zum Opfer fiel.
1948 wurde eine neue Statue errichtet, die seit dieser Zeit an der Shibuya Station steht.
Als Sinnbild für Liebe und Treue.

Der Akita in Japan

Auch heute ist es zum Teil noch schwierig an bestimmte Informationen aus Japan zu kommen. Irgendwann hat wohl jeder Europäer die Erfahrung machen müssen, daß man zwar alles fragen kann, aber noch lange nicht auf alle Fragen auch eine Antwort bekommt.

Dank des Japan Kennel Club, unter der Führung von Herrn Toyosaku Kariyabu (bis Mitte 1995 JKC Präsident), der sich in den letzten Jahren sehr um die Förderung und Verbreitung des Akita außerhalb Japans bemüht hat, sind inzwischen eine Reihe von Informationen übergekommen.Japanische Zuchtrichter haben weltweit Vorträge zur Rasse und deren Entwicklung gehalten. In Deutschland hat es bislang 6 solcher Vorträge gegeben, die z.B. durch Herrn Kariyabu, JKC Ehrenpräsident und JKC-Allgemeinrichter, Herrn Kamisato, Zuchtrichter und Mitglied der F.C.I.-Standard-Kommission oder Herrn Awashima, JKC-Zuchtrichter und JKC-Vorstandsmitglied oder Herrn Shimada, JKC-Zuchtrichter und Akita Züchter durchgeführt wurden.
Die guten Kontakte zu dem neuen JKC-Präsidenten - Herrn Mitsuteru Hoshi - lassen hoffen, daß der positive Austausch zwischen dem Japan Kennel Club und den westlichen F.C.I.-Ländern fortgeführt wird.

Darüber hinaus konnten in den letzten Jahren rassetypische und gesunde Akita aus Japan nach Deutschland und in andere europäische Länder importiert werden, so daß die Bedeutung und der Einfluß der japanischen Zuchtlinien in der Zucht enorm gestiegen ist.

Um so größer ist auch das Interesse an der Entwicklung der Zuchtlinien in Japan geworden. Hier wird es ziemlich schwierig, da die geschichtliche Entwicklung, die Entstehung und der Einfluß einiger großer Linien durch die Akita Kenner in Japan unterschiedlich beurteilt wird.

Einig ist man sich, daß es Hunde, die im Körperbau dem Akita sehr ähnlich sind, bereits vor etwa 5000 Jahren in Japan gegeben hat. Als sicher gilt auch, daß diese Hunde und ihre Nachfolger kleiner waren als der heutige Akita. Woraus aber nun der Akita entstanden ist, ist bis heute auch in Japan umstritten. Es werden ein Reihe von Theorien vertreten. Eine besagt z. B., daß der Akita prähistorischen Ursprungs ist, da der Akita sich im Körperbau sowohl von den anderen japanischen Rassen, wie auch von den Karafuto-Ken unterscheidet (Dr. Toku Uchida).

Die Akita Kenner Taiji Kimura und Hirokichi Saito waren dagegen davon überzeugt, daß der Akita aus einer Kreuzung von mittelgroßen Hunden aus dem Norden Japans und großen Hunden des Chinesischen Festlandes stammt.

Die extremste Ansicht erscheint mir, daß der Akita erst aus der Zeit der Hundekämpfe während der Taisho-Periode zwischen 1912 und 1925 stammen soll oder sogar noch später, aus der Zeit der Bastardzüchtungen nach dem 2. Weltkrieg.

Im Zusammenhang mit dem Einkreuzen von anderen Rassen in den Akita, hauptsächlich dem Zeitraum 1912 bis ca. 1925 betreffend, wird auch immer wieder die Verwendung des Akita zum Hundekampf angesprochen. Nach Aussagen japanischer Akita-Kenner wurde während der Zeit der Hundekämpfe versucht, den Akita durch Kreuzung größer, stärker und aggressiver zu züchten, damit er für Hundekämpfe einsetzbar werden sollte.
Dies erwies sich aber als Fehlschlag, da der Akita die in ihn gesetzten Erwartungen nicht erfüllte und er damit für diese Hundeproduzenten wertlos wurde.
Der Akita wird in Japan hauptsächlich als Jagd- und Begleithund angesehen. Die einziger für den Hundekampf gezüchtete Rasse Japans ist und war der Tosa Inu.

Die Akita Liebhaber, die sich in Japan Ende der 20iger, Anfang der 30iger Jahre in Vereinen zusammengeschlossen haben, hatten wohl überwiegend die Meinung, daß auch der Akita eine sehr alte und typisch japanische Rasse ist, die man im Phänotyp wieder den anderen japanischen Rassen angleichen muß und bei deren "Rekonstruktion" die historischen Skelettfunde zugrunde zulegen waren.

Es hat in Japan nach dem 2. Weltkrieg einige sehr berühmte Rüden-Linien gegeben. Diese Rüdenlinien waren im Phänotyp zum Teil sehr unterschiedlich.
Nach Angaben japanischer Akita-Kenner liegt dies daran, daß der Einfluß westlicher Hunde, die durch Einkreuzungen z.B. von Schäferhund, Bernhardiner, Deutscher Dogge oder Mastiffs in dem Zeitraum von etwa 1920 - 1950 erfolgten, erst nach und nach eliminiert werden konnten. Im Verlauf von Jahren entwickelte sich so wieder ein Akita, der im Phänotyp den typisch japanischen Rassen von kleiner und mittlerer Statur ähnelte.

Berühmte Rüden Japans waren z. B.: Ichinosekigomago, ein sesamfarbiger Rüde, der als erster Rüde die Anerkennung des Akiho als herausragender Deckrüde erhielt.

Goromaru-Go, ein Pinto Rüde aus der Ichinoseki-Linie, der wie auch der gestromte Rüden Tamagumo-Go als Grundlagenhund der Erneuerungsperiode nach dem 2. Weltkrieg anzusehen ist.

Der silbersesam Rüde Kongo Go aus der Dewa Linie.

Der Rüde Kongo und die sogenannte Kongo-Linie hat eine besondere Bedeutung erlangt, da dieser Rüde als Ausgangshund der Zucht in den USA gilt.

Kongo Go, der 1947 geboren wurde, ist bis heute Auslöser für viele Streitgespräche zwischen den Anhängern des sogenannten amerikanischen bzw. japanischen Akita Typs.

Der Besitzer von Kongo Go, Herr Heihachi Hashimoto, war ein großer Fan von Hundeausstellungen. Durch diese Ausstellungen und Kongos große Erfolge von 1949 bis ca. 1953 wurde der Begriff "Nationalvermögen Kongo-Go" geprägt.

Durch die Ausstellungserfolge wurden auch amerikanische Soldaten auf den Akita und die Kongo-Linie aufmerksam und so kamen eine Reihe von Akita aus der Kongo-Linie in die USA.

In Japan verlor die Kongo Linie mit dem Aufstieg von Goromaru Go und der gesamten Ichinoseki-Linie sehr schnell an Einfluß und heute gibt es in Japan wahrscheinlich keine Akita mehr, die auf die Kongo-Linie zurückgehen, zumal als sicher angenommen wird, daß zumindest der Deutsche Schäferhund in die Kongo-Linie eingekreuzt wurde.

In den USA dagegen hat man Kongo und seine Söhne sehr lange als Ideal-Akita angesehen und immer in diese Richtung weitergezüchtet - immer mit dem Hinweis, daß Kongo Go ja mal ein berühmter japanischer Akita war und er ganz anders ausgesehen hat als der heutige Japan Akita, aber dem heutigen Amerika Akita immer noch sehr ähnlich ist.

Die Ichinoseki-Linie brachte den ersten großen Wandel in der Zucht. Die Akita wurden hochbeiniger, waren nicht mehr so schwer, wurden kürzer im Gebäude und insgesamt fester. Die Farben wurden heller und es gab sehr viele Pinto. Etwa Mitte bis Ende der 60iger Jahre war ein Akita gezüchtet, der sich deutlich von allen seinen Vorgängern unterschied. Aus dieser Zeit und diesen Linien stammten auch die ersten nach Deutschland exportierten Akita.

Bis Ende der 70iger war dann der Typwechsel zu einem großen Hunde erfolgt, der den japanischen Rassen von kleiner und mittlerer Statur im Phänotyp sehr ähnlich war.

In diesen Linien ist bis heute weitergezüchtet worden. Auch heute gibt es berühmte Rüdenlinien. Der bedeutendste Deckrüde in Japan der 90iger Jahre ist wohl Ise Unruy of Ise Meiwa Kensha, Akiho, der in fast allem Importahnentafeln zu finden ist.

Mit der Festigung von Farbe und Typ haben sich auch die für einen japanischen Hund typischen Merkmale verfestigt. Als typische Merkmale nennen die Japaner immer die leicht dreieckigen und sehr dunklen Augen, die leicht nach vorne geneigten, relativ kleinen und sicher aufrecht getragenen Ohren, die geringelte Rute und das ruhige Wesen.

Das korrekte Haarkleid eines Japan Akita besteht aus einem harten, leicht abstehenden Deckhaar und einer dichten weichen Unterwolle.
Die aufgezählten Punkte sind auch tatsächlich bei fast allen Akita aus Japan zu finden.
Anders sieht es aber bei Punkten wie z.B. Größe, Knochenstärke oder Gangwerk aus.

Kritiker in Japan bemängeln bei einigen Linien, daß eine Reihe der im Standard geforderten Punkte nicht mehr erfüllt werden, trotzdem aber in diesen Linien und mit diesen Hunden weitergezüchtet wird.
Kritikpunkte sind dabei: die zu schmale Brust, keine Vorbrust, Gebäude von schwacher Struktur, dünne Läufe, zu steil in Vorder- und/oder Hinterhand, mangelhafter Bewegungsablauf.

Andere Kritiker bemängeln, daß die Akita zu auffällig gezüchtet werden, d.h., die Farbe wird immer auffälliger, fast grell, ein Trend zur Übertypisierung ist festzustellen und damit auch ein Verlust an klassischer Schönheit.In Japan ist es nicht anders als in vielen anderen Ländern, daß nämlich die Zucht immer wieder auf einige Rüdenlinien zuläuft und der Erfolg dieser Linien ausschließlich an den Ausstellungserfolgen gemessen wird.

Akita Rüde

Ise Unruy of Ise Meiwa Kensha

Besitzer: Kohji Shirai, Japan

In Deutschland mit einer umfassenden Zuchtkontrolle haben Auststellungsbewertungen keine große Bedeutung. Hier ist es eher entscheidend, wie gesund die Nachzuchten eines Rüden sind.
Sind z.B. die HD-Auswertungen oder die Augenuntersuchungsergebnisse der Nachzuchten eines Rüden nicht in Ordnung, so wird mit diesem Rüden nicht mehr gezüchtet, gleichgültig wie hochprämiert er auch sein mag.

In Ländern ohne verpflichtende Nachkommenkontrolle, entscheiden vielfach ausschließlich die Ausstellungserfolge ob ein Rüde in die Zucht genommen wird, nicht aber ein nachprüfbarer Gesundheitszustand.

Das Ausstellungssystem des Akiho unterscheidet sich von den der FCI angeschlossenen Verbänden.

Bei den Ausstellungen der japanischen Akita Clubs starten Hunde in folgenden Klassen:

3 - 6 Monate	Babyklasse
6 - 10 Monate	Jüngstenklasse
10 - 18 Monate	Jugendklasse
18 - 30 Monate	Junghundklasse
30 - 42 Monate	Erwachsenenklasse
über 42 Monate	ausgewachsene Akita.

Für Akita über 30 Monate wird die TOKUYU Show und für Hunde über 40 Monate wird die berühmte MEIYOSHO Show organisiert.

Mit dieser Einteilung wird der körperlichen Entwicklung des Akita wesentlich besser Rechnung getragen, als z. B. bei den F.C.I./VDH Ausstellungsklassen.
Wenn wir sagen, daß der Akita als körperlicher "Spätentwickler" sich erst mit etwa 3 Jahren voll ausgelegt hat, wäre es eigentlich auch nur logisch, einen Akita erst mit 2 1/2 - 3 Jahren in der Offenen (Erwachsenen) Klasse starten zu lassen.

In Japan ist einiges anders als bei uns, aber gerade die Klasseneinteilung bei den Ausstellungen, wird den Entwicklungsabschnitten eines Akita sicherlich wesentlich gerechter, als die Klasseneinteilung des F.C.I. Ausstellungssystems.

Wenig gerecht wird der Rasse allerdings, daß die unterschiedlichen Akita Clubs in Japan auch unterschiedliche Standards herausgeben.

Heftigst diskutierter Standardpunkt der letzten Jahre dürfte in den F.C.I. Ländern der Punkt "Farbe" gewesen sein.
Wegen der Mix- und Amerikazucht gab es außerhalb Japans alle Farben und Abzeichen.
Durch die Standardänderungen der letzten Jahre wurden die dunkle Maske und Pinto zu disqualifizierenden Standardfehlern und alle anderen Farbschläge bis auf rot, weiß, gestromt oder sesam sind als fehlerhaft zu bewerten.
Vor einiger Zeit habe ich einen Artikel von Dr. Tatsuo Kimura gelesen, der die unterschiedlichen Standardbestimmungen zu dem Punkt Farbe in den verschiedenen Standards der japanischen Clubs aufzeigt.
Der Artikel ist sehr interessant, weil er auch die Veränderungen in der japanischen Akita-Zucht der letzten 50 Jahre nachvollzieht.

1. Akikyo Standard März 1949:
   Farben - schwarz, fuchsrot, sesam (goma), schwarz-brindel, fuchsfarbig (gelb. rot) und weiß.
   Farbfehler: keine

Vom gleichen Verein wurde bereits 9 Monate später, im Dezember 49, eine Standardänderung herausgegeben, die wahrscheinlich der Unterstützung der Ichinoseki-Linie dienen sollte, denn mit dieser Standardänderung wurden bereits viele Akita der Kongo Go Linie zu fehlerhaften Akita.

2. Farben - schwarz, fuchsrot, sesam (goma), schwarz-brindel, fuchsfarbig (gelbl. rot) und weiß
   Farbfehler: Untypische Akita-Farben die an andere Rassen erinnern.
   Beispiel: Blasses rot, pinto und gelbbrindel wird toleriert; aber rot-brindel,

dunkelbraun, dunkelbraun-sesam (goma) werden nicht toleriert.
Ein schwarzes Haarkleid auf dem Rücken wird als untypisch und zu einer anderen Rasse gehörig gewertet.
Disqualifikation: Haarkleid nicht typisch für eine japanische Rasse.

3. Akikyo Standard Juni 1959:
Farben - rot, weiß, schwarz, goma (sesam) und brindel in 5 Farbschlägen.
Farbfehler und disqualifizierender Fehler: Farbe des Haarkleides untypisch für eine japanische Rasse.

4. Nipponken Hozonkai Standard September 1962
Farben - sesam, rot, schwarz, brindel und weiß
Farbfehler: pinto

5. Nihon Ken Hozonkai Standard Farben
1. Brindeltöne - brindel (sesam); weiße brindel (weißer sesam) = schwarze Haare vermischt in weißem Haarkleid; rot-brindel (rot sesam) = schwarzes Haar vermischt in rotem Haarkleid; schwarz-brindel (schwarzer-sesam) = schwarzes Deckhaar auf grau-schwarzer Unterwolle.
2. Rottöne - rot, hellrot, Karmesinrot.
3. schwarz
4. Tiger brindel: Tiger brindel rot = schwarz auf roter Grundfarbe; Tiger brindel schwarz = schwarz auf grauer Grundfarbe
Farbfehler:
1. keine typisch japanische Farbe,
2. Farbabzeichen, Farbflecken oder Farbsprenkel im Haarkleid.

6. F.C.I.-Standard 1992 - eingereicht vom Japan Kennel Club -
Farben - rot, weiß, brindel, sesam
Alle aufgeführten Farben müssen URAJIRO aufweisen. URAJIRO = weißliches Haar seitlich am Fang und an den Backen, unter dem Fang, an der Kehle, an der Brust und am Bauch, an der Unterseite der Rute und an der Innenseite der Gliedmaßen).
Farbfehler:
1. eine schwarze Maske sollte als Fehler angesehen werden.
2. Abzeichen auf weißem Grund sind zulässig, aber ihre Abwesenheit ist vorzuziehen.

7. FCI-Standard zuletzt geändert 04.07.2001
Farbe: Rot-falbfarben, sesam (rotfalbfarbene Haare mit schwarzen Spitzen), gestromt und weiß.
Alle aufgeführten Farben müssen URAJIRO aufweisen. URAJIRO = weißliches Haar seitlich am Fang und an den Backen, unter dem Fang, an der Kehle, an der Brust und am Bauch, an der Unterseite der Rute und an der Innenseite der Gliedmaßen).
Disqualifizierende Farbfehler:
1. Schwarze Maske
2. Abzeichen auf weißen Grund

Trotz der Vereinsvielfalt in Japan und der Unterschiede in den Standards der einzelnen Akita Vereine, wird in Japan heute nur noch in den Farben rot, brindel, weiß und in geringem Umfang mit sesam gezüchtet. Ich habe inzwischen 3 Akita-Ausstellungen in Japan mit insgesamt gut 500 gemeldeten Akita besucht. Bei keiner Ausstellung, auch nicht bei der Rundreise 1999, habe ich beim Akita andere Farbschläge gesehen.

Falls es überhaupt noch andere Farben beim Akita in Japan gibt, kann dies nur eine verschwindend geringe Anzahl an Hunden betreffen.
Andersfarbige Akita tauchen in Japan weder auf Ausstellungen noch in Anzeigen, Kalendern, Filmen oder Büchern auf.

Nach Aussage von japanischen Akita Kennern ist auch heute noch nicht der ideale Akita Typ durchgezüchtet und die japanischen Züchter bemühen sich weiter um eine ständige Verbesserung der Rasse. Festzustellen bleibt aber, daß der Japan

Akita im Phänotyp den japanischen Hunden von kleiner und mittlerer Statur ähnelt, daß der größte Teil der Japan Akita die Feinheiten und Besonderheiten der Zucht und des Rassestandards darstellen und daß, zumindest auf den ersten Blick, ein einheitlicher Hundetyp gezüchtet wird.

Bleibt zu hoffen, daß Japan bei der Zucht die Gesundheit der Hunde im Auge behält und daß der Japan Kennel Club zum Schutz der Rasse verbindliche Zuchtbestimmungen erlassen wird.
Vor allem sollte man der Übertypisierung Einhalt gebieten und den Akita in seiner klassischen Schönheit weiterzüchten und fördern.

Anläßlich meiner 3 Besuche in Japan habe ich immer wieder neue Erkenntnisse gewonnen. Auch wenn sich hin und wieder etwas wiederholt, geben meine Berichte der einzelnen Besuche doch am besten wieder, wie ich Japan zu diesem Zeitpunkt erlebt habe, was ich in Erfahrung gebracht habe und welche Akita ich gesehen habe.

Akita-Welt Kongress in Tokio am 9. Dezember 1996

Auf Einladung des Japan Kennel Club trafen sich am 9. Dezember 1996 Vertreter von Nationalen Akita Clubs zu einer Akita Konferenz in Tokio.
Eingeladen waren Teilnehmer aus den USA, Mexiko, Brasilien, Australien, Norwegen, Schweden, Deutschland, Frankreich, Schweiz, Italien, Holland, Belgien und Ungarn, sowie Prof. Brass von der wissenschaftlichen Kommission der F.C.I. und die F.C.I. Standardkommissionsmitglieder Dr. Paschoud und Dr. Payro.
Auch wenn die dort gemachten Aussagen nicht in allen Passagen ganz neu sind und zum Teil im JKC-Buch erwähnt sind, möchte ich doch den Text zu den Aussagen der Konferenz im Gesamtzusammenhang veröffentlichen.

Zunächst erläuterte Herr Kariyabu - Ehrenpräsident des Japan Kennel Club - die Meinung des Japan Kennel Club zu den Bestrebungen einiger Länder, die Rasse Akita in 2 Varietäten zu teilen.
Der Japan Kennel Club hat beschlossen, daß es innerhalb der F.C.I. keine 2 Varietäten geben wird. Der Akita des F.C.I.-Standard kann nur der Akita aus dem Ursprungsland der Rasse sein.
Zur Erläuterung des unterschiedlichen Erscheinungsbildes der Akita in Japan und in den USA erinnerte Herr Kariyabu an die Entwicklung des Akita in den USA.

- Offiziell wurde vor fast 60 Jahren, im Juli 1937, der Amerikanerin Helen Keller 2 Akita Welpen geschenkt.
- Darüber hinaus wurden zum Ende des 2. Weltkrieges (vor 51 Jahren) von Armeeangehörigen Hunde von Japan nach Amerika gebracht.
- Vor 31 Jahren, in 1965, wurde der Akita Club of Amerika gegründet.
- Vor 23 Jahren, im August 1973, wurde die Rasse als "Arbeitshund" für die AKC-Ausstellungen eingestuft. Seit dieser Zeit durften Akita offiziell ausgestellt werden.
- Vor 24 Jahren, im Oktober 1972, hat der AKC sein Zuchtbuch für Akita aus Japan geschlossen. Diese Akita durften nicht mehr ausgestellt werden. Da keine Zuchtbuchübernahme erfolgte, konnte mit Importen aus Japan auch nicht mehr über das Stammbuch gezüchtet werden.
- Das Zuchtbuch des AKC blieb 20 Jahre - bis April 1992 - für alle Japan-Akita geschlossen.

20 Jahre, in denen sich die Zucht in den USA "um sich selbst drehte", zwangsläufig verbunden mit sehr viel Inzucht.
Das in den USA ein "Japanese Akita" gezüchtet worden ist und dies fast ohne bzw. 20 Jahre ganz ohne Importe aus dem Ursprungsland, erscheint da als Widerspruch in sich selbst.

Durch Herrn Kamisato, Vorstandsmitglied des Japan Kennel Club, Mitglied der F.C.I.-Standardkommission und Zuchtrichter wurde uns die Geschichte des Akita dargestellt.

Nachfolgend sind die Akita Tamagumo-go und Kongo-go gegenübergestellt. Beide Aufnahmen sind aus dem Jahr 1953.

Wenn man sich diese beiden Akita ansieht, wird auch deutlich, warum sich die Rasse in Japan und den USA so unterschiedlich entwickelt hat.

Tamagumo-go wurde von den Japanern als Akita von korrektem Typ angesehen. Tamagumo-go gilt als einer der Ausgangshunde der Erneuerung der Akita Zucht in Japan.
Kongo-go, der 1953 unter einem amerikanischen Zuchtrichter anläßl. einer Ausstellung in Japan zum Best in Show gemacht wurde, gilt als der Ausgangshund der Zucht in den USA.
Vergleicht man nun die beiden Akitafotos von 1953 mit den Akitafotos von Hunden aus den 90iger Jahren, muß man feststellen, daß sich gar nicht so viel geändert hat.
In Gebäude und Typ unterscheidet sich Tamagumo-go nur unwesentlich von seinem Nachfolger 40 Jahre später. Ähnlich ist es mit dem Vertreter aus den USA. Viele Merkmale erinnern auch hier 40 Jahre später noch an Kongo Go.

Zur Geschichte erläuterte Herr Kamisato weiter:
Früher wurden Hunde hauptsächlich als Jagd- und Wachhunde gehalten. Es ist nicht bekannt, wann der Akita domestiziert wurde.
Der berühmte Kamikawa aus der Gegend von Miyagi hielt einen Hund von 59 cm Höhe. Funde aus dieser Periode zeigen
ebenfalls Hunde mit aufrecht getragenen Ohren und gerollter Rute. Einige erinnern an die japanischen Spitze von heute. Akita-ähnliche Hunde sind auch auf einigen Tempelglocken zu sehen.

Auch Jagdszenen aus dieser Periode zeigen Hunde mit aufrecht getragenen Ohren und gerollter Rute. Weiße Hunde werden in der japanischen Literatur z.B.
im Kojiki (einer Chronik von 712 ad) und Nihon Shoki (die Chronik Japans) erwähnt. Ein Hund Namens Okinamaro ist erwähnt im Makuranososhi, (geschrieben um 1016 ad) und Hunde werden in der Geschichte des 5. Tokugawa Shogun beschrieben, der bekannt war als der "Hunde Shogun Tsunayoshi" wegen seiner Begeisterung für Hunde.
Bilder des Mittelalters bis zur späten Heian Periode (898 - 1185 ad.) und bis zur Kamakura Periode (1182 - 1332) zeigen ebenso Hunde mit aufrecht getragenen Ohren und gerollter Rute. Hunde wurden farbenfroh illustriert von einem Buddhisten, Sojo Toba (1033-1114) usw..
In der Kazuro Ära wurden die Hunde aus den Regionen zur Jagd auf Bären und japanische Antilopen gebraucht. Viele dieser Jagd- und Wachhunde gab es in der Yasato Sektion von Odate. Ein Lord von der Burg Odate, der von Hundekämpfen begeistert war, gebrauchte die Jagdhunde auch als Kampfhunde. Durch ihn wurden Hundekämpfe bekannt gemacht und es begann die Zeit der Kreuzungszüchtungen. Ab ca. 1890 begann man den Akita mit dem Tosa und anderen großen Hunderassen zu kreuzen.
Mr. Shigeie Izumi, der damalige Bürgermeister von Odate war gegen den Trend der Kreuzungszüchtungen und gründete die Bewegung zur Erhaltung der Akita / Odate Hunde.
Im Jahre 1900 wurden 2 Akita dem Kaiser Taisho geschenkt. 2 Akita wurden 1914 bei der Taisho Hundeschau gezeigt.

Um 1915 favorisierte die öffentliche Meinung die Bewahrung und Erhaltung des Odate/Akita Hundes und 1919, unter der Führung von Dr. Watase, wurde ein Gesetz zur Erhaltung des Ur-Odate/Akita Hundes erlassen.
1920 reiste Dr. Watase in die Region von Odate um die noch vorhandenen Exemplare des Odate/Akita Hundes zu retten. Aber da bereits sehr viele Kreuzungen vorgenommen worden waren und es dadurch viele unterschiedliche Typen gab, sah er sich nicht in der Lage, einen davon als Nationaldenkmal zu bestimmen. Dieser Zustand der Rasse wurde 1922 in dem Bericht "The Origin of Japanese Dogs" anläßl. des Kongreß der Zoologischen Gesellschaft Japans diskutiert. Der Zustand wurde erneut um 1926 diskutiert, als Mr. Hiroshi (Hirokichi) Saito den Bericht "The History on Preservation of Japanese Dogs" veröffentlichte.
Im Jahr darauf 1927 wurde der Akitainu Hozonkai (Akiho) gegründet. Durch die Aufmerksamkeit der Öffentlichkeit wuchsen die Vereine die sich der Bewahrung der Japanischen Hunderassen verschrieben hatten zu einer großen Gesellschaft und der Nihonken Hozonkai (eine Organisation für Akita, Shiba, Kai, Kishu und Shikoku) wurde 1928 in Tokio gegründet.
Im Frühling 1931 kam eine Gruppe Experten unter der Führung von Dr. Tokio Kaburagi zum zweiten Mal nach Odate um sich einen Überblick über die Rasse zu verschaffen. Dort wurde ihm bewußt, wie wichtig es ist, die Rasse in ihrem Ursprung zu bewahren. Anläßl. der Ernennung der Rasse zum Nationalen Naturdenkmal im Juli 1931 wurde die Rasse erstmalig nicht mehr Odate Hund sondern Akita genannt. Ernannt wurden die Akita Kin-go und Matsukaze von Mr. Shigeichi Izumi, eine Hündin von Mr. Ichinoseki, eine Hündin von Mr. Aoyagi, einige Akita von Mr. Takahashi und Akita von Mr. Tayama.

Zu plötzlicher Berühmtheit gelangte der Akita am 04.10.1932 als ein Zeitungsartikel über Hachiko mit dem Titel "Die bewegende Geschichte eines alten Hundes" in der Asahi Shinbun erschien. Diese Geschichte wurde schnell ausgeschmückt durch weitere Geschichten aus Hachikos Geburtsort, die jedoch zu einiger Skepsis um Hachikos Ursprung führt. Wie auch immer, eine Geschichte über Hachiko ist auch heute noch eine Meldung wert.
Nach dem Manchurai Zwischenfall mit China und dem 2. Weltkrieg im Dezember 41 war es aufgrund der Lebensmittelknappheit sehr schwierig Hunde zu halten, speziell große Hunde.

Während dieser Periode, im Juli 1937, fragte die Amerikanerin Helen Keller nach einem Akita, als sie nach Odate kam. Im August 1937 sandte Mr. Ichiro Ogasawara (später Vizepräsident des Akiho) Kamikaze go (Züchter Mr. Takichi Takahashi) von Akita nach Amerika. Leider bekam dieser Hund eine Infektion und starb nach kurzer Zeit. Im Juli 1939 sandte Mr. Ogasawara daher einen weiteren Akita an Miss Keller, Kenzan-go.
Während und nach dem 2. Weltkrieg, in der Zeit der großen Lebensmittelknappheit, wurden Personen die Hunde fütterten als Verräter gebrandmarkt. Aus diesem Grund haben nur wenige Akita den Krieg überlebt. Während dieser schweren Zeit wurden auch Hunde eine Quelle für Felle und Fleisch.

Einige sehr bekannte Hunde die den 2. Weltkrieg und die Nachkriegszeit überstanden, waren der Vater von Goromaru (einer der bekanntesten Nachkriegsvertreter der Ichinoseki Linie) Tsubakigoma, Ichinosekitora, Futatsuigoma, Datenoryoku, Datamitsu (Mutter von Kongo), Herrn Okuro`s Kinpu und Sakurame, Mr. Yozaburo Ito`s Rüde Taishu aus der Dewa Linie, Arawashi ein Vorfahre der Tamaguro Linie aus Tokyo und Peacego aus der Taishi Linie aus Odate. Andere waren Tachibana, der auf einer Briefmarke abgebildet wurde, Jungoro aus der Ichinoseki Linie, Shintora von Mr. Yugoro Izumi, Mr. Kaga's Kisaragi und Hachiman von Tokutaro Yamamoto aus Kazuno.

Die Nachrichten über die blinde Schriftstellerin Helen Keller, daß Interesse der amerikanischen Soldaten und Hundezüchtern aus den USA ließen den Akita als Rasse bekannt werden. Dadurch entstand eine so große Nachfrage, daß selbst Akita ähnliche Mischlinge zu sehr hohen Preisen verkauft wurden. Diese Zeit war perfekt für Kongo-go, der zu dieser Zeit BIS einer JKC-Show wurde. Ebenso für Kincho-go, ein Hund des gleichen Typs, der eine Akiho Show gewann. Auch er war ein Beispiel für das schnelle Anwachsen dieses Typs vom Ende der 40iger bis Mitte der 50iger Jahre.

Die Liebhaber des Akita waren entsetzt über diesen Trend und starteten eine Bewegung zur Verbesserung der Rasse. Das Resultat ist der heutige Akita.
Viele Hunde der Nachkriegsperiode waren noch vom Kongo Typ. Sie waren groß, stämmig und würdevoll, aber Kopf, Haarkleid, Farbe und Körperbau erinnerten überwiegend an einen Deutschen Schäferhund.
Seit Ende der 50iger Jahre unterlag der Akita dem züchterischen Wandel bis hin zu dem vorzüglichen Akita von heute, der sich nun mit Recht ein Naturdenkmal Japans nennen darf. Dies bedeutet allerdings nicht, daß das Rassebild nun festgeschrieben ist.

Um einen im Phänotyp exzellenten Akita im Sinne des Standard zu züchten, mußte man sich eng an einzelnen Standardvorgaben halten. Nun muß man aber auch Rücksicht auf die genetischen Anlagen nehmen und darf daher nicht die Gebrauchsfähigkeit aus den Augen verlieren. Von daher ist die Entwicklung des Akita sicherlich nicht abgeschlossen sondern wird weitergehen.
Zum Erbgang wurden folgende Erläuterungen gegeben:
Farbe: Die Basisfarben des Akita sind rot, weiß und brindel.

Zum Beispiel:	Brindel	= A
	Rot	= B
	Weiß	= C

Regeln der Reinerbigkeit (die Wissenschaft die sich mit der Verbesserung der Rasse in Bezug auf die Erbgänge beschäftigt)

1.	AA x BB (Brindel reinerbig x Rot reinerbig)
F 1	AB (alle Brindel)
F 2	AA, AB, BB (3 x Brindel, 1 x Rot)

Eine vergleichbare Situation entsteht bei der Verpaarung
Brindel x Weiß. Es fallen 3 x Brindel und 1 x Weiß.
Bei der Verpaarung eines AB Brindel x AC Brindel erhält man:

AA, AB u. AC	- Brindel und
BC	- Rot oder Weiß (nach dem vorher festgelegten Faktor wäre BC = Rot).

Ahnentafel der Akita Inu Hozon Kai (AKIHO)

秋保

血 統 書

CERTIFICATE OF PEDIGREE

THE AKITA-INU HOZONKAI INC.

秋保籍 Akiho No. 90-3325

犬名 Name of dog	Daigoh Go	所有者 Owner	Angelika Kammerscheid Lammers
生年月日 Date whelped	Jan. 16, 1990	性別 Sex	Male
毛色 Colour	Red	犬舎名 Kennel name	Juntai-Doh
繁殖者 Breeder	Keiichi Ogasawara	賞歴 Record of awards	
登録者 Registrant	Ditto		

PARENTS	GRAND PARENTS	GREAT GRAND PARENTS
父犬 Sire Yone no Fuji Go 生年月日 Date whelped Dec. 8, 1988 犬舎名 Kennel name Toriyamataka 秋保籍 Akiho No. 89-1037 毛色 Colour Red 賞歴 Record of awards 39th Tochigi Show Wakainu 3rd	父犬 Sire Tochihoh Go 犬舎名 Kennel name Akitsu-Kensha 秋保籍 Akiho No. 86-4554	Sire Kaizan Go Akiho No. 84-4970
		Dam Hazuki Go Akiho No. 85-6455
	母犬 Dam Tochi no Hana Go 犬舎名 Kennel name Kokubunji Takasugi 秋保籍 Akiho No. 87-4814	Sire Tochihiryuh Go Akiho No. 85-6118
		Dam Tochikoharu Go Akiho No. 85-6457
母犬 Dam Tenkoh Go 生年月日 Date whelped Nov. 2, 1987 犬舎名 Kennel name Furuya-Soh 秋保籍 Akiho No. 88-8 毛色 Colour Red 賞歴 Record of awards	父犬 Sire Tenshoh Go 犬舎名 Kennel name Hanawa Kisaragi 秋保籍 Akiho No. 86-5731	Sire Kojoh Go Akiho No. 85-7210
		Dam Jun Go Akiho No. 83-5505
	母犬 Dam Tai Go 犬舎名 Kennel name Hohsei-En 秋保籍 Akiho No. 85-3990	Sire Azumahibiki Go Akiho No. 82-4785
		Dam Yukihana Go Akiho No. 84-685

Transfer of Ownership

Date	Name	

Date June 6, 1990

I hereby certify that the Akitainu was registered in the Stud Book of the Akitainu Hozonkai of Japan.

Signed Keiichi Ogasawara Secretary

THE AKITAINU HOZONKAI INC.

社団法人 秋田犬保存会

Ahnentafel des Japan Kennel Club (JKC)

CERTIFIED EXPORT PEDIGREE

INTERNATIONALLY OFFICIAL

国際公認輸出血統証明書

犬名 Name of Dog MIKI GO KOJOUDOU

犬種 Breed AKITA
登録番号 Registration No. JL -00589/01-0
AKIHO 01-1705
性別 Sex FEMALE
毛色 Color RED
繁殖者 Breeder NAOMASA HIROSE
TAKAOKASHI
所有者 Owner THEA HOPF
GER
輸出年月日 Date of Export 2001. 9.19

登録日 Date of Registration 2001.11.19
生年月日 Date of Birth 2001. 5.31
出産頭数 Number of puppies born 牡 Male 牝 Female
登録頭数 Number of puppies registered 牡 Male 牝 Female
一腹子登録番号 Reg. No. of the litter

No.		Name	Reg. No.
1	SIRE 父	KOUYOU GO HOUSENDOU	AKIHO 99-3093, 1999. 8.27 RD
2	DAM 母	AKURI GO NAGANO SAKAI	AKIHO 97-452, 1996.12. 7 RD
3	G.SIRE 祖父	SEIRYUU GO RYUUHOU YAMAUE	AKIHO 97-3815
4	G.DAM 祖母	TOCHIKABUKI GO GOTAKEEN	AKIHO 96-4797
5	G.SIRE 祖父	KOURYUU GO KOJOUDOU	AKIHO 95-394
6	G.DAM 祖母	BIKOURAN GO SHINSHUU AKAZAWA	AKIHO 95-270
7	G.G.SIRE 曾祖父	SEIRAN	AKIHO 96-4437
8	G.G.DAM 曾祖母	SHUNREI	AKIHO 95-4278
9	G.G.SIRE 曾祖父	TOCHIRYUU	AKIHO 94-3897
10	G.G.DAM 曾祖母	YAMAKOBUSHI	AKIHO 93-7811
11	G.G.SIRE 曾祖父	TEKKOU	AKIHO 93-7021
12	G.G.DAM 曾祖母	ITOHO	AKIHO 93-7476
13	G.G.SIRE 曾祖父	TOUUN	AKIHO 90-7759
14	G.G.DAM 曾祖母	SHINONOMEJO	AKIHO 87-3657

ID NO. 392148000014631

DATE ISSUED 2001.11.19

The Seal of the Japan Kennel Club affixed hereto certifies that the above is a true extract from the official Stud Book records.
ジャパン ケネル クラブの証印を以って、正式な血統登録台帳に記載された事項と相違ない事を証明する。

JAPAN KENNEL CLUB, INC.
社団法人 ジャパン ケネル クラブ
Member of the Fédération Cynologique Internationale (FCI) and the Asia Kennel Union (AKU)
国際畜犬連盟 アジア畜犬連盟 加盟

Rot B x Weiß C kann theoretisch kein Brindel hervorbringen. Dennoch sind Fälle bekannt geworden, in denen Rot x Weiß Brindel ergeben haben.

Brindel. Fällt ein roter Welpe aus einer brindel x brindel Verpaarung (AA oder AB oder AC) wird auch die Meinung vertreten, daß BB oder BC daran beteiligt sein muß. Rote Nachkommen aus brindel x brindel-Verpaarungen haben niemals brindel produziert. Sie haben nur rote oder weiße

Nachkommen. Wenn beide Elterntiere brindel sind oder wenn ein Elternteil brindel ist, können rote und weiße Akita brindel produzieren. Deren Nachkommen können rot, weiß oder brindel werden. Es wird berichtet, daß ein brindel Zuchtrüde der über 1000 Nachkommen hatte, nicht einmal einen roten Nachkommen darunter hatte. Wahrscheinlich weil AA sehr dominant ist. Der Erbgang bei den Akita Farben im Verhältnis dominant zu rezessiv ist brindel zu weiß zu rot. Ob dies auch auf andere Rassen übertragbar ist, ist nicht bekannt, wird aber zur Zeit erforscht.

Japan Mai 1999

Im Mai 1999 waren mein Mann Lutz Lammers und ich gemeinsam in Japan.
Ich liebe Japan. Es ist ein wundervolles Land, mit sehr freundlichen Menschen, einer faszinierenden Tradition und dem besten Essen der Welt.
Da ich glaube, daß man den Akita nur verstehen kann, wenn man auch Japan, seine Kultur und Mentalität schätzt, möchte ich nicht nur über die Akita in Japan berichten, sondern über die gesamte Reise.
Als wir unseren Reiseplan bekamen, waren wir schon etwas verdutzt. Es waren 7 Übernachtungen in 5 verschiedenen Hotels vorgesehen und Orte aufgeführt, mit denen wir nichts verbinden konnten.
Am Freitagnachmittag landeten wir, nachdem wir 22 Stunden unterwegs waren, in Narita und es ging zum Royal Park Hotel (sehr westlich ausgerichtet) in Tokyo, das ich schon vom 1. Akita Weltkongress kannte.
Am nächsten Morgen hieß es 6.00 Uhr aufstehen, da wir schon um 7.00 Uhr zum Haneda Airport fahren mußten. Von dort ging es mit einem Inlandsflug gut 1000 km Richtung Norden nach Aomori.
Von Aomori fuhren wir mit dem Auto zur Stadt Hirosaki. Hirosaki sagte uns bis zu diesem Tag nichts. Das hat sich gründlich geändert. Diese Stadt werden wir wohl nie vergessen, denn in Hirosaki war Kirschblütenfest.
Die ganze Stadt bestand aus einem Meer voller weißer, rosa und roter Kirschblüten. Es war unglaublich schön anzusehen. Wir waren in dem größten Kirschbaumpark Japans, in dem 5000 Kirschbäume stehen. Mindestens 95 % der Bäume standen in voller Blüte. Es war sonnig und warm und der Park voller fröhlicher Menschen, ganz ähnlich wie bei uns am 1. Mai.

Nachmittags ging es dann hinauf in die Berge, weil wir sehen sollten, wo der Akita seinen Ursprung hat.
Nach nur etwa 45 Minuten Fahrtzeit waren wir in einer anderen Welt. Es lag bis zu 3 m Schnee an den Seiten.
Hakkoda ist ein typischer Wintersportort.
Dort lag auch unser 2. Hotel »Sukaya« (ganz traditionell japanisch), einer der berühmtesten Ryokans Japans, weil er über eine heiße Quelle verfügt, die mit natürlichem Schwefel, Sulfur und etwas Radioaktivität angereichert ist, eine Mischung, die gut gegen eine Vielzahl von Gelenkerkrankungen wirkt.

Gleich am Eingang des Ryokan mußten wir unsere Schuhe gegen braune Hauspantoffeln tauschen, die allerdings nur auf den Fluren getragen werden, nicht in den Zimmern, dort läuft man barfuß.
Für die Toilette gibt es spezielle rote Pantoffeln, die auch nur in den Toilettenräumen getragen werden dürfen.
Ein Waschbecken gibt es im Zimmer nicht, dafür Gemeinschaftswaschräume und das öffentliche Bad.
Etwas gewöhnungsbedürftig - dafür sind die heißen Bäder/Quellen aber absolute Spitze. Nach einer Ruhepause (nachdem man sich VORHER außerhalb des Beckens gewaschen hat) in den heißen Becken ist man ausgeruht, fit und die Haut fühlt sich toll an. Ich hatte jedenfalls viel Spaß in den Bädern und speziell die Kinder offensichtlich auch an mir, denn ich war in jedem

Kirschblütenfest in der Stadt Hirosaki

Bad die einzige europäisch aussehende Person und entsprechend auffallend.
Von Hakkoda ging es am nächsten Morgen Richtung Odate, vorbei am Lake Towada. Der Bereich Hokkada bis Odate gilt als das Ursprungsgebiet des Akita.In Odate waren wir im Akita Museum angemeldet und wurden dort vom Geschäftsführer begrüßt, der allerdings wegen der Ausstellung schon ziemlich unter Druck stand.

Im Museum hatte ich das Gefühl, als wäre ich schon da gewesen. Nach den vielen Fotos, die Walter Schipper vor einigen Jahren fürs MF zur Verfügung gestellt hat, blieb eigentlich nichts wirklich neues zu entdecken. Ziemlich enttäuscht war ich, daß man selbst im Akita Museum keine Akita-Statuen oder andere Akita Sachen kaufen konnte.
Interessant waren die Erklärungen der anwesenden Richter und Züchter zur Bären-

Ahnentafel von Kongo-Go ausgestellt von der Nippo

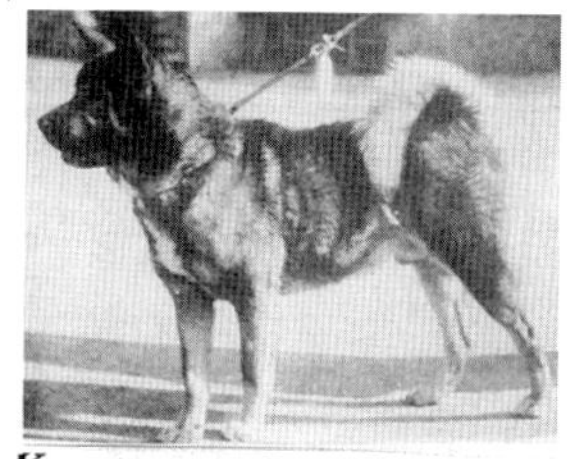

Kumaso-go, geb. 3.10.48
Vater: Kongo-Go, schwarz-sesam,

Dainidewa (2. Dewa), geb. 25.7.47,
schwarz-brindel, Nippo large No. 2333

Oura-Dewa-go

Kappei-go, geb. 6.6.34.
Nippo Klasse der mittel-großen Hunde
No. 135 - Farbe sesam.

Dewa-go, geb. 1.2.41,
Nippo No. 1529, sesam

Akidate (Nippo Large #1198) Red Sesame

*Dewa (Nippo Large #1529) Sesame

***Kappei** (Nippo Medium #135) Sesame

***Dewawaka** (Nippo Large #1895) Red Sesame

***Mutsu** (Nippo Large #122)

Goma-go (Unknown)

Tama (of Mr. Kashiwagi of Osaka)

Takatorame (Unknown) Sesame

Sire: ***Taishu** (Nippo Large #2014) Red

Unknown

Kuzugoma (Nippo Large #1890) Sesame

Unknown

Unknown

Tokiwa (Nippo Large #972) Red

Unknown

Takahime (Nippo Large #1514) Sesame

Kongo-go (Vater: Taishu-go
Mutter: Datemitsu)
Nippo Klasse große Hunde
No. 2351, Farbe silbersesam

*Kongo-go (Nippo Large #2351) Silver Sesame

Unknown

Maru (Unknown)

Unknown

Tetsuyuki-go, geb. 8.12.64,
rot

***Dewawaka** (Nippo Large #1895) Red Sesame

***Datetaro** (Nippo Large #86)

Dam: ***Datemitsu** (Nippo Large #2011) Black Sesame

Dategoro (Nippo Large #738) Sesame

Unknown

Kikumaru (Nippo Large #1137) Red Sesame

***Habutaro** (Nippo Large #84) Brindle

***Datetorame** (Nippo Large #87) Brindle

***Date** (Nippo Large #76) Red

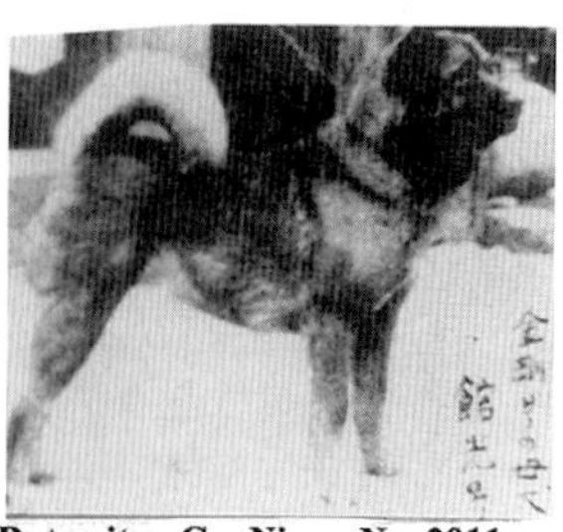

Datemitsu-Go, Nippo No. 2011,
große Hunde, schwarz-sesam,
Mutter von Kongo-go

Taiko-go, silbersesam,
Nippo No. 4907. Aus
Inzuchtverpaarung auf Kongo

Datetorane, Nippo No. 87,
große Hunde, brindel

Habutaro-go, geb. Mitte der 20er,
Nippo large No. 84, brindel

Kumomaru-go, brindel

jagd. Die Jagd soll immer mit mind. 2 Akita durchgeführt worden sein, die den Bären schnell umkreist haben, um den Bären dazu zu bringen, sich aufzurichten, vom Jäger abzulenken und diesem freie Schußbahn zu verschaffen.

Am Museum stießen auch Herr Yoshinaga (Zuchtrichter und Züchter) und Herr Ito (Züchter) zu uns und wir fuhren zu unserem 1. Besuch zu Herrn Kodama. Ich war überrascht von der Herzlichkeit und Selbstverständlichkeit, mit der wir dort aufgenommen wurden.
In dem Raum saßen etwa 12 Männer um den Tisch, auf dem typisch japanisches Essen und Getränke standen. Wir wurden sofort gebeten Platz zu nehmen, bekamen eine Schale, Stäbchen und den Teller mit rohem Fisch hingestellt. Während der gut 2 Stunden die wir dort waren, herrschte ein ständiges Kommen und Gehen. Auf meine Nachfrage, ob es in dem Haus wohl immer wie im Taubenschlag zugeht, wurde uns erklärt, daß die Herren alle Züchter und/oder Zuchtrichter seien, die mit Herrn Kodama züchterisch zusammenarbeiten oder seine Schüler sind.
Vor einer so wichtigen Ausstellung in Odate trifft man sich bei Herrn Kodama um die neusten Entwicklungen in der Akitaszene zu besprechen, bzw. den Rat von Herrn Kodama einzuholen, wenn es um Zucht, Beurteilung von Akita oder allgemeine Rasseinformationen geht. Wenn wir auch nicht immer einer Meinung waren, gerade beim Thema Anatomie und Gangwerk, haben wir ganz viele interessante Informationen bekommen und unsere Meinung wurde zumindest respektiert.
Ich kann mich nicht erinnern jemals vorher einen älteren Herrn kennengelernt zu haben, der so einen sympathischen und gleichzeitig gelassenen und weisen Eindruck auf mich gemacht hat wie Herr Kodama, dazu hat er ein so verschmitztes Lachen in und um die Augen, daß man spontan mitlächeln muß.

Da wegen der Golden Woche (5 Feiertage hintereinander!) in Japan auch Odate völlig ausgebucht war, mußten wir ca. 20 km zurück und in unser 3. Hotel, wieder ein Ryokan.

Im "Oyuki" gab es ein exzellentes japanisches Abendessen, von dem mind. noch 3 weitere Leute hätten satt werden können. Als die Besitzer hörten, daß wir aus Deutschland gekommen sind, um uns die Akiho Show anzusehen, bekamen wir zu hören, daß Hunde und Kinder bei Deutschen am besten aufgehoben seien.

Lutz und Herr Kodama

Am nächsten Morgen ging es dann zum Ausstellungsgelände. Zu Beginn begrüßte uns Herr Mizumoto und stellte uns einige Züchter und Zuchtrichter vor. Ab diesem Zeitpunkt war 8 Stunden >Akita< angesagt.
Wir haben einige "Bekannte" getroffen, so habe ich Herrn Dr. Ogasawara (Züchter von Chibi/Daigoh of Juntaidoh) nach 15 Jahren Schriftkontakt, erstmalig getroffen. Herrn Hirose, Herrn Okugawa und Herrn Kanbe.

Der Akiho Vorstand erlaubte mir während der Bewertung im Ring zu fotografieren und mich dort umzusehen. Gemeldet waren 212 Akita. Davon waren etwa 50 % sehr schöne Akita, etwa 40 % normal durchschnittliche Akita und 10 % die uns entweder im Phänotyp nicht gefallen haben (grobes Gesicht, lose, knochenschwach u.ä.) oder aber im Bewegungsablauf erschreckende Mängel aufwiesen.
In dem großen Ausstellungsring waren 5 weiße Kreise aufgemalt. Als das Richten der Hunde begann, war ich ziemlich verwirrt. Im Ring befand sich die Nummer 1

ebenso wie die 122 oder 197. Die Lösung war recht einfach.
In jedem der weißen Kreise wurde eine andere Klasse gerichtet. Z.B. Kreis 1 Rüden 10 - 18 Monate, Kreis 2 Hündinnen 6 - 8 Monate, Kreis 3 Rüden 8 - 10 Monate, Kreis 4 Hündinnen 18 - 30 Monate, Kreis 5 Rüden über 4 Jahre.

Die Klasseneinteilung beim Akiho ist wie folgt:
6 - 8 Monate, 8 - 10 Monate, 10 - 18 Monate, 18 - 30 Monate, 30 - 48 Monate und Akita über 4 Jahre.
Es waren 5 Zuchtrichter im Einsatz, die jeweils für bestimmte Klassen zuständig waren.

Berühmter Rüde aus der Zucht von Herrn Kodama

Wenn alles ordnungsgemäß abgewickelt wurde, stand in einem der Kreise jeweils der zu bewertende Akita und außerhalb des Kreises der anschließend zu bewertende Akita. Kontrolliert wurde die Gesamterscheinung/Kopf, das Gebiß, Gebäude und zu meiner großen Überraschung der Bewegungsablauf. Das ist recht neu beim Akiho und für viele Aussteller offensichtlich noch ungewohnt, aber es läßt hoffen.
Nachdem alle Akita einzeln bewertet waren, begann die Mittagspause, zu der uns Herr Mizumoto in den Kreis seiner Züchter und Zuchtrichterfreunde einlud. Wie immer gab es Unmengen zu Essen und die ganze Palette der typisch japanischen Gerichte. Nachdem sich Herr Mizumoto einige Zeit unsere (vergeblichen) Versuche eine bequeme Sitzhaltung zu finden angesehen hatte, ließ er zwei Stühle für uns holen, sehr zur Erheiterung der übrigen Leute.
Nach der Mittagspause liefen die Klassen nacheinander gesamt auf. Während die Einzelbewertung nur von einem Richter

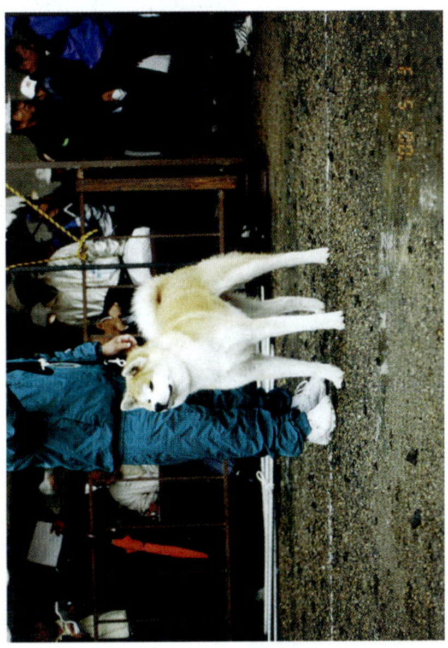

vorgenommen wurde, waren für die Plazierung 3 Zuchtrichter zuständig. Einen Rassebesten gibt es nicht und die Klasse über 4 Jahre wird nicht plaziert, sondern erhält nur Formwertnoten. Plaziert wird jeder Akita von Platz 1 bis z.B. Platz 30, eben vom 1. bis zum letzten Hund einer Klasse.
Mit der Plazierung der Hündinnen war ich sehr einverstanden. Lutz und ich hätten 3 Hündinnen am liebsten sofort mitgenommen. Speziell eine rote und eine weiße Hündin hatten es uns angetan - leider unverkäuflich.
Nach der Show ging es in unser 4. Hotel das "Annex Royal Odate" und zum Abschluß des Tages in ein ganz traditionelles Gasthaus. Sehr schön vom Ambiente, aber sehr unbequem für gewöhnliche Mitteleuropäer.
Am nächsten Morgen fuhren wir nochmals zu Herrn Kodama um über die bei der Ausstellung gezeigten Hunde zu diskutieren. Es war nicht ganz so voll wie beim ersten Besuch, aber auch an diesem Morgen waren bereits einige Züchter und Zuchtrichter anwesend.

Die Diskussionserkenntnisse sind unter anderem im Anschluß an den allg. Bericht aufgeführt.
Anschließend fuhren wir zu Herrn Takeda, einem bekannten Akita Züchter und Akiho Zuchtrichter, der ca. 30 km hinter Odate auf dem Land lebt. Herr Takeda hatte nicht nur sehr schöne Akita-Junghunde, sondern auch eine tolle Bonsai-Sammlung. Auch hier wurden wir sehr freundlich empfangen und konnten uns ausgiebig über die Geschichte und den Standard des Akita unterhalten.

Leider war es inzwischen so spät geworden, daß wir keinen weiteren Züchter besuchen konnten und uns zur Stadt Akita aufmachen mußten. Am Stadtrand von Akita lag unser 5. Hotel, das "Satomi", ein sehr großes Hotel mit einer Eingangshalle, die Fußballfeldgröße hatte und sehr westlich wirkte. Die Zimmereinrichtung und alles andere sind jedoch ganz traditionell japanisch.Nach einem wieder einmal hervorragendem Abendessen habe ich noch das Bad aufgesucht, daß aus einer natürlichen heißen, sehr mineralstoffhaltigen

Quelle, die 45 m unter dem Hotel liegt, gespeist wird.

Am nächsten Morgen hatte Lutz das erste Mal Sehnsucht nach einem "normalen" Frühstück, während ich mich mit Suppe, gebratenem Lachs, rohem Eigelb und Salat mit Sojasoße immer noch sehr gut arrangieren konnte.
Nach einem Spaziergang durch Akita, mußten wir zum Bahnhof und von dort ging es mit dem Shinkansen zurück nach Tokio zum Royal Park Hotel.
Damit war schon wieder alles vorbei. Am nächsten Morgen haben wir um 9.30 Uhr das Hotel verlassen und um 13.00 Uhr ging es Non-Stop nach Frankfurt.
Am 06. Mai 23.30 Uhr waren wir - diesmal nach 23 Stunden - erschöpft aber auch sehr zufrieden wieder in Hamm.
Wir haben in der Woche so viel gesehen, erlebt, gelernt und dank Herrn Awashima so viele Gespräche "führen" können, daß wir mehr erfahren und gesehen haben, als wir es alleine jemals zustande bekommen hätten.
Dieser Akita-Trip durch Japan wird ein unvergeßliches Erlebnis bleiben.
Nachfolgend sind die Ergebnisse unserer Gespräche mit den Zuchtrichtern und Züchter zusammengefaßt, zumindest die eindeutige Mehrheitsmeinung.

Haarkleid

Ganz ohne Zweifel haben alle Züchter und Zuchtrichter ein Haarkleid bestehend aus einer dichten und weichen Unterwolle und längerem harten und abstehenden Stockhaar (auch auf dem Widerrist) als das ideale Akita Haarkleid angesehen.
Auf unsere Fragen nach Langhaar wurde gesagt, daß es Linien gibt, die vor fast 20 Jahren die Erlaubnis erhalten haben, für eine kurze Zeit Langhaar einzukreuzen, um wieder längeres Stockhaar zu bekommen. Daher fällt auch in Japan heute gelegentlich Langhaar. Überrascht war man aber, daß wir in Europa damit inzwischen ein echtes Problem haben. Vielleicht verpaaren die Japaner auf Grund ihres Wissens um die einzelnen Linien gezielter und haben daher tatsächlich kein so großes Problem damit.
Bei der Fahrt von Odate nach Akita haben wir an der Straße einen großen roten Langhaar-Rüden gesehen. Allerdings der einzige Langhaar den wir gesehen haben.
Auf die Frage nach der Länge des Haarkleides wurde uns erklärt, daß das bei uns inzwischen häufiger zu sehende längere und anliegende Haar auf dem Widerrist/Rücken und an der Rute eindeutig nicht erwünscht ist.
Wenn das Haarkleid auf dem Rücken und an der Rute deutlich länger ist, führt dies zu Punktabzügen bei der Ausstellung. Es ist nicht standardgerecht und ist vermutlich auf die Einkreuzungen zurückzuführen.

Vor einiger Zeit habe ich gerüchteweise gehört, daß in Deutschland erzählt wird, daß es verschiedene Lang- und Normalhaartypen in Japan geben soll. Meine Frage danach hat nur zu Verwunderung geführt. Es gibt das korrekte, ideale Haarkleid wie zuvor beschrieben, es gibt das etwas zu kurze Stockhaar, das etwas zu lange und weiche Stockhaar auf Widerrist und an der Rute und es gibt Langhaar (Ohren, Körper, Läufe, Rute).
Wer heute einen Langhaar in die Zucht nehmen würde, muß mit seinem Ausschluß aus allen Akita-Vereinen Japans rechnen und wäre als Züchter in Japan erledigt.

Farbe

In Japan gibt es nur rot, weiß, brindel und sesam. Der abgebildete Sesam-Rüde wurde trotz seines exzellenten Haarkleides, seines korrekten Gebäudes und sehr gutem Gangwerk nicht bei der Ausstellung gezeigt, weil die Farbe gerade nicht in "Mode" sei. Auch bei der Fahrt durch die vielen Dörfer haben wir keine Akita-ähnlichen Hunde gesehen, die nicht diese Farben zeigten.
Alles was wir dort mit Stehohren und Ringelrute gesehen haben - Größe ca. 40 - 60 cm - zeigte eine helle Farbe.Bei der Ausstellung war festzustellen, daß es bei den roten Akita sehr unterschiedliche Farbtöne gibt.
Von blaßgelblich bis zu orangerot war alles vertreten und ist alles erlaubt. Soweit wir das beurteilen konnten hatte die Farbintensität keine Auswirkung auf die Plazierung.
Bei den gestromten gab es erstaunlich viele rot-brindel, in gleicher Anzahl silberbrindel, einige fast schwarze Akita und einige mit ziemlich hohem Weißanteil.
Auch bei den Brindeln scheint alles erlaubt zu sein, so lange die Stromung regelmäßig ist. Ganz unerwünscht sind nur größere weiße Flecken oder ein weißer Kragen, beides führt zu gravierenden Punktabzügen.
Die weißen Akita waren zu 80 % wirklich weiß. Nur etwa 20 % der vorgeführten weißen Hunde hatten eine leichte rötliche Färbung an den Ohren oder auf dem Rücken. Weiß schien bei den Richtern nicht bevorzugt zu sein. Wir haben 2 bildschöne ganz weiße Hündinnen gesehen, die in Europa problemlos jede Ausstellung als BOB beenden könnten, bei der Akiho - Ausstellung jedoch nur im Mittelfeld plaziert wurden.
Je mehr Farbpigmente ein fast weißer Hund im Haarkleid hat, um so schlechter wird die Beurteilung, zumal wenn der Nasenschwamm dann nicht entsprechend dunkel ist.
Ein echter sesamfarbener Akita wurde bei der Ausstellung nicht gezeigt. Es gab allerdings eine Reihe von roten Akita, die dunkle Haarspitzen auf dem Rücken hatten.
Keiner der Akita war unter der 1. Hälfte seiner Klasse, ob dies an der Farbe gelegen hat, weiß ich allerdings nicht.

Kopf und Gebäude

Im Akiho geht auch heute noch der Kopftyp über alles. Ein schönes Gesicht ist nach wie vor Zuchtziel Nummer 1. Ich denke, die Fotos sprechen da für sich. Es waren wirklich viele Akita mit sehr schönen Gesichtern zu sehen.
Nicht erwünscht im Kopftyp sind z.B. zu kleine, zu große oder zu dünne Ohren, zu kleines Auge, zu eng gesetzte Augen, runde Augen, zu schmaler oder spitzer Fang, zu langer oder zu kurzer u. grober Fang, lose Lefzen.
Zahnfehler führen bei der Ausstellung zu Punktabzügen. Die Zähne haben dabei unterschiedl. Gewichtungen. Grob kann man sagen, daß außer das Fehlen der P 1 jeder andere Zahnfehler schnell dazu führen kann, daß ein Hund nicht mehr mit "Vorzüglich" bewertet wird.

Beim Gebäude gab es nicht besonders viel auszusetzen, die meisten Akita zeigten ein harmonisches Gebäude mit sehr guter Ober und Unterlinie, angemessener Knochenstärke und sehr guter Brustbreite und -tiefe.

Auffällig war, daß die Hündinnen durchweg harmonischer und korrekter in den Proportionen wirkten als die Rüden und ein wesentlich besseres Gangwerk zeigten. Während der überwiegende Teil der Hündinnen über eine typische Akita-Winkelung verfügt, gab es bei den Rüden einige, bei denen gravierende Mängel in der

Winkelung der Vor- oder Hinterhand zu beobachten waren, oder, was sich im Gangwerk noch schlimmer auswirkte, das Längenverhältnis Ober- und Unterarm nicht paßte.
Der Bewegungsablauf dieser Hunde war so unkoordiniert, daß schon das Zusehen weh tat.
Am häufigsten habe ich, genau wie bei uns, eine leicht enggesetzte Hinterhand und gelegentlich eine leichte Kuhessigkeit feststellen müssen.
Mit dem gerade beschriebenen Gangwerk vor Augen, haben wir auch erneut mit Züchtern und Richtern diskutiert.
Unser Argument: Ein Akita kann als "Standbild" noch so schön und würdevoll sein, wenn er über ein katastrophales Gangwerk verfügt, ist die ganze Schönheit dahin, sobald er sich unkoordiniert in Bewegung setzt.
Erfreulich viele haben sich dieser Meinung angeschlossen. Im Akiho und im JKC sollen sich immer mehr Züchter und Zuchtrichter zusammenschließen, die genau die gleiche Meinung haben und in erster Linie ihr Augenmerk darauf richten wollen, einen anatomisch korrekten Akita zu züchten.
Viele Züchter sind mit der Vereinspolitik des Akiho "Kopftyp ist das Maß aller Dinge" unzufrieden und versuchen gegenzusteuern.
Erfreulich ist in diesem Zusammenhang auch, daß der JKC begonnen hat Züchterseminare anzubieten, mit dem Schwerpunkt Anatomie, Statik, Dynamik und Gesundheit der Hunde, zu denen inzwischen auch Akiho Züchter und Zuchtrichter eingeladen werden.

Überhaupt sind fast alle Akita-Leute mit denen wir reden konnten der Meinung, daß sich in der Zucht einiges ändern muß, vor allem, daß das Hauptaugenmerk auf eine korrekte Anatomie zu legen ist.
Insgesamt haben wir einen sehr positiven Eindruck mit nach Hause genommen, in der Zucht scheint in Japan einiges in Bewegung zu sein und durchaus zum positiven.

Wesen

Sofern wir das in der kurzen Zeit beurteilen konnten, gibt es im Bezug auf Wesen keine Probleme in Japan. Alle Akita die wir getroffen haben, waren ausgesprochen freundlich. Ob wir Ausstellungshunde oder Zwingerhunde angefaßt haben, es gab keine Probleme.
Bei der Ausstellung ging es überwiegend sehr friedlich zu, es sei denn, ein Rüdenbesitzter hat nicht aufgepaßt und zwei Rüden konnten sich durch Blickkontakte so richtig schön aufschaukeln.
Die Richter hatten jedenfalls überhaupt keine Probleme die Hunde anzufassen.
Der Sesamrüde von Herrn Kodama hat sich Lutz gegenüber benommen, als würden die beiden sich schon immer kennen. Küßchen, knabbern am Ohrläppchen, auf den Rücken legen - der Rüde hat alle Register gezogen um die ungeteilte Aufmerksamkeit von Lutz zu erhalten. Trotzdem hatte der Rüde eine Ausstrahlung, die dem Wort "würdevoll" eine echte Bedeutung gab.
Das war für mich ziemlich auffällig. Ich hatte das Empfinden, daß ich erst nach dem Besuch in Odate die Standardvorgabe "würdevoll" verstanden habe. Es gibt in Japan wirklich Akita die Adel und Würde ausstrahlen.

Ich komme auch nach 20 Jahren Akita noch ins Schwärmen.
Wir haben bei dieser Reise nicht nur ein aufregendes und hochinteressantes Land erlebt, sondern auch wieder neues über den Akita gelernt und echt tolle Hunde gesehen.

Futter

Bei der Fütterung wurden dort die gleichen Beobachtungen gemacht wie bei uns. Ein Zuviel an Protein und Fett führt sehr schnell zu Haar- und Hautproblemen. Der überwiegende Teil der Leute mit denen wir gesprochen haben füttert Fertigfutter mit relativ niedrigem Proteinanteil.
Gelegentlich wird auch Reis, Mineralstoffe und Trockenfisch gefüttert.

Tokio Januar 2001

Am 27. Januar 2001 fand in Tokio die erste Sitzung des Vorstandes der Weltunion der Akita Clubs (WUAC) statt, an der ich als Vizepräsidentin der WUAC teilgenommen habe.
Die Weltunion der Akita Clubs wurde im Juni 2000 in Mailand gegründet. Inzwischen sind folgende Akita Clubs bzw. Akita-Sektionen Mitglied der WUAC geworden: Belgien, Brasilien, Dänemark, Deutschland, Finnland, Frankreich, Italien, Japan, Mexiko, Niederlande, Norwegen, Schweden, Schweiz, Spanien, Tschechin, Ungarn, USA (Japanese Akita Club).

Zuchtrichterseminar der WUAC

Anläßl. der Zuchtrichtertagung wurden durch 4 japanische Zuchtrichter und Akita-Kenner des JKC Erläuterungen zur Entwicklung der japanischen Spitzrassen allgemein und des Akita im Besonderen geben.
Es wurden die einzelnen Bereiche - Ausdruck, allgemeines Erscheinungsbild, Kopf, Augen, Ohren, Gebäude, Haarkleid, Rute, usw. besprochen.
Von den teilnehmenden Zuchtrichtern wurden hauptsächlich über 2 Bereiche diskutiert.
Das Urajiro bei gestromten/brindel Akita.
Urajiro = weißliches Haar seitlich am Fang und an den Backen, unter dem Fang, an der Kehle, an der Brust und am Bauch, an der Unterseite der Rute und an den Innenseiten der Gliedmassen.

Sieht man sich unter diesem Gesichtspunkt gestromte Akita auf japanischen Ausstellungen an, muß man feststellen, daß die wenigsten Brindel an allen im Standard geforderten Stellen Urajiro aufweisen. Das hat bei Ausstellungen in Japan offensichtlich keine Auswirkung auf den Formwert.
In einigen europäischen Ländern scheint es aber zu Diskussionen zwischen Ausstellern und Zuchtrichtern gekommen zu sein, da einige Zuchtrichter gestromte Akita, die nicht an allen im Standard aufgeführten Stellen Urajiro aufweisen, schlechter bewertet haben.
Der JKC wurde gebeten, zu diesem Punkt eine Erklärung/Interpretation zum Standard abzugeben, damit die nationalen Verbände ihre Zuchtrichter entsprechend informieren können.
2. Punkt war die Größe. Von einem ZR aus Europa wurde nachgefragt, ob man den Standard nicht in Bezug auf die Größe ändern sollte und zwar 2 cm nach unten.

Nach Diskussion war die überwiegende Anzahl der Teilnehmer der Ansicht, daß die Größe nicht geändert werden sollte. In den einzelnen Ländern gab es auch kaum Probleme mit der Größe.
Inzwischen habe ich 3 Akita-Ausstellungen in Japan gesehen und damit gut 500 Akita. Bei keiner der Ausstellungen habe ich den Eindruck gehabt, daß es in Japan Probleme mit der Größe gibt.

***Yoko Yamamoto**, sehr bekannte Künstlerin aus Japan. Yoko Yamamoto hat für den Japan Kennel Club alle Rassestandards illustriert und hat darüber hinaus Akita-Plastiken, sowie Seidenschals, Tücher und Krawatten mit Hundemotiven u.v.m. hergestellt. Das Foto von Yoko Yamamoto und Angelika Kammerscheid-Lammers wurde anläßlich des Festabends der WUAC- Tagung im Januar 2002 in Tokio aufgenommen. Foto: Susanne Faust*

Die Hündinnen liegen nach meinem Eindruck überwiegend zwischen 60 und 64 cm, die Rüden zwischen 64 und 68 cm.
Mir sind weder richtig kleine noch sehr große Akita aufgefallen. Von daher gibt es m.E. keine Veranlassung die Größe zu ändern.
Eine besondere Ehre hat mir der JKC anläßl. der Ausstellung im Januar 2001 erwiesen. Ich durfte in einigen Klassen die "Klassenbesten" und den Schönsten Hund der Ausstellung richten. Das war schon etwas ganz Besonderes.

Der Akita in den USA

Den ersten Akita brachte die blinde Schriftstellerin Helen Keller Ende der 30iger Jahre in die USA. Helen Keller war so begeistert von dieser Rasse, daß sie sich sofort nach dem Tod ihres ersten Akita einen zweiten aus Japan schicken ließ.
Der Hauptteil der Akita kam allerdings nach dem 2. Weltkrieg durch die Soldaten in die USA.
1956 wurde der erste Akita Standard in den USA festgeschrieben und der Akita als eigenständige Rasse anerkannt.
Dieser USA-Standard hatte hauptsächlich die Akita der Kongo-Linie zum Vorbild. Dadurch lassen sich wahrscheinlich auch die Unterschiede zwischen dem F.C.I.- und dem AKC-Standard erklären.
Der Weg des Akita bis zu einem in ganz Amerika bekannten und geschätzten Hund dauerte aber noch fast 20 Jahre.
Erst 1972 erkannte der American Kennel Club (AKC) den Akita an und öffnete sein Zuchtbuch für die Rasse. 1973 durfte der Akita erstmals an den AKC-Meisterschaften teilnehmen und erst 1976 fand die erste Spezialzuchtschau für Akita in Kalifornien statt.
Während der ganzen Jahre wurde aber bereits gezüchtet. 1956 wurde der Akita Club of America gegründet. Ziel des Clubs war es, eine gezielte Zucht der Rasse zu fördern und den Akita bekannt zu machen. Nach Angaben von Joan McDonald Brearley waren bis 1970 bereits über 1300 Akita in das Zuchtbuch des Vereins eingetragen. Heute gibt es in fast jedem Bundesstaat der USA Landegruppen des Akita Club oder zumindest Einzelpersonen, die sich für die Rasse einsetzen.
So wie in Japan gibt es auch in den USA einige Ungereimtheiten aus den Anfangsjahren. So ist immer wieder zu lesen, daß die Nachfolger der Kongo-Linie auch in den USA selbst noch mit Schäferhunden verpaart worden sein sollen.

Ob dies tatsächlich so ist, oder ob es sich um ein inzwischen manifestes Gerücht handelt, wird wohl nicht mehr zu klären sein.
Fakt ist aber, daß der Akita in den USA auch heute noch wesentlich anders aussieht als der Akita in Japan.
Wie bereits erwähnt liegt der Ursprung der amerikanischen Akita in der Kongo Go - Linie. Während ab Mitte der 50iger Jahre die Kongo-Linie in Japan als unrein galt und Nachkommen kaum noch in die Zucht eingebaut wurden, blieb Kongo ein Vorbild der Zucht in den USA.
Die Fehler die man in Japan der Kongo Linie anlastet kann man auch heute bei vielen Akita in den USA finden:
Viel lose Haut, faltiges Gesicht, untersetzter Körperbau, weicher Rücken, schlechtes Haarkleid, verwaschene Farben, kurze und schlecht gerollte Rute, eine für den Akita unerwünscht starke Winkelung der Hinterhand und Enghessigkeit.
Nach den Beschreibungen des Bewegungsablauf von Kongo Go läßt sich übrigens vermuten, daß dieser sich überwiegend im Passgang bewegte.

Nachdem in der Nachkriegszeit bis Anfang der 60iger wohl der Hauptteil der Akita von Japan in die USA kam, liest man danach nur noch von einzelnen Exemplaren die aus Japan Importiert wurden. In Kalifornien gab es einen größeren Kreis von Akita-Liebhabern die intensiven Kontakt zum Akiho Club in Japan unterhielten, die regelmäßig Akita von dort importierten und die eine jährlich stattfindende Akita Ausstellung ausrichteten, die jeweils durch einen japanischen Zuchtrichter gerichtet wurde.

Auch diese Importe hörten auf, als der AKC Mitte der 70iger sein Zuchtbuch für Hunde aus Japan schloß. Warum dies so war konnte ich nicht in Erfahrung bringen.
Dieses Eintragungsverbot galt aber bis 1992.
Ein weiterer Punkt, durch den der heute in den USA gezüchtete Akita den Betrachter immer noch an die Kongo-Linie erinnert, ist wahrscheinlich das Zuchtprogramm in den USA.
Während man in Deutschland sehr darauf achtet, daß die Linien der Zuchtpartner möglichst keinen erkennbaren Verwandtschaftsgrad aufweisen, wurde in den USA immer schon die Inzucht und die Linienzucht bevorzugt. Dadurch konnte sich in den USA der Typ sehr festigen, leider verfestigen sich nicht nur die positiven Merkmale, sondern auch die Negativen.

Es ist bis heute tatsächlich festzustellen, daß viele Akita in den USA folgende Fehler aufweisen:
Grobe Gesichtszüge, Faltenbildung am Kopf, lose Lefzen, einen Neigung zu Ektropium oder zur Mikrophalmie, sehr große und dünne Ohren, langer und weicher Rücken, schlechte Rute, zu kurzes Haarkleid und die Verfestigung von Krankheiten in bestimmten Linien.
Vorzüge sind dagegen der überwiegend starke Knochenbau, ein - bedingt durch die stärkere Winkelung - vielfach sehr gutes und kraftvolles Gangwerk, ein ruhiges und freundliches Wesen.
Heute zählt der Akita zu den bekannten Hunderassen in den USA. Er wird von einer Reihe von prominenten Schauspielern und Sportlern gehalten.
Selbst Steffi Graf soll seit 1996 einen Akita besitzen.
Gut getan hat der große Bekanntheitsgrad dem Akita in den USA nicht. Es werden bis zu 20.000 Akita Welpen pro Jahr geboren, davon ca. 1/4 beim AKC eingetragen!
Wie immer, wenn eine Rasse plötzlich auf Masse, statt auf Klasse gezüchtet wird, treten vermehrt Krankheiten, Wesensfehler und Typmängel auf.
Wenn man die Zeitschrift Akita World, die, bzw. deren Vorgänger, wir von 1974 bis heute gesammelt haben, verfolgt, kann man auch dort den Leserbriefen und Artikeln entnehmen, daß sich die Probleme in der Zucht durch die vielen, unkontrolliert züchtenden, Züchter stark vermehrt haben.
In den USA gibt es, um AKC-Ahnennachweise zu erhalten, keine Zuchtbestimmungen. Alle Untersuchungen, die für einen guten Züchter selbstverständlich sind, wie z.B. die Untersuchung auf Hüftgelenksdysplasie, eine Augenuntersuchung oder ein Bluttest auf VWD, werden bei den Rassevermehrern gar nicht erst gemacht.
Erstaunt hat mich in diesem Zusammenhang, daß der Akita Club of Amerika bis heute nur etwa 900 Mitglieder in den gesamten USA zählt. 900 Mitglieder in einem Land, in dem jährlich fast 20.000 Akita Welpen produziert werden.
Von dieser Anzahl werden für etwa 1/4 der Welpen Ahnentafeln beantragt. Man ist nicht einmal verpflichtet, für jeden Welpen eines Wurfes Ahnentafeln zu beantragen.
Dies bedeutet auch, daß der Akita Club of Amerika machtlos ist gegen jegliche Art von Ausbeutung der Hündinnen, keinen Einfluß auf die gesundheitlichen Voraussetzungen der Zuchttiere und schon gar keine Möglichkeit hat.
In einer Akita World Ausgaben von 1995 war zu lesen, daß ein Züchter sinngemäß geschrieben hat - wenn wir ehrlich sind, müssen wir heute zugeben, daß der Akita in den USA nicht mehr zu den gesunden Rassen zu zählen ist, es gibt nichts, was diese Rasse in ihrer Gesundheit von anderen Rassen unterscheidet, warum also nicht etwas Neues probieren -. Gemeint waren mit "etwas Neues" Importe aus dem Ausland.
Gleichwohl gibt es natürlich auch in den USA viele gesunde Linien mit rassetypischen Akita.
Besonders erwähnen möchte ich zwei Züchterinnen, die sich um den Akita und die Rasseteilung sehr verdient gemacht haben.
Dies sind Dr. Sophia Kaluzniacki von Tamerlane und Pat Szymanski von Akasta Akita.
Pat Szymanski züchtet seit einigen Jahren nur noch den Japan Akita und hat den Japanese Akita Club of America JACA gegründet.
Sie setzt sich für die strikte Rassetrennung zwischen Akita und dem Großen Japanischen Hund (vormals amerikanischer Akita) ein.
Dr. Sophia züchtet seit 30 Jahren den Amerika-Akita. Sie ist weltweit anerkannt für ihre hohe Kompetenz in Sachen Akita. Seit einigen Jahren setzt auch sie sich für die strikte Trennung der Rassen ein.

Einen besonderen Dank möchte ich hier unseren Freunden Sharon und Pete Stohrer von Empire`s Akita aussprechen, von denen wir 1984 unsere Hündin "Empire`s Haru Yuki" bekommen haben.

Der Akita in Europa

In den letzten 20 Jahren hat sich viel getan. In allen westlichen Ländern, hat der Akita einen starken Aufschwung zu verzeichnen. Speziell in Italien, Frankreich, den Niederlanden, Norwegen, Schweden und in Deutschland ist die Akitapopulation stark gestiegen.
In allen Ländern haben sich Züchter zusammengetan, um die Rasse bekannt zu machen und eine gezielte und kontrollierte Zucht zu ermöglichen.

Darüber hinaus sind in einigen Ländern Spezialzuchtvereine für den Akita gegründet worden.
Ein sehr sinnvolles Unterfangen, denn die Zeit der Vereine, die viele Rassen, teilweise über 20 Rassen vertreten, ist sicherlich überholt. Es ist schon schwierig sich vernünftig und intensiv um eine Rasse zu kümmern; sich vernünftig um mehr als 20 Rassen zu kümmern und dabei jeder Rasse gerecht zu werde, ist unmöglich.

In den aufgeführten Ländern gibt es inzwischen jeweils eine relativ große Anzahl von Akita.
In den letzten Jahren und speziell durch die sich abzeichnende Rasseteilung hat sich der Japan Typ in allen FCI-Ländern durchgesetzt.
Bis auf wenige Länder, in denen bis zur FCI-Rasseteilung noch gemixt wurde, ist der Akita im Phänotyp ziemlich einheitlich.

Deutschland und die Niederlande haben mit den Nachkommen der ersten Importe aus Japan, Anfang der 60iger Jahre, die Zucht begonnen. Ende der 70iger bis Mitte der 80iger sind in den Niederlanden viele Importe aus England, in Deutschland einige aus den USA und Ende der 80iger wieder verstärkt Japan Importe dazu gekommen.

Eine ähnliche Entwicklung hat es auch in Norwegen/Schweden gegeben. Dort wurden immer wieder Akita aus Japan importiert. Der größte Teil der Import Hunde stammte aber aus den USA und England. Seit Anfang der 90iger sind hauptsächlich Importe dazugekommen, die aus reinen Japan Linien stammen.

Durch die Verpaarung der verschiedenen Typen, hat sich mit der Zeit ein Akita Typ gebildet, den ich den "Europäischen-Mixakita" getauft habe.
Ein Akita, der in der Regel leichter als der amerikanische Akita, aber schwerer als der Japan Akita ist und dem leider auch vielfach die Feinheiten der Rasse fehlen.

In den letzten 7 Jahren ist auch hier ein deutlicher Wandel zu spüren. Es werden auf der Rüdenseite fast nur noch Japan Akita in die Zucht genommen.
Zum einen um den Akitatyp zu vereinheitlichen und um Anschluß an die Zucht in Japan zu bekommen; zum anderen hat der gültige F.C.I. Standard die europäischen Züchter zu einem schnelleren Umdenken gezwungen.

In Italien und Frankreich stellt sich das Typproblem nur vereinzelt.
Die italienische Akita Zucht basierte schon immer überwiegend auf Importen aus Japan. Dies ist bis heute so geblieben.

In Frankreich ist dies ähnlich. Die Zucht dort ist überwiegend auf Japan Importe aufgebaut.

In der Schweiz hat es in den letzten 20 Jahren keine nennenswerte Entwicklung beim Akita gegeben. Es hat nur wenig Importe und noch weniger Akita Würfe gegeben, so daß man feststellen muß, daß die Akita Zucht in der Schweiz seit Jahren stagniert.

Österreich, Ungarn oder Tschechin haben in den letzten Jahren ziemlich aufgeholt und es gibt speziell im Ostblock eine Vielzahl von Akita aus überwiegend japanischen Linien.

In Spanien gibt es ein paar aktive Züchter, die zum Teil sehr schöne Akita aus Japan importiert haben und mit diesen sehr erfolgreich auf Internationalen Ausstellungen sind.

In Belgien gab es bis zur Rasseteilung, hauptsächlich in Anlehnung an die Niederlande, überwiegend den "Euro- päischen-Mixtyp".

Durch die Rasseteilung sind dort eine Reihe von Mixhunden aus der Zucht gefallen, weil diese Hunde weder dem Akita, noch dem Großen Japanischen Hund zuzuordnen waren.

In allen europäischen Ländern gibt es Züchter, die mit guten, neuen Importen versuchen, einen Akita zu züchten, der dem F.C.I.-Standard und dem Herkunftsland der Rasse gerecht wird.
Von daher kann man heute sagen, daß der Zuchttyp in Europa, hin zu einem im Phänotyp rein japanischen Akita, in allen F.C.I.-Ländern vollzogen ist.

Niederlanden

Obwohl es in den Niederlanden bereits seit Anfang der 70iger Jahre Akita gibt, wurde erst in den 90igern ein Club für die Rasse gegründet. Der **>Nihon Ken<.**
Dieser Club will die gezielte Zucht des Akita in den Niederlanden fördern und einen Zuchtkontrolle erreichen.

In den Niederlanden gibt es keine verbindlichen Zuchtbestimmungen.
Ahnentafeln werden dort auch nicht durch den zuständigen Rassehundezuchtverein ausgestellt, sondern ausschließlich durch den Raad van Beheer.
Dies hat zur Folge, daß es keine verpflichtenden Zuchtvorschriften gibt, die durch den Nihon Ken durchgesetzt werden können.
Ein Akita-Züchter in den Niederlanden muß weder nachweisen, daß sein Akita HD-geröntgt ist, noch daß eine Augenuntersuchung durchgeführt worden ist oder daß irgendeine andere Gesundheitsuntersuchung durchgeführt wurde, um Ahnennachweise für seine Welpen zu erhalten.
Um Ahnentafeln zu erhalten, müssen die Welpen lediglich durch einen Beauftragten des "Raad van Beheer" gechipt werden.
Gewissenhafte Züchter haben die erforderlichen Gesundheitsuntersuchungen immer schon durchführen lassen.
Da aber eine Vielzahl der Züchter keine Untersuchungen durchführen lassen, hat der Nihon Ken Zuchtrichtlinien erlassen, um Aufschluß über den allgemeinen Gesundheitszustand der niederländischen Akita zu bekommen und die Zucht in geregelte Bahnen zu lenken.
Vor allem auch um der "Ausbeutung" von Hündinnen Einhalt zu gebieten, da einige Züchter ihre Hündinnen bei jeder Hitze haben belegen lassen.
Nur wenn ein Züchter sich an die Zuchtvorschriften hält und alle Untersuchungen vornehmen läßt, werden seine Welpen in die Welpenvermittlungskartei des Nihon Ken aufgenommen.

Durch dieses Verfahren bekommt die Welpenvermittlung durch den Nihon Ken eine Art "Gütesiegel", mit der Aussage, daß es sich um einen Züchter handelt, der die erforderlichen Gesundheitsuntersuchungen bei seinen Zuchttieren hat vornehmen lassen; der eine Hündin nicht vor dem 18. Lebensmonat in die Zucht nimmt und der seine Hündin auch nur einmal im Jahr belegen läßt.

Wie wichtig solche Regelungen sind kann man der Wurfstatistik in den Niederlanden entnehmen.

In einem Zeitraum vom September 1979 bis August 1994, also in einem Zeitraum von immerhin 15 Jahren sind in den Niederlanden 164 Akita Würfe gefallen. Davon z.B. 4 Würfe in 1985, 8 Würfe in 1989 und allein 37 Würfe in 1992.

Bei den 4 Würfen in 1985 waren 100 % der zum Einsatz gebrachten Akita HD-geröntgt. Bei den 37 Würfen in 1993 waren es 55 %.

In dem Zeitraum 1975 bis 1993 wurden 84 Akita aus dem Ausland in die Niederlande importiert. Davon kamen:
1 Akita aus Italien, 1 Akita aus Canada,
2 aus der Schweiz, 2 aus Japan,
3 aus Frankreich, 4 aus den USA,
18 aus Deutschland, 23 aus England
und 30 aus Belgien.
Von den 30 Importen aus Belgien waren allein 25 von immer dem selben Züchter.
Wenn man sich ansieht, woher die Masse der Importe kommt, ist es auch erklärlich, warum es in den Niederlanden so lange gedauert hat und es für den Nihon Ken so

schwer war, einen Akitatyp durchzusetzen, der sowohl im Bezug auf die Farbe, wie auch im Bezug auf Rassefeinheiten dem letzten F.C.I. Standard entspricht.

Inzwischen gehört auch das der Vergangenheit an.
In den Niederlanden gibt es einige herausragende japanische Rassevertreter, vorzügliche Importe und sehr gute Nachzuchten daraus.
Einige der niederländischen Akita Züchter begleiten den Deutschen Akita Club bereits seit seinen Anfängen.
Im Laufe der Jahre haben sich Freundschaften gebildet und viel Informationen sind ausgetauscht worden.
Stellvertretend für eine Reihe niederl. Akita Freunde möchte ich aufführen:
Marij van Loon-Smetsers und Wilhelm van Loon von "Het Hof van Bloemendaal", Cornelis Koot von "As Aras an Uachtarain", Bernhardt Dankaart & Ricardo Groenewald von "No Yukimigata" Manon Grabjin-Vos und Richard Grabijn von Zwinger "Kami Ken Jiphen"und Yvonne und Lambert Dircks von "Yumenoshima".

Norwegen/Schweden

Der Skandinavische Akita wurde 1976 gegründet. Die Mitglieder diese Club kommen hauptsächlich aus Norwegen, Schweden und Finnland.
Die Entwicklung des Akita dort verlief ähnlich wie die des Deutschen Akita Club. Anfang der 60iger Jahre kamen die ersten Akita aus Japan nach Schweden. Von 1962 bis etwa 1973 wurden eine ganze Reihe Akita von Japan nach Norwegen und Schweden importiert.

Nach dieser Zeit wurden ziemlich viele Akita aus England importiert und auch in Norwegen/Schweden entstand ein "Mixtyp".

In den letzten 7 Jahren hat sich in Skandinavien einiges getan. Es sind wieder verstärkt Akita aus Japan oder aus in Europa gezüchteten Japanlinien importiert worden. Auf Grund der bis vor kurzem geltenden Quarantänebestimmungen wurde auch Sperma, zum Zwecke der künstlichen Befruchtung, von Japan Akita importiert.

Auch in Skandinavien ging die Typ- und Farbumstellung in den 90zigern sehr behutsam vonstatten. Dies war auch richtig, da man nicht von heute auf morgen etwa 60 % der Hunde aus der Zucht nehmen konnte.
Mit vernünftigen Verpaarungen kann man aber innerhalb von 2 bis 3 Generationen einen deutliche Typverbesserung erreichen. Wie schnell sich ein Typwechsel mit vorzüglichem Ergebnis vollziehen kann, konnte ich im Juni 1996 sehen.
Auf Einladung des norwegischen Akita Clubs habe ich deren Clubsiegerschau 96 gerichtet und war angenehm überrascht vom der guten Qualität der gezeigten Akita.
Ein gutes Beispiel, wie man mit sorgfältiger Zuchtplanung schnell zu vorzüglichen Ergebnissen kommt.

Wie in den anderen europäischen Ländern gibt es natürlich auch in Norwegen und Schweden Akita Leute, zu denen ein besonders guter Kontakt besteht.
Stellvertretend für zum Teil langjährige gute Zusammenarbeit bedanke ich mich bei: Britt Nyberg & Dag Rune Egge von "Kintos Kennel", Dag Steinar Kompelien, Hege Sundsbarn, Elisabeth und Björn Noven und Monica & Yvgne Nilsson.

Frankreich

In der französische Akita Zucht gibt es seit Jahren schon nur den Japan Typ.

1990 war das Bild noch nicht so einheitlich. Bis 1991/92 gab es auch eine Reihe Importe aus anderen Ländern.
Ab 1992 hat der französische Club für Nordische Hunde, der neben etwa 20 anderen Rassen, auch den Akita vertritt, seine Zuchtzulassungsbestimmungen dahin gehend geändert, daß ab diesem Zeitpunkt kein Akita mehr zur Zucht zugelassen worden ist, der nicht in Typ und Farbe einem Japan Akita entspricht.
Dies hatte zur Folge, daß sehr viel Akita abgegeben worden sind, sehr heftige

Streitigkeiten unter den Akita Leuten ausgetragen worden sind und, was ich als ganz schlimm empfunden habe, viele Akita im Tierheim gelandet sind. Frankreich hatte sich für einen abrupten Übergang entschieden, mit allen negativen Konsequenzen.

Heute ist das Rassebild der Akita anläßl. von Ausstellungen oder Zuchtzulassungen dafür sehr einheitlich. Es gibt nur noch die Farben rot, weiß und gestromt, der Typ ist japanisch.

Wie überall gibt es auch in Frankreich einige wenige Züchter, die sich über das normale Maß hinaus persönlich und finanziell engagieren; die viel Geld für Importe aus Japan bezahlt haben, um in Frankreich eine gute Zucht aufzubauen.

Zu den in und über die Grenzen Frankreichs hinaus sehr bekannten französischen Züchtern gehören:
Patrick Suard von "D`Obakosow" , Shigeko Capron "de Mousashi Tenkoh", Patrice Zeller "Kamino Ken", Colette Lancrenon von "Odateryuh".
Besonderer Dank gilt der ehemaligen CFCN Vorsitzenden Monique Bartolozzi und dem amtierenden Präsidenten Jean-Luc Delente, die immer für Auskünfte zur Verfügung gestanden haben.

Italien

In Italien gab es immer schon hauptsächlich Akita aus Japan und deren Nachkommen. In den ersten Jahren, als wir Kontakt zu Italien und den dort gezüchteten Akita bekamen, waren wir ziemlich skeptisch, denn viele der damals in Italien gezüchteten Akita waren klein, hatten einen schwachen Knochenbau und es gab sehr viel Hautprobleme.
Diese Probleme werde heute auch von Guliano Danesi, der sich bereits seit 25 Jahren mit dem Akita und dessen Zucht in Italien beschäftigt, bestätigt.
In den letzten 10 Jahren sind sehr viele neue Importe aus Japan nach Italien gekommen, allein 1996 wurden 31 Akita aus Japan importiert.

Seit gut 10 Jahren tauchen immer häufiger italienische Aussteller und ihre Import Akita bei Nationalen und Internationalen Ausstellungen in Deutschland auf - und gewinnen auch in der Regel.

Einen vorzüglichen Überblick über den aktuellen Stand der Akita Zucht in Italien konnten wir uns im September 1995 in Sestriere in Italien verschaffen.

Dort waren insgesamt ca. 100 Akita zu sehen. Davon 95 vom rein japanischen Typ. Wir, daß waren 4 Deutsche, Susanne Faust, Jutta Schenkl, Lutz und ich, waren damals tief beeindruckt.
Bis zu diesem Zeitpunkt hatte wir noch nie so viel Akita bei einer Ausstellung gesehen, die sich so einheitlich präsentierten.
Man konnte wirklich sagen, daß ein Akita schöner als der andere war.
Die Qualität der dort anwesenden Akita war vorzüglich. Farben, Haartextur, Ohren, Ruten, Knochenstärke, Körperbau, es gab kaum etwas zu bemängeln.

Einige Züchter in Italien haben sehr viel Geld in Importe aus Japan gesteckt. Um in relativ kurzer Zeit ein solch vorzügliches Zuchtpotenzial zu bekommen, muß man schon erwachsenen, zuchtfertige Akita kaufen - und nicht nur einen.

Erfreulich ist, daß es auch in Italien inzwischen bei den guten Züchtern selbstverständlich ist, daß die Akita HD-geröntgt werden, auch die Augenuntersuchung ist fast obligatorisch.

Im Juni 2000 fand in Mailand die FCI-Weltsiegerausstellung statt.
Auch dort konnte man sich wieder ein sehr gutes Bild über die im Phänotyp vorzüglichen Akita italienischer Züchter und Aussteller machen.

Von den vielen Züchtern in Italien, möchte ich einige erwähnen, die entweder schon seit vielen Jahren dabei sind und sich immer wieder bei Ausstellungen des Akita Club in Deutschland sehen lassen: Gaia und Guliano Danesi, Giovanna Rossi & Roberto Brutti, Antonino Saporito, Eugenio Baglieri, Enrico Fogliano, Salvatore Palermo, Francesco Antongioli und natürlich vor

allen Richard Hellman und Lorenzo, denen wir unsere Hündin Takami verdanken.

Der Akita in Deutschland

Die ersten Akita in Deutschland kamen alle aus Japan. Von 1962 bis etwa 1973 wurden eine ganze Reihe von Akita von Japan nach Deutschland importiert.
Hierbei ist besonders Walter Häusler hervorzuheben, der unter dem Zwingernamen "von Schönböken Nippon" vor allem in der Zeit von 1965 - 1975 die Deutsche Akita Zucht geprägt hat.

Die ersten Akita wurden aber nicht durch Walter Häusler, sondern durch Telse Todsen, die unter dem Zwingernamen "of Fuju Nippon" selbst gezüchtet hat, nach Deutschland gebracht.

Die durch Telse Todsen und Walter Häusler importierten Akita gehörten sicher noch zu dem "Übergangstyp" der japanischen Zucht. Speziell die Akita, die in den 60igern gekommen sind, waren wesentlich schwerer als die heutigen Akita. Die letzten importierten Akita Hündinnen, die ich nur durch ein Zeitungsfoto kenne, das bei deren Ankunft am Frankfurter Flughafen gemacht worden ist, sahen schon "feiner" aus.

Mit zu den Akita Züchtern der ersten Stunde gehörten auch Ilse und Jürgen Wiegand, die unter dem Zwingernamen "vom Weideland" gezüchtet haben und bis heute der Rasse verbunden geblieben sind.

Zwei weitere Züchter, die in inzwischen ihr 25-jähriges Zwingerjubiläum feiern konnten, sind Magdalene und Hubert Finkennest. Hubert und Magdalene bekamen ihren ersten Akita Wurf am 19. März 1977, 2. Tage nach der Gründung des Deutschen Akita Club. Aus einer Wurfwiederholung bekamen wir 1981 unseren Rüden Buschido aus Chiyoda Ku.

Lutz Lammers und Hubert Finkennest lernten sich 1974 kennen, als Lutz auf der Suche nach einem Akita war. Hubert war damals bereits Besitzer des Rüden Moro von Schönböken-Nippon, geb. 12.09.73 und der Hündin Okura von Schönböken-Nippon, geb. 05.12.74. Wie zu der damaligen Zeit kaum anders möglich, kaufte auch Lutz seinen ersten Akita im März 1975 bei Walter Häusler, den weißen Rüden - Riko von Schönböken-Nippon -.

Da Lutz und Hubert viel zu Ausstellungen gefahren sind und auch sonst die Rasse bekannter machen wollten, suchten sie nach Möglichkeiten, sich im Deutschen Akita Inu Verein, der im übrigen nicht dem VDH angehörte, zu aktivieren.
Als dies nicht gelang, entstand die Idee, mit einigen weiteren Enthusiasten einen Spezialzuchtverein für den Akita zu gründen, der dann aber auf jeden Fall Mitglied im Verband für das Deutsche Hundewesen und der F.C.I. sein sollte.

So wurde am 17. März 1977 der Deutsche Akita Club e.V. gegründet. Seit dieser Zeit, nunmehr 25 Jahre, wird der Club von Lutz Lammers als 1. Vorsitzender geleitet.

Nun war der Akita Club also gegründet und ins Vereinsregister des Amtsgerichtes Hamm eingetragen und wurde vorläufiges Mitglied im VDH.
Hier ist besonders Heinz Matrose, dem damaligen VDH Geschäftsführer zu danken, der sich sehr viel Zeit genommen, den AC zu beraten und der während seiner gesamten Amtszeit uns immer ein verläßlicher Ansprechpartner gewesen ist. Gleiches läßt sich auch von Bernhard Meyer, dem amtierenden VDH-Hauptgeschäftsführer und seinem Team sagen. Die VDH Geschäftsstelle leistet eine großartige Arbeit und ist immer ein kompetenter und zuverlässiger Ansprechpartner.

Während der Zeit der vorläufigen Mitgliedschaft blieb es relativ ruhig. Es wurde nur ganz wenig gezüchtet.
Die bis heute erhaltenen Frühjahrstreffen fanden aber auch damals schon regelmäßig statt. Sobald der AC als ordentliches VDH Mitglied aufgenommen worden war, begann ab 1983 ein recht reges Clubgeschehen.

Als erstes kamen einige Importe aus den USA. Bernhard Maas importierte die Hündinnen Aki Bara No Shiroma und Kricket, später noch die Hündin "Black

Magic". Wir importierten Raki de Alicia und Empire`s Haru Yuki.
Raki war der 11. Akita der für den Akita Club ins Zuchtbuch eingetragen wurde, Yuki der 30.. Aus Spanien kam der Rüde "Aki Toro", USA Abstammung, zu Ulrich Becker.
Walter Pöpperl importierte den Rüden Shiro aus Japan und den Rüden Koishi del Vento Divino aus Italien. Mit diesen Akita und den vorhandenen "Schönböken-Nippon" Akita begann die Zucht.

Seither sind viele Importe aus dem angrenzenden Ausland, aber auch weitere Importe aus den USA und insbesondere Japan, dazu gekommen.

Bei der Vereinsgründung gab es 7 Akita, die aber noch nicht in das Akita Club Zuchtbuch sondern im Deutschen Sammelzuchtbuch eingetragen waren.
Erst ab 1983 führte der Akita Club ein eigenes Zuchtbuch, in das inzwischen über 1400 im Akita Club gezüchtete Akita eingetragen sind.

Die Zuchtrichtlinien des Akita Club sahen bereits von der Vereinsgründung an das HD-Röntgen als Pflichtuntersuchung vor.
Seit 1977 durfte nur mit Akita gezüchtet werden, die HD-frei (A) oder mit Übergangsform (B) ausgewertet worden sind. Inzwischen muß ein Akita, bevor er in die Zucht genommen werden darf, eine Zuchtzulassung durchlaufen.
Zur Zuchtzulassung wird er nur angenommen, wenn das HD-Gutachten und eine Augenuntersuchung von einem Tierarzt vorliegt, der dem Dortmunder Arbeitskreis für Veterinär Opthalmologie (DOK) angehört.
Zudem wird seit 3 Jahren von allen Zuchtakita ein DNA-Nachweis angelegt. Diese Regelung wurde ab 01.01.2002 auf alle im Akita Club gezüchteten Welpen ausgeweitet, so dass jetzt mit der Ahnentafel eine zertifizierter DNA Elternschaftsnachweis für jeden Welpen mitgeliefert wird.

Die von Beginn an geltende Röntgenpflicht hat vielleicht auch dazu geführt, daß der Akita in Deutschland bis heute kaum Probleme mit Hüftgelenksdysplasie hat.

Auch bei den Augen ist es ähnlich. Bislang sind 96 % aller untersuchten Akita frei von Augenerkrankungen jeder Art.
So wie sich die Zucht langsam aber stetig entwickelt hat, so haben sich auch die Vereinsaktivitäten entwickelt. Neben dem obligatorischen Wochenendtreffen im Frühjahr, findet im Herbst jeweils ein Wochenende statt, an dem am Samstag die Mitgliederversammlung und am Sonntag die Clubsiegerschau stattfindet.
Darüber hinaus werden den Akitafans durch die regionalen Ansprechpartner sogenannte Stammtischtreffen angeboten.

Zu den vier größten Ereignissen in der Vereinsgeschichte des Akita Club gehören
- die F.C.I.-Weltsiegerschau 91 in Dortmund,
- die 1. Spezialzuchtschau des Japan Kennel Club in Europa, im Oktober1993
- die 20-Jahr-Feier des AC 1997 in Dortmund
- und die 25-Jahr-Feier des Akita Club in Hamm.

Anläßlich der Weltausstellung 91 waren 104 Akita gemeldet, die aus 15 Ländern nach Dortmund gekommen waren. Die Weltsiegerschau wurde zahlenmäßig übertroffen von der JKC Spezialzuchtschau 1993. Dort waren 177 Akita, von Ausstellern aus 13 Nationen, gemeldet.
Anläßl. der 20 Jahr-Feier waren 146 Akita gemeldet und zur 25-Jahr-Feier konnten 150 Akita und Gäste aus 17 Nationen in Hamm begrüßt werden.

Selten konnte man sich einen so guten Überblick über die Rasse verschaffen, wie anläßlich dieser Ausstellungen.

Im Rahmen der Weltausstellung wurde ein Symposium mit dem damaligen Vorsitzenden des JKC Herrn Kariyabu und dem Standardkommissionsmitglied Herrn Kamisato, sowie dem JKC-Allgemeinrichter Shinya Kuroki, organisiert.
Die Ausführungen der JKC-Offiziellen zur Rasseentwicklung und zum Standard waren für alle Teilnehmer sehr interessant.

Anläßlich der JKC-Spezialzuchtschau 93 und der 20-Jahr-Feier 1997, jeweils in den Westfalenhallen in Dortmund, hat der AC versucht, nicht nur die Rasse Akita, sondern auch Japan als Land den Ausstellern und Besuchern näher zu bringen.

So gab es z.B. einen Kalligraphie-Stand, eine kleine Bonsai Ausstellung, Origami, Reise- und Kulturinformationen und einen Sushi-Stand.

Solche Akita Ausstellungen sind natürlich schon auf Grund der hohen Meldezahlen Highlights im Clubleben. Aber auch die jährlichen Spezialzuchtschauen bieten Interessenten und Züchtern einen vorzüglichen Überblick über die Rasse in Deutschland.

Die Meldezahlen liegen seit Jahren zwischen 70 - 90 Akita, zusätzlich sind immer viele Besuchsakita anwesend.

An Hand der Zahlen kann man schon ablesen, daß der Akita Club es in den letzten 25 Jahren geschafft hat, sich als Verein und den Akita als Rasse in der deutschen Hundeszene zu etablieren.

Dies ist m.E. den Züchtern des Akita Club zu verdanken, die immer sehr viel Wert auf einen gesunden und wesensfesten Akita gelegt haben und die trotz ständig steigender Nachfrage die Rasse mit Bedacht und nie auf Masse gezüchtet haben.
Weiterer entscheidender Faktor ist sicherlich die kontinuierliche Vereinsführung durch den 1. Vorsitzenden und den Vorstand, der immer darauf geachtet hat, die Mitglieder bei allen Beschlüssen einzubeziehen und Zuchtregeln, Haltungs- und Aufzuchtsbedingungen, soweit möglich von der Mehrheit der Vereinsmitglieder bestimmen zu lassen.

Allen Interessenten für die Rasse Akita kann ich nur empfehlen, sich anläßlich der Akita Club Treffen oder der Spezialzuchtschauen ein umfassendes Bild von der Rasse Akita in Deutschland zu verschaffen, damit die Frage "Warum ein Akita" auch noch nach Jahren positiv beantwortet werden kann.

Warum ein Akita?

Diese Frage und meine Antworten darauf werden seit Jahren bei den Züchtern "heiß" diskutiert. Diskutiert, weil einige der Ansicht sind, dass ich die Rasse hin und wieder zu negativ darstelle. Ich sehe das anders.
Wer das Buch gelesen hat, dem ist sicher klar, dass der Akita für mich DIE Rasse überhaupt ist, aber eben für mich!.
Weil ich möchte, dass alle Akita zu solch überzeugten Leuten kommen und dort auch ihr ganzes Leben bleiben können, halte ich es für unerläßlich, auch auf die kleinen Macken des Akita hinzuweisen.

Warum man ausgerechnet einen Akita kaufen möchte, ist daher eine Frage, die sich ein Rasseinteressent gar nicht oft genug stellen kann und über die er sehr genau nachdenken sollte.

Das attraktive Äußere, der so liebe Gesichtsausdruck, der viele Leute an einen netten "Teddybären" erinnert, sollte Sie nicht dazu verleiten, sich nicht gerade über die negativen Seiten der Rasse besondere Gedanken zu machen.

Bei dem Akita gibt es fast nur Leute, die so begeistert von dieser Rasse sind, daß sie nie wieder eine andere Rasse haben wollen, oder Leute die sagen:
Einmal und nie wieder!
Damit Sie nicht zu den letzt genannten gehören, tun Sie sich und dem Akita einen großen Gefallen und informieren Sie sich vor dem Kauf umfassend über diese Rasse.

Zunächst die Frage nach dem Geschlecht. Aus Erfahrung muß ich sagen, daß Hündinnen und Rüden sich im täglichen Umgang kaum unterscheiden.

Hündinnen sind in der Regel anhänglicher und unterwürfiger als Rüden, sind daher im täglichen Umgang etwas einfacher, aber auch anstrengender.
Ich kenne Akita-Hündinnen, die bei jedem lauten oder ungeduldigen Wort gleich beleidigt sind und Stunden, im extrem auch Tage brauchen, bis sie sich wieder "normal" verhalten. Hündinnen sind ausgesprochen empfänglich für Streichel- und Kuscheleinheiten. Sie gehorchen meist schneller und widerspruchsloser als Rüden.

Rüden sind wesentlich unabhängiger. Sie stecken viel schneller ein lautes Wort oder eine notwendige Bestrafung weg, haben dafür aber oftmals nicht so viel fürs Kuscheln übrig.
Bei einem Akita Rüden sollte man damit rechnen, daß er schon mal den Versuch startet, sich zum Rudelführer aufzuschwingen, ganz besonders zwischen dem 9. und 24. Lebensmonat.

Sowohl bei einer Hündin, wie auch bei einem Rüden gibt es im täglichen Umgang und in der gewohnten Umgebung also fast keine Probleme.

Dies sieht schon ganz anders aus, wenn sie die gewohnte Umgebung verlassen.
Außerhalb ist die Hündin wesentlich leichter in der Handhabung als ein Rüde. Während viele Rüden ein sehr starkes Dominanzgebaren an den Tag legen, und immer bereit zu einer Auseinandersetzung mit anderen Hunden sind, gehen die Hündinnen eher freundlich ihres Weges.

Auf einen einfachen Nenner gebracht, muß ich aus meiner Erfahrung sagen, daß das Zusammenleben und der Umgang mit Hündinnen wesentlich ruhiger und streßfreier ist, als mit Rüden.

Wer jetzt denkt "toll, kaufe ich mir doch eine Hündin", den muß ich enttäuschen. Es gibt natürlich wie überall auch hier Ausnahmen von der Regel und sie können durchaus eine Hündin bekommen, die sich ebenso dominant verhält wie ein Rüde.

Das wichtigste ist aber, daß Sie ehrlich zu sich selbst sind; denn nur Sie können einschätzen, ob Sie die für einen Akita notwendige Konsequenz, die erforderliche Liebe, Geduld und, wenn nötig, auch Härte in der Erziehung an den Tag legen können, um einen Akita zu formen, mit dem Sie und Ihre Umgebung in den nächsten etwa 11 bis 15 Jahre bestens auskommen können.

Eine weitere Überlegung bei der Auswahl eines Akita ist sicherlich die Frage, was Sie mit dem Hund machen wollen. Wollen Sie sich sportlich betätigen, bestimmte Ausbildungsziele erreichen, hauptsächlich Ausstellungen besuchen? In diesen Fällen ist vielleicht ein Rüde vorteilhafter.

Wollen Sie sich züchterisch betätigen oder einfach einen netten Familienhund haben, dann wird wahrscheinlich eher eine Hündin in Betracht kommen.

Akita Besitzer, die intensiv an der Ausbildung ihrer Hunde arbeiten, sei es als Rettungs-, Lawinen- oder Begleithund, die aktiv an Agility-Wettbewerben o.ä. teilnehmen, sind vielfach der Ansicht, daß für den Sport ein Rüde besser zu gebrauchen ist.
Nicht weil ein Rüde besser gehorcht oder begreift, sondern einfach, weil man mit ihm das ganze Jahr kontinuierlich arbeiten kann, während Hündinnen in der Zeit der Läufigkeit nicht auf dem Platz gearbeitet werden können.
Nicht weil sie dies nicht schaffen, sondern aus Rücksicht auf die andere Hunde, deren Konzentration doch sehr zu wünschen übrig ließe, wenn vorher eine läufige Hündin auf dem Platz gewesen ist.

Gleiches gilt natürlich auch im Ausstellungswesen. Eine läufige Hündin darf, aus den aufgeführten Gründen, nicht ausgestellt werden. In der VDH-Zuchtschauordnung ist ausdrücklich erwähnt, daß läufige Hündinnen nicht in das Ausstellungsgelände gebracht werden dürfen.

Für welches Geschlecht Sie sich auch immer entscheiden, vor einer Entscheidung sollten Sie noch mal mit der ganzen Familie gründlich die Vorzüge und Nachteile der Rasse durchsprechen.

Bis dahin haben Sie sich hoffentlich mindestens 3 Züchter angesehen, haben sich die Rasse auf mindestens einer großen Internationalen VDH- und einer Spezialzuchtschau angesehen und erst dann sollten Sie entscheiden, ob der Akita auch wirklich die richtige Rasse für Sie ist.

Daigoh of Juntai-Doh (genannt: Chibi)
Eigentümer: Angelika Kammerscheid-Lammers
und sein Wurfbruder **Seihoh of Juntai-Doh**
Eigentümer: Richard Hellman, Italien
Züchter der Rüden **Dr. Keiichi Ogasawara,**
Odate, Japan

Daigoh wurde
FCI-Weltsieger 1991
und ist der Japan Import,
der den Typwechsel
in Deutschland bis Mitte
der 90ziger am stärksten
beeinfußt hat.

Seihoh ist der erfolgreichste
Akita aller Zeiten. Er wurde
u.a.
4 x Weltsieger,
Champion in 20 Ländern der
Welt und hat
56 Championtitel
in 22 Ländern gewonnen.

Welpenkauf

Der Kauf eines Akita Welpen sollte auf jeden Fall über einen VDH-Rassehundezuchtverein erfolgen. Der Akita Club versendet auf Anfrage eine Informationsbroschüre und eine Züchterliste. In dieser Liste sind die Akita Züchter in Deutschland aufgeführt, die über den Verein züchten.

Bei diesen Züchtern gewährleistet der Verein, daß nur mit Akita gezüchtet wird, die frei von Hüftgelenksdysplasie (HD-A) sind oder die mit HD-Übergang (HD-B) von einer VDH anerkannten Auswertungsstelle ausgewertet worden sind. Akita mit HD-C (leicht) können im Ausnahmefall, wenn es sich um phänotypisch vorzügliche Akita handelt, für einen Wurf zur Zucht zugelassen werden, eine weitere Zuchtverwendung ist nur möglich, wenn die Nachzuchten wesentlich bessere HD-Grade aufweisen.
Darüber hinaus ist der Nachweis zu erbringen, daß der Akita frei von Augenerkrankungen ist.

Die Akita müssen durch einen VDH-Zuchtrichter zur Zucht zugelassen werden, d.h., es wird überprüft, ob der Akita im Phänotyp und im Wesen der Standardbeschreibung so weit entspricht, daß man mit ihm züchten darf.
Fehler die einen Akita grundsätzlich von der Zucht ausschließen sind z.B.: Langhaar, nicht aufrecht getragene Ohren, hängend getragene Rute, deutlicher Vor- oder Rückbiß, Augenerkrankungen wie z.B. PRA, deutliche Augenlidfehler (Entropium, Ektropium), ängstliche oder aggressive Hunde, Mißbildungen jeder Art, Hündinnen unter 56 cm oder über 66 cm, Rüden unter 62 cm oder über 72 cm.
Seit 01.01.98 sind von diesem Zuchtausschluß auch Akita betroffen, die eine für einen japanischen Hunde völlig untypischen Farbe, speziell eine dunkle Maske, aufweisen.

Auf die Möglichkeit der Information durch Vereinsoffizielle und Züchter sollten Sie nicht verzichten, wenn es darum geht, Informationen über das Zuchtgeschehen zu erhalten.

Nicht wer am meisten züchtet ist ein guter Züchter, sondern der Züchter, dessen eigene Nachzuchten erfolgreich auf Ausstellungen laufen; der Züchter dessen Welpenkäufer zufrieden sind, bei ihm einen gesunden und wesensfesten Akita gekauft zu haben und natürlich gehört auch eine intensive Betreuung nach dem Verkauf dazu.

Daher sollten nicht als wichtigstes Kaufkriterium im Vordergrund stehen, wo bekomme ich am schnellsten oder auch billigsten meinen Welpen her, sondern immer, wo habe ich den Eindruck,
daß sich der Züchter besondere Mühe mit der Aufzucht gibt, wo ist ein besonders inniges Verhältnis des Züchters zu seinen Tieren zu beobachten, wie typisch sind die zur Zucht verwandten Hunde und natürlich welcher Züchter wird von zufriedenen Welpenkäufern empfohlen.

Weiterhin sollten sie folgende Fragen für sich positiv beantworten, bevor sie sich einen Akita zulegen:

- Bin ich körperlich in der Lage einen ausgewachsenen Akita zu halten, egal in welcher Situation?
- Sind meine Familienmitglieder auch dazu in der Lage?
- Wollen sie wirklich jeden Tag in den nächsten 11 - 15 Jahren mit ihrem Akita - bei Hitze, Sturm, Regen oder Schnee - spazieren gehen?
- Wer beschäftigt sich überwiegend mit dem Hund? Diese Person sollte auch das Geschlecht bestimmen!
- Besitzen sie genügend Autorität und Kenntnisse für die Aufzucht und Erziehung eines großen Hundes? Oder haben Sie die Zeit und den Willen sich diese Kenntnisse anzueignen?

- Wollen sie tatsächlich die nächsten 11- 15 Jahre ihres Lebens mit einem Rüden teilen, der sich möglicherweise gegenüber jedem anderen Rüden aggressiv verhält?
- Ist ihnen klar, daß der Akita zu den stark haarenden Hunderassen gehört und daß er sich trotzdem am wohlsten fühlt, wenn er sich ständig in ihrer Nähe aufhalten darf?
- Es ist hoffentlich jedem klar, daß ein Akita kein Kinderspielzeug ist.
  Ein großer Hund und ein Kind haben NICHTS alleine auf der Straße zu suchen!

Wenn alles für sie kein Problem darstellt, sind sie wahrscheinlich der richtige Besitzer für einen Akita.

An dieser Stelle möchte ich betonen, daß ich den Akita für einen ausgesprochen ruhigen, zuverlässigen, treuen, schönen und unkomplizierten Hund halte, der - gut erzogen - mit dem kleinen Finger zu dirigieren ist.
Alle negativen Punkte, die sie vielleicht treffen können, führe ich hauptsächlich zum Schutz der Rasse an. Wer mit dem schlimmsten rechnet, kann nur angenehm überrascht werden. Dies halte ich für wesentlich besser, als eine Rasse so positiv darzustellen, daß sie nun jeder kaufen will, dafür aber um so mehr Leute negative Erfahrungen machen müssen.
Unter diesen negativen Erfahrungen leidet in erster Linie der Hund, der nämlich, bei unerwarteten Schwierigkeiten, recht schnell wieder abgegeben wird.

Welpe oder Junghund

Falls sie einen Akita wollen, den sie ganz nach ihren Wünschen und Vorstellungen erziehen können, sollten sie sich auf jeden Fall einen Welpen zulegen.

Wenn sie mit 8 - 9 Wochen ihren Welpen beim Züchter abholen, haben sie noch alle Möglichkeiten, die für sie wichtigen Eigenschaften ihres Welpen zu fördern, bzw. unerwünschte Eigenschaften wieder abzuerziehen oder gar nicht erst aufkommen zu lassen.

Ich gehe einfach davon aus, daß sie ihren Welpen nicht bei einem Großzüchter - der kaum Zeit in den einzelnen Welpen investieren kann - kaufen, oder bei einem der "Wild-West-Züchter" außerhalb des VDH und der F.C.I., sondern bei einem Züchter, der viel Zeit und Liebe für die Aufzucht jedes einzelnen Welpen aufwendet und ernsthaft bemüht ist, gesunde Rassehunde zu züchten.

Solche Welpen sind an alle Umweltgeräusch gewöhnt, haben ganz viel Kontakt zu Menschen aller Altersstufen bekommen und zeichnen sich durch ein freies und offenes Wesen aus.

Diese Welpen habe sich auch in allerkürzester Zeit an die neue Familie und deren Rhythmus gewöhnt und sind fast immer nach wenigen Tagen völlig stubenrein.

Kleine Unannehmlichkeiten wie z.B. ein abgeknabberter Schuh, ein benagtes Stuhlbein, eine Pfütze im Wohnzimmer, alles Kleinigkeiten, die schnell vergessen sind.

Falls solche Dinge für sie jedoch ein echtes Problem darstellen, sollten sie nochmals grundsätzlich darüber nachdenken, ob ein Hund tatsächlich das Richtige für sie ist.

Mit einem Junghund haben sie die o.a. Probleme wahrscheinlich nicht mehr. Ist dieser Junghund gut und liebevoll aufgezogen worden, wird es auch nicht zu Problemen kommen.

Da sie aber auf einen großen Teil seiner Entwicklung keinen Einfluß hatten, sollten sie sich beim Kauf eines Junghundes dafür um so genauer die Haltungsbedingungen, den Umgang zwi-

schen Besitzer/Züchter und dem Junghund, vor allem aber das Verhalten diese Hundes sehr genau ansehen.
Ob sie einen Junghund oder einen erwachsenen Hund kaufen, sollten sie immer mit der Frage versehen, ob sie ausreichende Erfahrung in der Haltung und Erziehung von Hunden haben und ob sie gerade mit diesem Hund noch gerne 10 - 14 Jahre zusammenleben wollen.
Zeigt der Hund Verhaltensweisen die sie nicht akzeptieren können? Haben sie genügend Zeit um dem Hund evtl. Fehlverhalten wieder abzugewöhnen, usw.?
Bei diesen Akita sind die Frage besonders wichtig, damit dem Hund nicht noch einmal ein Besitzerwechsel zugemutet werden muß.

Nach den Erfahrungen der letzten 22 Jahre kann ich allerdings sagen, dass ich nur von ganz wenigen Akita gehört habe, die sich nicht problemlos in eine neue Familie haben integrieren lassen. Zumeist sind gerade diese Hunde für die entgegen gebrachte Zuwendung sehr dankbar.

Der Akita Standard

Maßgeblich für den Akita Standard ist Japan als Herkunftsland der Rasse. Ein Standard ist notwendig, weil er die einzig sinnvolle Möglichkeit ist, die rassetypischen Merkmale und Charakteristika einer Rasse festzuschreiben.

Durch den Standard erhalten wir ein vorgeschriebenes Idealbild einer Rasse, das sich nicht nur auf den Phänotyp, sondern auch auf die erwünschten Wesensmerkmale erstreckt. Zuchtziel sollte daher sein, Akita zu züchten, die dem Idealbild des Standards möglichst nahe kommen.

Eine besonders wichtige Aufgabe der Züchter und Zuchtrichter ist es, dafür Sorge zu tragen, daß der Standard vernünftig interpretiert wird. Sowohl eine zu enge, wie auch eine zu großzügige Auslegung des Standard schadet letztlich immer der Rasse. Bei der Zuchtwertschätzung durch Züchter oder Zuchtrichter sollte daher immer die Gesundheit im Vordergrund stehen, d.h., Gesundheit, Leistungsfähigkeit und charakterliche Zuverlässigkeit müssen immer Vorrang vor modischen Einflüssen haben.

Nachfolgend in Kurzform ein Überblick über den derzeit gültigen F.C.I. Akita Standard:

Allgemeines Erscheinungsbild:
Groß, kräftig, gut proportioniert, viel Substanz, strahlt Adel und Würde aus.

Wesen: Ruhig, treu, gehorsam, intelligent,

Kopf: Breit und flach, in gutem Verhältnis zum Körper, breite Stirn, deutlicher Stirnabsatz mit ausgeprägter Stirnfurche, Wangen angemessen ausgebildet, Lefzen fest anliegend. Fang mäßig lang und kräftig. Nasenrücken gerade, mit großem, schwarzen Nasenschwamm. Bei weißen Hunden ist eine fleischfarbene Nase zugelassen. Kräftiges Gebiß mit Scherenschluß.

Augen: Verhältnismäßig klein, möglichst dunkel, fast dreieckig, angemessen weit auseinanderliegend.

Ohren: Verhältnismäßig klein, dick und von dreieckiger Form, leicht nach vorne geneigt, sicher aufrecht getragen, mäßig weit auseinandergesetzt.

Hals: Ohne Wamme, kräftig und muskulös.

Körper: Rücken gerade und kräftig, Lendenpartie breit und muskulös, tiefe Brust, Vorbrust gut entwickelt. Das Verhältnis von Widerristhöhe zu Körperlänge beträgt 10 : 11 Hündinnen sind etwas länger als Rüden.

Rute: Hoch angesetzt, dick, gut gerollt auf dem Rücken getragen.
Bei hängend getragener Rute reicht die Spitze bis zum Sprunggelenk.

Vorderhand: Schultern mäßig schräg und gut ausgebildet, Vorderläufe gerade mit kräftigen Knochen, Ellenbogen dicht am Körper anliegend.

Hinterhand: Gut entwickelt, kräftig, mäßig gewinkelt.

Pfoten: Dick, rund, gut geschlossen.

Gangart: Kraftvoll und elastisch.

Haarkleid: Deckhaar hart und gerade, Unterwolle weich und dicht, am Widerrist und der Kruppe etwas länger, an der Rute am längsten.

Farbe: Rot-falbfarben, sesam (rot-falbfarbene Haare mit schwarzen Spitzen), gestromt und weiß.
Alle Farbschläge außer Weiß müssen "URAJIRO" aufweisen.
D.h., sie müssen weißliches Haar seitlich am Fang und an den Wangen, unter dem Fang, an der Kehle, an Brust und Bauch, an der Unterseite der Rute und an der Innenseite der Gliedmassen aufweisen.

Größe:

Widerristhöhe:	Rüden	67 cm
	Hündinnen	61 cm

Eine Abweichung von plus oder minus 3 cm wird toleriert.

Fehler: Jede Abweichung vom Standard ist als Fehler anzusehen. Die Bewertung des Fehlers soll im Verhältnis zum Grad seiner Abweichung stehen.

1. Rüdenhafte Hündinnen
2. Hündinnenhafte Rüden Ängstlichkeit
3. Vor- und Rückbiß
4. Fehlende Zähne
5. Gefleckte Zunge
6. Helle Iris
7. Kurze Rute
8. Ängstlichkeit

Rüden müssen zwei offensichtlich normale Hoden aufweisen, die sich vollständig im Hodensack befinden.

Disqualifizierende Fehler:

1. Nicht aufrecht getragene Ohren
2. Hängend getragene Rute
3. Langes Haar (zottig).
4. Schwarze Maske
5. Abzeichen auf weißem Grund (Pinto-Zeichnung)

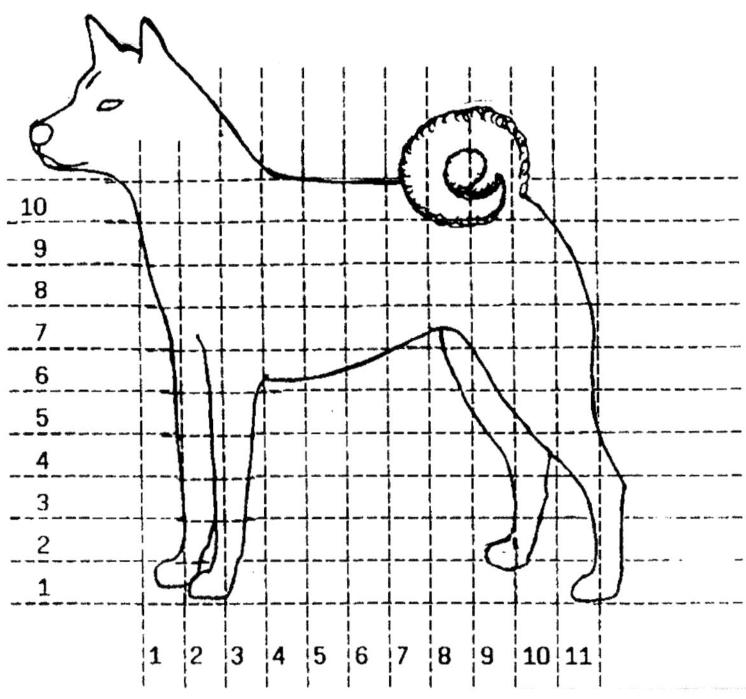

Verhältnis Widerristhöhe zu Körperlänge gem. F.C.I. - Standard:
Rüden 10 : 11, Hündinnen etwas länger

Erläuterungen zum Standard

Oberkopf und Stirnabsatz

Stirnabsatz zu stark

korrekt

zu flach

Ohrenhaltung und Übergang zur Hals- Nackenlinien

Ohren zu stark
nach vorne geneigt

korrekt
ideale Haltung

Stellung der
Ohren zu steil.

Fang, Nase und Lefzen

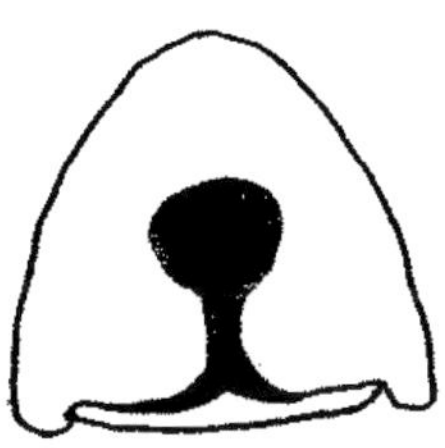

zu spitz, Lefzen zu lang

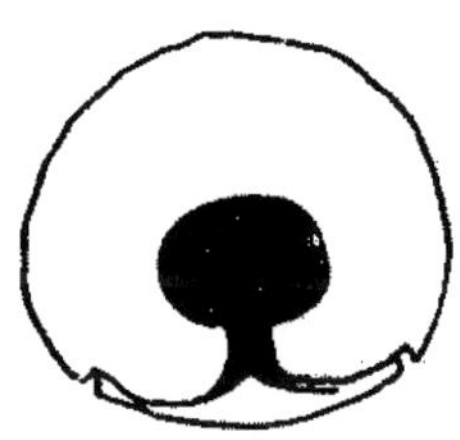

korrekt

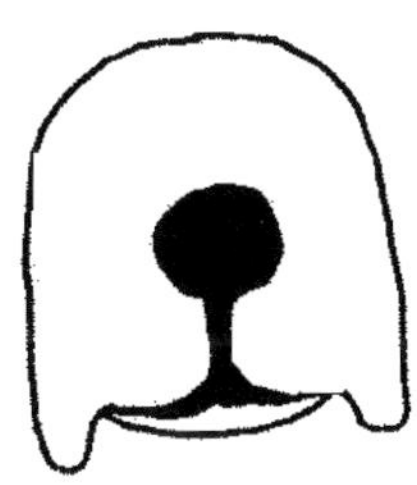

zu breit, Lefzen zu lang

Verhältnis Fang - zu Oberkopf und - korrekt plazierte Dreiecklidspalte
(die Linie von äußeren Augenwinkel zum äußeren Ohransatz
muß eine gerade Linie bilden)

Maßangaben nach japanischen Richtlinien:

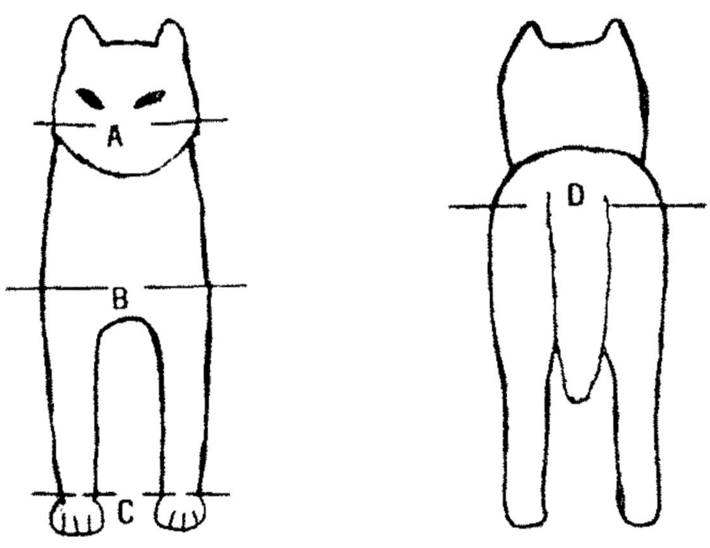

A	Verhältnis Kopflänge zu Kopfbreite =	100 zu 56 bis 58
B	Verhältnis Körperhöhe zu Brustbreite =	100 zu 36 bis 38
C	Verhältnis Körperhöhe zur Stärke der Läufe =	100 zu 19 bis 20
D	Verhältnis Körperhöhe zu Hüftbreite =	100 zu 28 bis 30

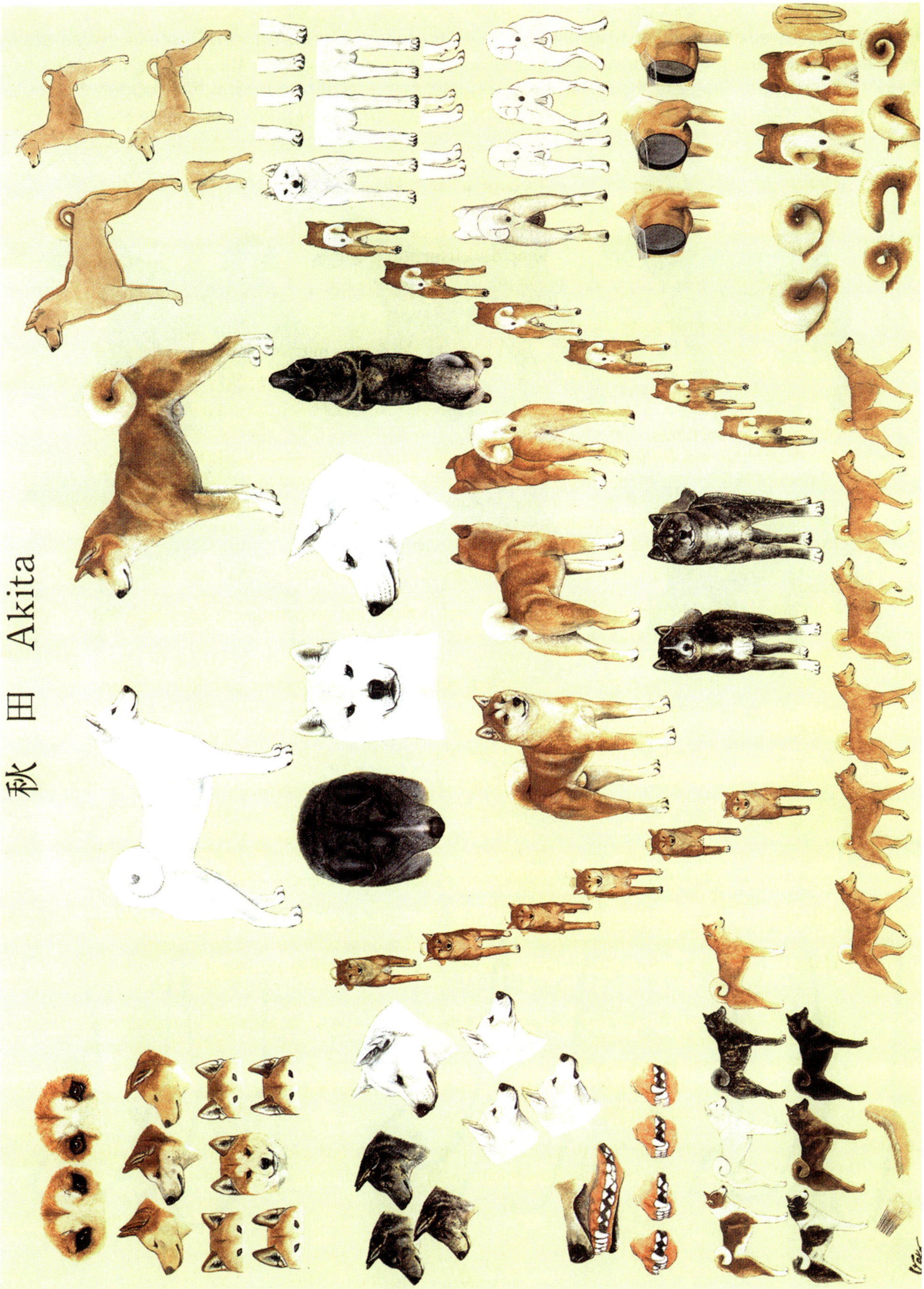
秋田 Akita

Bewegungsablauf

Gewünscht ist ein kraftvolles und elastisches Gangwerk. Durch die größtenteils etwas steile Winkelung des Akita in Vor- und Hinterhand, sind bei der Rasse sehr häufig 2 Fehler im Gangwerk festzustellen. Bei sehr vielen Akita ist ein leichtes ausdrehen in den Ellenbogen zu beobachten und, mindestens genau so häufig, eine leichte Enghessigkeit in der Hinterhand.

Pfoten

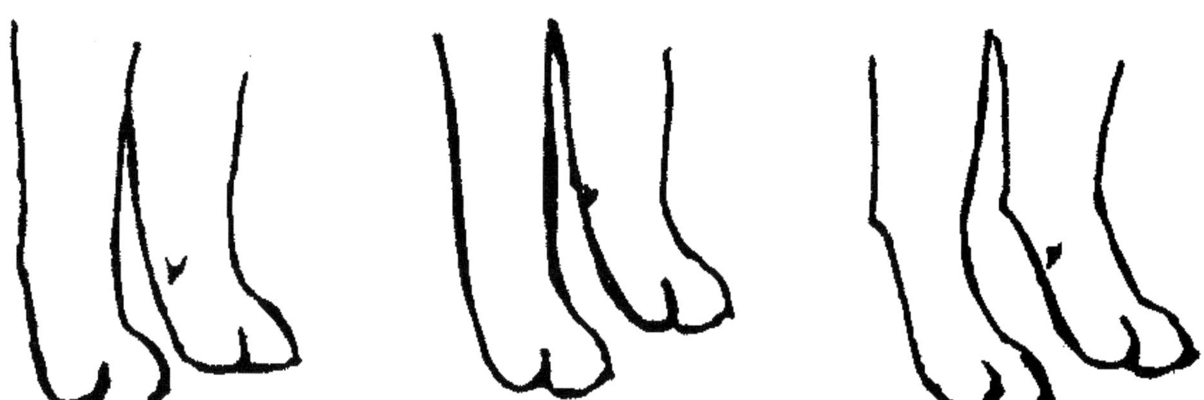

korrekt

Stellung der Vorderläufe

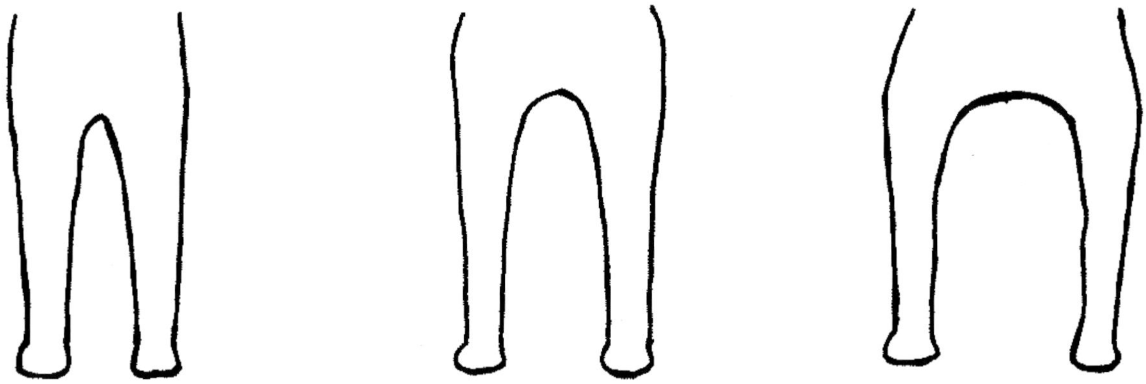

korrekt

Stellung der Hinterläufe

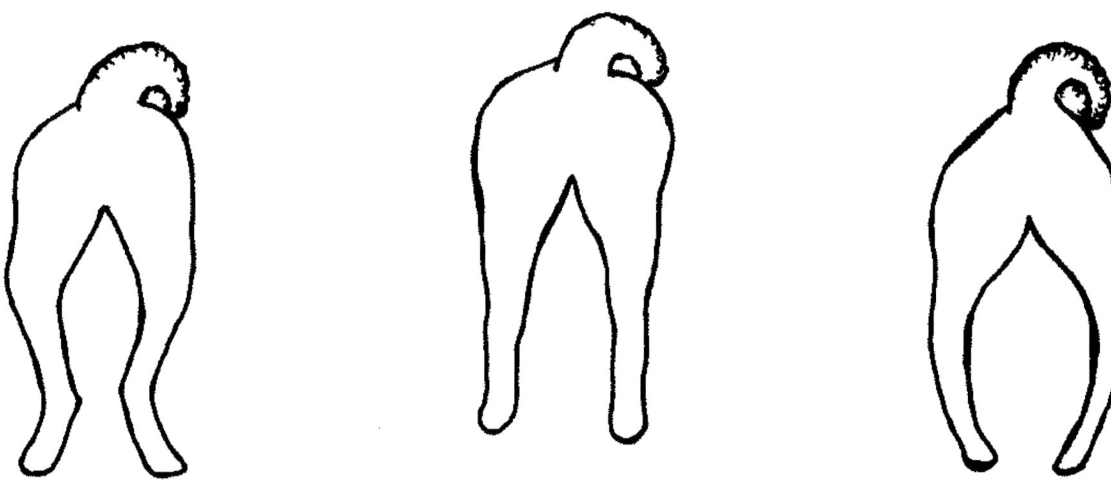

korrekt

Unterschenkel und Sprunggelenke

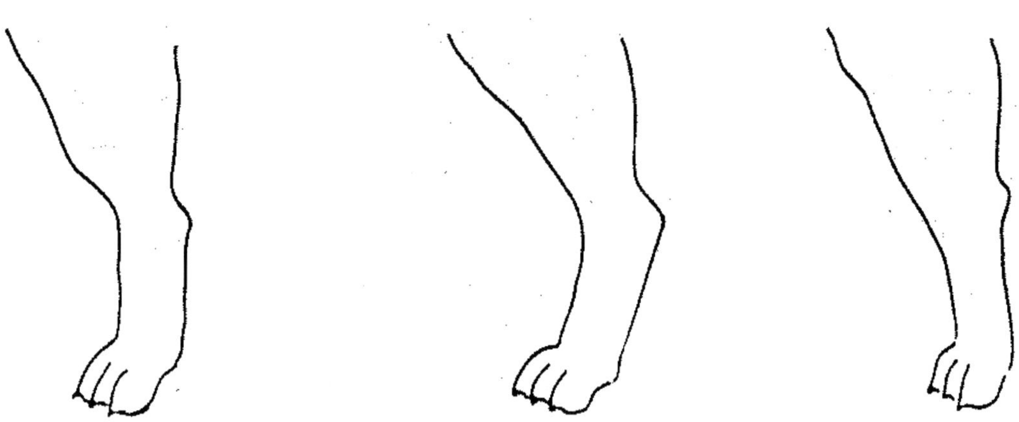

korrekt

Rute

Ideale Rutenhaltung

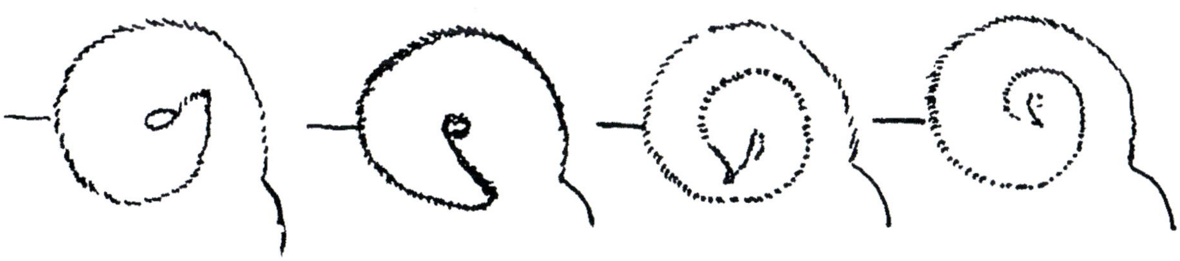

Jeweils korrekte Rutenhaltung

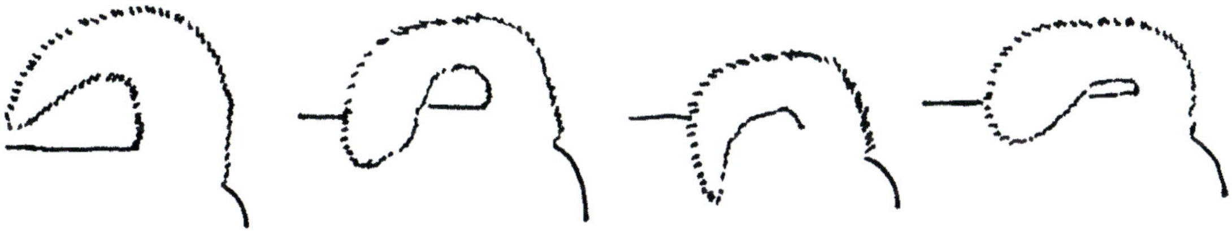

Nicht korrekte und zu kurze Ruten (Disqualifikationsgrund)

Gebiß und Gebißschluß

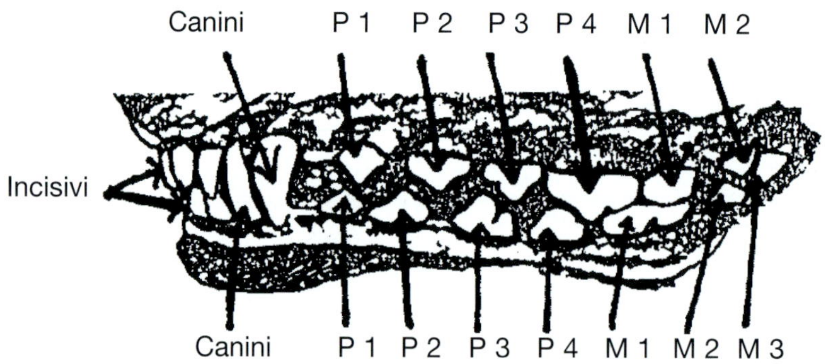

Oberkiefer = 6 Incisivi + 2 Canini + 8 Prämolaren + 4 Molaren
Unterkiefer = 6 Incisivi + 2 Canini + 8 Prämolaren + 6 Molaren

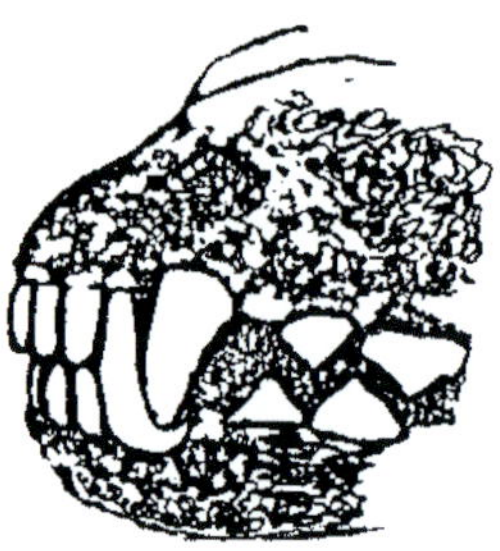

Scherenschluß

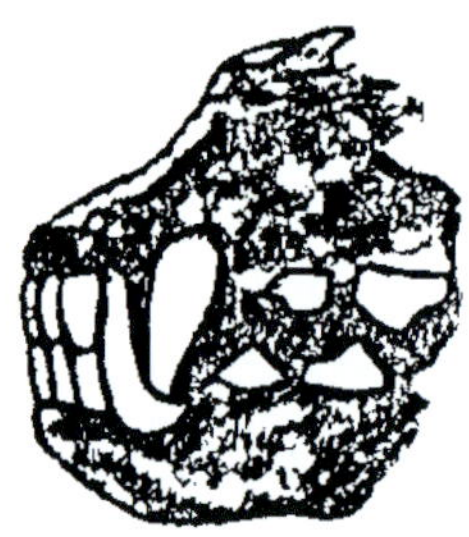

Zangenschluß

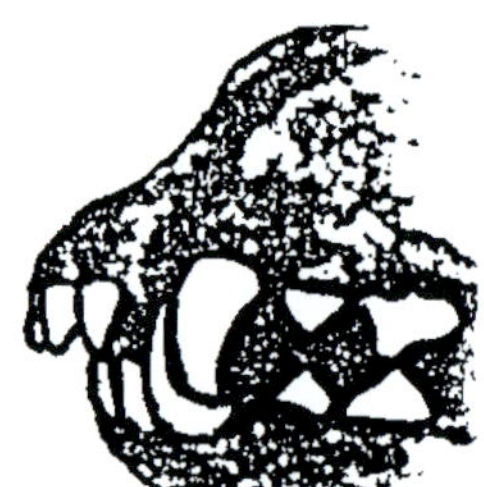

Rückbiß

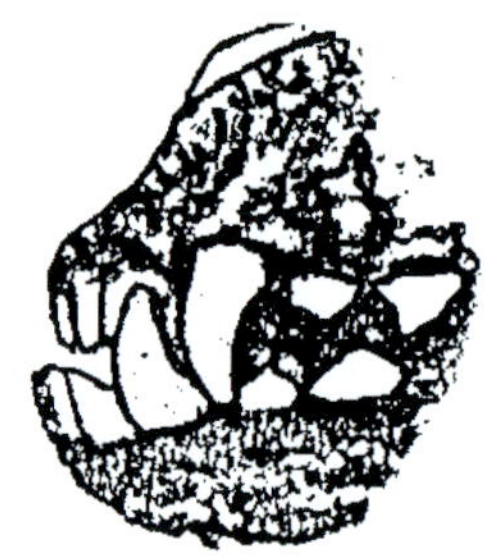

Vorbiß

Erwünscht ist beim Akita ein vollzahniges Gebiß (42 Zähne) mit Scherenschluß.
Fehlende Zähne sind immer als echte Fehler zu bewerten, einzige Ausnahme ist das Fehlen eines P 1.
Zuchtausschließend ist immer ein deutlicher Vor- oder Rückbiß, sowie das Fehlen von mehr als 2 Zähnen.
Im einzelnen ist dies in der Zucht- und Zuchtzulassungsordnung des VDH-Rassehundezuchtvereines geregelt.

Bezeichnung der Körperteile

1 Nasenspiegel
2 Nasenrücken
3 Lefzen
3a Lefzen-/Maul
4. Kinn
5 Stirn
5 a Stirnfurche
6 Schläfe
7 Backen
8 Wangen
9 Hinterhauptstachel
10 Ohr
11 Genick
12 Nacken
13 Kelhkopfgegend
14 Kehlrand
15 Widerrist
16 Rücken
17 Seitenbrust
18 Schulter
19 Buggelenk
20 Oberarm
21 Vorbrust
22 Achselhöhle
23 Unterbrust
24 Ellbogengelenk
25 Unterarm
26 Vorderfußwurzel
27 Vordermittelfuß
28 Karpalballen
29 Zehen
30 Krallen

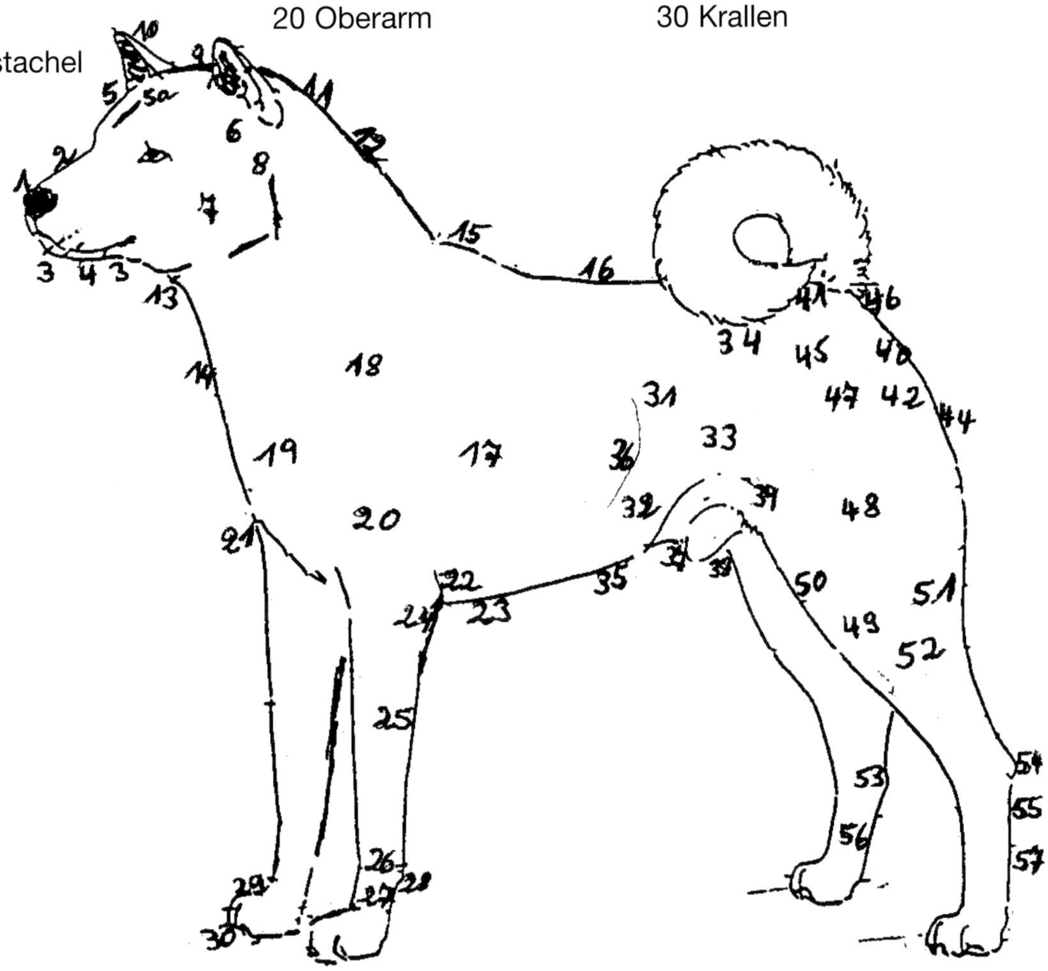

31 Nierengegend
32 Rippenweiche
33 Flanke
34 Lende
35 Nabelgegend
36 Rippenbogen
37 Praeputium
38 Schamgegend
39 Leistengegend
40 Sitzbeinhöcker
41 Kreuz
42 Gesäß
43 Aftergegend
45 Becken
46 Rutenansatz
48 Oberschenkel
49 Kniegelenk
50 Kniescheibe
51 Kniekehle
52 Unterschenkel
53 Sprunggelenk
54 Sprunggelenkhöcker
55 Fersenbein
56 Hintermittelfuß
57 Tarsalpolster

Die Bedeutung der Farbe

In allen Akita Standards, gleichgültig ob im Standard der F.C.I. oder den Standards der japanischen Akita Vereinigungen immer wird eine klare Farbe verlangt.
Ich teile die Meinung, daß die Farbe eines Akita von großer Bedeutung ist. Ein Hund mit der Ausstrahlung und Präsenz, die der Akita normalerweise hat, verdient auch eine dazu passende Farbe.

Die japanischen Zuchtrichter und Züchter, mit denen ich über die Farbe gesprochen habe, haben dazu eine sehr einheitliche Meinung. Ein Akita sollte eine natürliche Farbe haben. Weiß wie frisch gefallener Schnee; ein Rot, das den Farben der Natur nachempfunden ist oder eine Stromung aufweisen, die sich in deutlichem schwarz/silber oder schwarz/rot abzeichnet.

Anläßlich des Akita Symposiums in Sestriere vertrat der japanische Zuchtrichter Shusaku Suzuki und dem Züchter Kohji Shirai die Ansicht, daß nicht die Intensität einer Farbe ausschlaggebend sei, sondern daß die Farbe zu Typ des Hundes passen muß.
Dieser Ansicht haben auch Zuchtrichter mit denen ich in Japan sprechen konnte vertreten.Auch die krasse Abgrenzung zwischen den Farben wird in Japan nicht bevorzugt. Dort empfindet man es als harmonischer, wenn die Farben langsam ineinander übergehen; z.B. soll bei einem rot-weißen Akita der Übergang der Farbe vom Rotton des Körpers zum weiß der Läufe fließend sein, niemals scharf abgegrenzt.
In Japan gibt es beim Akita seit Jahren nur noch die Farbschläge weiß, rot, sesam und gestromt. Alle anderen Farben werden beim Akita als verwaschene, unnatürliche Farben empfunden, die darauf hinweisen, daß diese Akita noch Blutlinien in sich tragen, die auf die Kreuzungen mit westlichen Rassen zurückzuführen sind.
Mit solchen Akita wird seit etwa 40 Jahren in Japan nicht mehr gezüchtet.
Grundsätzlich kann man sagen, daß ein standardgemäßer Akita auch eine Farbe haben muß, die auf Anhieb zu benennen ist.
Muß man erst überlegen, welcher Farbe oder gar welchen Farben ein Akita zuordnen ist, ist die Farbe mit Sicherheit fehlerhaft und untypisch für einen Akita - gleichgültig nach welchem Standard.

Akita und Ausstellungen

Der Akita wird anläßlich der Nationalen und Internationalen Rassehundezuchtschauen unter der F.C.I. -Gruppe 5 < Nordische Schlitten-, Jagd-, Wach- und Hütehunde, europäische und asiatische Spitze> gerichtet.

F.C.I. ist die Abkürzung für FÈdÈration Cynologique Internationale. Die F.C.I. ist der Weltdachverband für die nationalen Rassehunde Dachverbände, zum Beispiel für den Japan Kennel Club (JKC) oder den Verband für das Deutsche Hundewesen e.V. (VDH). Inzwischen haben sich Dachverbände aus über 64 Ländern der Welt in der F.C.I. zusammengeschlossen.

Der VDH organisiert jährlich internationale und nationale Ausstellungen. Darüber hinaus können die einzelnen Rassehunde-Zuchtvereine eigene Schauen, die sogenannten Spezialzuchtschauen, veranstalten.
Je nach Art der Schau können unterschiedliche Titel und Titelanwartschaften vergeben werden.

Anläßlich der Internationalen Ausstellungen kommen in der Regel alle zu erringenden Anwartschaften zur Vergabe. Das CACIB der F.C.I. (Anwartschaft auf den Titel "Internationaler Schönheitschampion"), das CAC des Rassehundezuchtvereins (Anwartschaft auf den Titel "Deutscher Champion Club") und die VDH-CHA (Anwartschaft auf den Titel "Deutscher Champion VDH"). Diese Anwartschaften können an den besten Rüden und die beste Hündin aus Offener- oder Siegerklasse vergeben werden, sofern sie mit "Vorzüglich 1" bewertet worden sind.

Die für den Akita interessanten Ausstellungsklassen sind die

Jüngstenklasse	6 bis 9 Monate
Jugendklasse	9 bis 18 Monate
Offene Klasse	ab 15 Monate
Siegerklasse	mit bestätigtem Championtitel
Ehrenklasse	nur Hunde mit dem Titel "Internationaler FCI-Champion"
Veteranenklasse	ab 8. Jahre

Wünschenswert ist es, daß auch in der Ehren- und Veteranenklasse Akita ausgestellt werden, damit Rasseinteressenten zum einen die erfolgreichen Akita sehen und zum anderen alte Akita sehen können, die fit, konditionsstark und gesund sind.

Der Zuchtrichter kann in der Jüngstenklasse die Bewertungen:

Vielversprechend
Versprechend
Wenig Versprechend
vergeben.

In den anderen Klasse die Formwertnoten:

Vorzüglich
Sehr Gut
Gut
Genügend
Disqualifiziert.

Ab der Jugendklasse sollte der Hund sich diszipliniert im Ring bewegen können. Unabdingbar für eine korrekte Bewertung durch den Zuchtrichter ist, daß der Hund sich anfassen läßt. D.h., sein Gebiß, sein Haarkleid, beim Rüden die Hoden, die korrekte Lage des Schulterblattes, die

Festigkeit des Rückens, eine korrekte Rute usw., kann ein Zuchtrichter nur beurteilen, wenn er den Hund auch anfassen kann.

Ein Akita, der knurrt oder nach dem Zuchtrichter schnappt, der ständig versucht auszuweichen oder statt zu traben, wie ein Gummiball im Ring auf und ab hüpft, ist zum einen keine Reklame
für die Rasse und kann zum anderen auch vom Richter nicht vernünftig beurteilt werden.

In diesem Zusammenhang muß nochmals ganz deutlich gesagt werden, daß der Akita ein gegenüber dem Menschen sehr freundlicher und aufgeschlossener Hund ist!
Wenn im Akita Standard von unkompliziertem Verhalten, mit viel Adel und Würde gesprochen wird, bedingt dies auch, daß der Hund sich anfassen lassen muß.
Ein Akita, der einen Zuchtrichter anknurrt, sich nicht anfassen läßt, oder sogar schnappt, ist falsch erzogen und zeigt kein standardgerechtes Verhalten.
Besitzer solcher Akita sollten unverzüglich aus dem Ring verwiesen und der Hund disqualifiziert werden.

Ringtraining will geübt sein und wird von daher gelegentlich bei den Vereinstreffen des Akita Club angeboten. Hat man solche Gelegenheit nicht, kann man auch ohne Problem hin und wieder dem Hund von einer fremden Personen in die Zähne schauen oder ihn abtasten und eine Hodenkontrolle vornehmen lassen.
Nur so lernt der Hund, dass es eine harmlose Angelegenheit ist, bei der er nichts zu befürchten hat.

Die Frage > gehe ich mit meinem Akita zu Ausstellungen < stellt sich sicherlich jeder Akita Besitzer irgendwann einmal. Schon weil man neugierig ist, wie der eigene Akita bei der Bewertung durch einen Zuchtrichter und zwischen vielen anderen Rassevertretern abschneidet.

Ich kann jedem nur empfehlen zu Ausstellungen zu gehen. Man kann bei diesen Veranstaltungen nicht nur viele Akita sehen, sondern vor allem viele Akita-Leute kennenlernen und interessante Kontakte knüpfen.

Aus diesem Grund haben einige Akita Besitzer das Ausstellen ihres Hunde zum Hobby gemacht. Dennoch ist diese schöne Rasse bei den großen Internationalen Ausstellungen leider immer noch schwach vertreten. Die Meldezahlen liegen bei den CACIB-Schauen im Durchschnitt bei 20 - 30 Akita.

Wenn sie sich entschließen, regelmäßig zu Ausstellungen zu gehen, werden sie sehr schnell merken worauf es ankommt und ihren Akita entsprechend präsentieren. Haben sie dann auch noch einen guten Rassevertreter, der immer zu den plazierten Akita gehört, werden sie feststellen, daß Ausstellungen großen Spaß machen können.

Natürlich kann es immer nur einen Sieger geben. Daher müssen sie selbst abschätzen, ob sie einen Akita besitzen, der Championatsqualitäten hat oder einen guten Rassevertreter, der nun mal nicht immer zu den plazierten Akita gehört. Je realistischer sie ihren Akita einschätzen, um so weniger sind sie enttäuscht.

Bleiben sie fair. Ein Aussteller der über den Zuchtrichter, die miese Qualität des Siegerhundes, den unmöglichen Ausstellungsring und vielleicht sogar noch über den eigenen Hund schimpft, stellt nicht nur sich selbst ein Armutszeugnis aus, er wirf auch immer ein schlechtes Bild auf die Rasse und den Rassehundezuchtverein.

Man sollte Ausstellungen immer unter dem Motto "Dabeisein ist alles" betrachten. Es gibt nun mal nur sehr wenige überragende Rassevertreter. Wie langweilig wäre es jedoch, wenn sich im Ring immer nur die gleichen 3 Akita treffen würden.

Ein Rasse kann sich nur entwickeln und festigen, wenn sich jeder Züchter, Besitzer und Rasseinteressent einen möglichst großen Überblick über den Stand der Zucht

verschaffen kann. Dies ist nun mal in der Regel nur bei Ausstellungen möglich. Man kann daher nur hoffen, daß jeder, dem an der Rasse wirklich gelegen ist, dieses auch durch Ausstellungsmeldungen unterstützt.

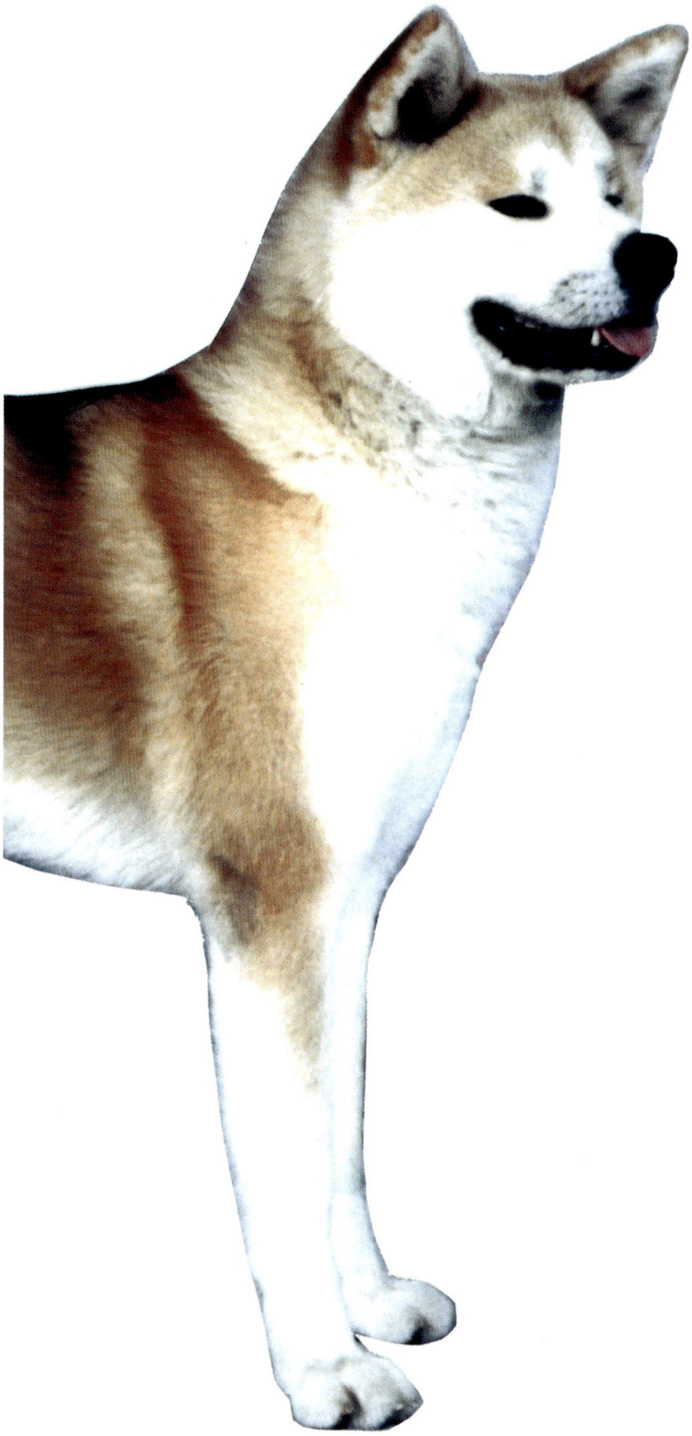

Abschließend noch einige allgemeine Anmerkungen zur Präsentation. Ein Akita sollte gepflegt vorgeführt werden. Das bedeutet zumindest, daß sein Fell glänzend und sauber sein muß. Regelmäßiges Bürsten, ein gelegentliches Bad, ausgewogene Nahrung und viel Zuneigung während des ganzen Jahres sind dafür die beste Garantie.

Sorgen sie dafür, daß ihr Akita in guter Kondition vorgestellt wird.
Ein dicker, ungepflegter oder mit Hautkrankheiten
behafteter Hund, gehört nicht in den Ausstellungsring.
Auch eine gute Konstitution, hier speziell die physiologische Verfassung des Hundes spielt eine große Rolle bei der Beurteilung. Ein Hund der sich insgesamt unwohl fühlt, wird sich immer schlecht präsentieren.

Führen sie ihren Akita immer an der "losen" Leine
und mit dem richtigen Halsband vor. Da jeder Hund unterschiedlich ist, kann man dazu keine Empfehlung geben.
Wichtig ist, daß der Hund sich frei neben dem Führer bewegt und sich nicht aus dem Halsband
ziehen kann.
Testen sie daher vor der Ausstellung aus, welches Halsband für ihren Akita das richtige ist und bei welchem Tempo ihr Akita den
harmonischsten und kraftvollsten Bewegungs-ablauf zeigt. Nur bei einem so vorgeführten Hund
kann der Zuchtrichter auch das Gangwerk vernünftig beurteilen und bewerten.

Die Harmonie zwischen Besitzer und Akita ist eigentlich die beste Voraussetzung für ein gutes Ausstellungsergebnis und einen gelungenen Ausstellungstag.

Akita und Ausbildung

Leider muß ich gestehen, daß ich auf Grund meiner mangelnden Geduld keine großen Erfolge auf dem Ausbildungsplatz zu verzeichnen hatte und bereits nach wenigen Versuchen aufgegeben habe.

Der Akita unterscheidet sich im Verhalten sehr von den in Deutschland bekannten Gebrauchshunderassen.
Man muß seinen Dickkopf und seine Sturheit mit sehr viel Geduld ertragen und muß auch akzeptieren können, daß der Akita mal an einem Tag keine Lust hat, oder nicht einsieht, warum er eine Übung mehr als einmal machen soll.

Es gibt aber inzwischen genügend Akita Besitzer, die mit ihren Akita nicht nur aktiv am Hundesportgeschehen teilnehmen, sondern die dies auch mit vorzüglichen Ergebnissen tun.

Es gibt zur Zeit in Deutschland neben der Begleithundausbildung

- Akita die erfolgreich in Rettungshundestaffeln arbeiten oder ausgebildet werden.
- Akita die zum Lawinensuchhund ausgebildet worden sind.
- Akita die im Breitensport Titel wie "Bayrische-Meisterin" oder "Westfalen-Meister" errungen haben.
- Akita die an Agility-Turnierenteilnehmen
- Akita mit bestandener Jagdeignungsprüfung.

Es gibt eigentlich keinen Bereich der dem Hundesport zuzuordnen ist, in dem ein Akita nicht mit sehr gutem Erfolg gearbeitet worden ist und wird.

Einzige Ausnahme ist der sogenannte Schutzdienst.
Da der Akita eine sehr hohe Reizschwelle gegenüber dem Menschen hat, ist es kaum möglich, ihn mit "normalen" Mitteln zum Schutzdienst zu bewegen. Aus diesem Grund ist dringend von einer Schutzhundausbildung abzuraten, da immer die Gefahr besteht, daß der Hund unkontrollierbar wird. Wer glaubt, dass er so etwas braucht, findet dafür sicher geeignetere Rassen.
Die Versuche, den Akita im Polizeidienst einzusetzen, sind wahrscheinlich wegen seiner hohen Reizschwelle gegenüber dem Menschen, immer nur Ausnahmen geblieben.

Festzuhalten bleibt aber, daß der Akita gerne arbeitet. Wer keine Lust hat, dies auf dem Hundeplatz zu tun, kann seinen Akita auch bei Spaziergängen arbeiten lassen.
Kommandos ausführen, apportieren, springen odersuchen lassen kann man seinen Hund auch im Feldweg oder im Garten. Wichtig ist eigentlich nur,daß der Hund überhaupt beschäftigt wird.
Es lastet den Hund aus und fördert das gute Verhältnis zwischen Mensch und Akita.

Foto: Harry Schulte und Majo bei Rettungseinsatz der Staffel Wesel

Jagdleidenschaft, Dominanz und andere Tiere

Da der Akita fast immer sehr dominant gegenüber anderen Hunden ist, kann sein Verhalten schnell zu Problemen führen. Dies betrifft jedoch in der Regel nur Hunde, die nicht mit ihm in Hausgemeinschaft leben.

In den letzten Jahren hatten wir immer mehrere Akita im Haus. Probleme hat es dabei nicht gegeben. Die Akita, selbst wenn sie schon erwachsen zu uns gekommen sind, haben sich nicht nur problemlos in die Familie, sondern auch in die Hundegemeinschaft eingefügt. Allerdings muß ich gleich hinzufügen, daß es sich bei den erwachsenen Akita um Hündinnen gehandelt hat.
Bei einem erwachsenen Rüden sehe ich keine Chance ihn zu integrieren, wenn schon ein "Alt"-Rüde im Haus lebt.

Wir selbst hatten zu den 2 Hündinnen und den beiden Rüden noch einige Jahre einen Hasen. Von anderen Akita Besitzern weiß ich, daß deren Akita mit Mäusen, Katzen, Pferden, Papageien oder Schafen friedlichst zusammenleben.
Der Unterschied scheint für den Akita tatsächlich nur darin zu liegen, ob ein anderes Tier zur Hausgemeinschaft zählt oder nicht.

Der ausgeprägte Jagdtrieb des Akita läßt ansonsten freiwillig keine Hasenjagd aus. Auch Vögel werden mit Begeisterung aufgescheucht. Die Jagdhundeigenschaften und Fähigkeiten sind immer noch sehr stark in der Rasse verankert. Daher ist es schade, daß heute kaum noch ein Akita in der Hand eines erfahrenen Jägers steht.
Unsere 5 Akita zeigen sowohl anderen Hunden gegenüber, wie auch im Puncto Jagdleidenschaft, Unterschiede im Verhalten.
Bushido, ein weißer Rüde, hat immer sehr viel mit dem Auge gejagt. Bei ihm hat man oft den Eindruck, daß er seine Umgebung ausspäht und bei der kleinsten Bewegung losrennt.

Daigoh dagegen ist der absolute Nasenhund. Ich habe, auch bei Hunden anderer Rassen, noch keinen Hund erlebt, der mit seiner Nase fast einen Furche in den Weg gräbt, seine Nase so tief am Boden hält und so intensiv sucht. Bei seiner Spurensuche läßt er sich auch durch absolut nichts stören.

Takami ist eine ausgesprochen neugierige und freundliche Hündin, die am liebsten mit allem und jedem spielen möchte.
Sie ist problemlos im Umgang mit anderen Hunden und kann sehr rücksichtsvoll sein, gerade wenn sie mit ihrer Jack-Russel-Terrier Freundin "Cleo"spielt.

Die Hündinnen Raki und Yuki zeigten sich anderen Hunden gegenüber freundlich bis desinteressiert. Ich habe bei beiden nie erlebt, daß sie versucht haben fremde Hunde anzugreifen.
Dafür waren sie bei der Jagd viel konsequenter. Wo unsere Rüden längst aufgeben habe, weil sie eingesehen hatten, daß es (wie immer) erfolglos sein wird, rannten die Damen noch mit Vollgas hinterher.
Obwohl Yuki erst mit 12 Monaten und Raki erst mit 3 Jahren aus den USA zu uns gekommen sind, war deren Jagdleidenschaft nie ein Problem.
Beiden haben in sehr kurzer Zeit verstanden, daß wir ihre Begeisterung nicht teilen und haben sich immer abrufen lassen.

Bushido, ein in Deutschland gezogener und Daigoh ein in Japan gezogener Akita Rüde zeigten anderen Hunden gegenüber leider nicht das freundliche Desinteresse, das unsere Damen an den Tag legten.
Bushido war bis zu seinem 3. Lebensjahr ein sehr verträglicher Hund, auch anderen Rüden gegenüber.
Dies änderte sich schlagartig, als Raki ins Haus kam. Von diesem Zeitpunkt an, wurde ein riesige Show abgezogen, wenn uns beim Spaziergang ein Rüde begegnete.

Daigoh, der mit 14 Wochen zu uns kam, hat Bushido vom ersten Tag an vergöttert - und sich leider nicht nur die positiven, sondern auch die negativen Seiten abgeschaut.
Beide Rüden benahmen sich bei Spaziergängen oft aggressiv, vor allem, wenn wir auf Rüden trafen, die sich nicht erkennbar unterordnen.

Unangenehm ist, daß der Akita, wenn es ernst wird, selten droht oder sich mit knurren aufhält. Wenn er geht, dann sehr schnell und fast lautlos.

Zu verhindern ist dies jedoch ganz leicht. Zum einen kommt ein gut erzogener Akita, der unter Kommando steht, von jeder Jagdaktion und aus jeder Rauferei auf Befehl sofort zurück, zum anderen wird jeder verantwortungsbewußte und rücksichtsvolle Akita Besitzer seinen Hund an die Leine nehmen, wenn andere Menschen oder Hunde seinen Spazierweg kreuzen.
Obwohl wir inzwischen 26 Jahre Akita halten, mußte noch nicht einmal die Hundehaftpflicht in Anspruch genommen werden. Trotz der Schau, die unserer Rüden hin und wieder bei den Spaziergängen lieferten, galten unsere Akita bei den Nachbarn als ruhige, friedliche und sehr angenehme Hunde, durch die sich noch niemand belästigt gefühlt hat.

Daher bin ich auch immer wieder verwundert, daß eine Reihe der Akita-Erstbesitzer so massive Probleme haben.

Meiner Meinung liegt dies jedoch nicht an den Akita, sondern ausschließlich an den Leuten, die sich entweder vorher nicht genügend mit der Rasse und dem, was auf sie zukommen kann, auseinandergesetzt haben, die einfach ungeeignet sind oder nicht die Zeit oder Kenntnis haben um große Hunde zu halten und erziehen.

Es gibt inzwischen sehr viele Beispiele für das problemlose Halten von mehreren Akita im Rudel.
Egal ob z.B. 4 Hündinnen und 2 Rüden, 2 Hündinnen und ein Rüde, 6 Hündinnen und 4 Rüden gehalten werden, solange die Dominanz des Besitzers gegeben ist, klappt
es auch mit dem Rudel.
Ich könnte viele Beispiele anführen, in denen Akita einzeln, als Pärchen oder im "Rudel" gehalten werden, wo die Besitzer noch nie Probleme durch ihre Akita gehabt haben.

Es gibt inzwischen allerdings auch genug Beispiele von Leuten, die starke Probleme haben, egal ob sie nun nur ein oder zwei Akita besitzen.
Bei allen Problemfällen ist leider immer wieder festzustellen, daß sehr viele Fehler bei der Erziehung gemacht werden.
Mal ist die Erziehung zu weich, mal zu hart.
In vielen Fällen habe ich den Eindruck verstehen die Leute nicht das kleinste bißchen von der Sprache ihrer Hunde.
Besonders ärgerlich ist es, daß die Leute sich immer erst melden, wenn schon

etwas passiert ist, oder wenn sie absolut nicht mehr mit ihrem Akita fertig werden. Der Akita Club bietet auch hier inzwischen Hilfe an. Mit Marita und Harry Schulte und Horst Hegewald-Kawich stehen den Mitgliedern des Akita Club drei hochkompetente Fachleute in Fragen der Ausbildung und Erziehung zur Verfügung.

Werden die Ratschläge der Fachleute früh genug eingeholt und sogar befolgt werden, lassen sich in vielen Fällen erstaunlich schnell Verhaltensänderungen sowohl beim Halter wie auch beim Akita feststellen.

Damit das dominante Verhalten des Akita nicht zu Ihrem ständigen Problem wird, sollten Sie möglichst früh den Kontakt zu anderen Hunden suchen.

Viele örtliche DHV-Vereine (Deutscher Hundesport-Verband e.V. im VDH) bieten sogenannte Welpenspielstunden an. Hier kann Ihr Akita lernen, sich sozial und friedlich in der Gruppe zu verhalten. Das wichtige ist hierbei, daß er möglichst mit Hunden der gleichen Alters zusammentrifft, den nur bei diesen Hunden lernt er, wo seine Grenzen sind.
Ältere Hunde, speziell wenn sie ständig mit einem Welpen leben, haben eine viel zu hohe Toleranzgrenze, als das sie einem Welpen frühzeitig seine Grenzen zeigen.

Als negativ Beispiel muß ich auch da einen meiner eigenen Fehler aufzeigen. Als mein Rüde Chibi mit 14 Wochen aus Japan zu uns gekommen ist, war er über Wochen ausschließlich mit unseren 3 erwachsenen Akita zusammen.

Die Hündin Raki, damals 7 Jahre alt, reagierte sehr freundlich, hat mit Chibi gespielt, hat sich alles von ihm gefallen lassen und machte den Eindruck, daß ihr dieser Neue im Haus recht gut gefiel.

Die Hündin Yuki, damals 5 Jahre alt, reagierte sehr eifersüchtig und war von diesem Welpen, der ständig versuchte ihr in die Ohren, Hacken oder Rute zu beißen, sichtlich genervt.
Ihre Toleranzschwelle war wesentlich niedriger als bei den beiden anderen, was sich schließlich darin entlud, daß Yuki dem Welpen eine ziemlich tiefe Bißwunden in den Nasenrücken zufügte.
Am tolerantesten war unser Rüde Bushido, damals auch 7 Jahren alt. Budo und Chibi haben stundenlang herumgetollt. Budo hat sich einfach alles von dem kleinen Rüden gefallen lassen. Mit dem Ergebnis, daß Chibi unseren Budo wie schon erwähnt, geradezu vergöttert hat. Alles was Budo vorgemacht hat, hat Chibi innerhalb kürzester Zeit auch so gemacht.

Das Ergebnis war, daß Chibi sich zwar wunderbar mit unseren Hunden vertragen hat, aber nie mit anderen Hunden.

Ich denke, der Fehler lag ausschließlich daran, daß Chibi nie die Möglichkeit erhalten hat, sich mit anderen Hunden abzugleichen und in "jungen Jahren" seine Möglichkeiten und Grenzen auszutesten.

Bieten Sie Ihrem Akita also möglichst frühzeitige und vielfältige Kontakte mit gleichaltrigen Hunden. Sie werden zumindest damit sein Dominanzverhalten in kontrollierbare Bahnen lenken.

Mein Lieblingsbeispiel für einen solchen sozialverträglichen Akita ist eine unserer Nachzuchten, nämlich der Rüde Enjuko von Hammona Ken. Enjuko war mit 70 cm und 52 kg einer der größten und schwersten Akita (heute wäre er ein Großer Japanischer Hund) die ich kenne.
Dieser Rüde ging bereits mit 9 Wochen fast täglich auf eine sog. Hundewiese, an der sich an Wochenenden bis zu 50 Hundebesitzer getroffen haben.

An Enjuko konnte man gut beobachtet, wie aus einem neugierigen und frechen Welpen ein großer und sehr selbstbewußter Hund wurde. Mich hat immer beeindruckt, daß er sich, egal in welchem Alter, immer mit anderen Hunden vertragen hat. Er hat zwar ein sehr deutliches Dominanzgebaren an den Tag gelegt, aber egal ob gegen einen Bernhardiner- oder einen Bullterrier-Rüden, seine Rolle als Platzhirsch hat er immer ohne jeden Biß verteidigt.

Enjuko ist sicherlich ein Beispiel dafür, daß ein Akita sich sehr gut in eine große Gruppe anderer Hunde einfügen kann. Von daher kann ich allen Akita Neulingen nur raten, sich einen Hundeplatz oder eine Hundewiese zu suchen, wo möglichst viele Hunde anderer Rassen versammelt sind und wo der Welpen positive Erfahrungen im Austausch mit fremden Artgenossen sammeln kann.

Ich denke, daß sich viele Akita in ihrem Dominanzverhalten gar nicht von anderen großen Hunderassen unterscheiden.Gerade weil der Akita eine großer Hund ist, sollte sie ihm aber auch alle Möglichkeiten geben, damit er sich zu einem sozialverträglichen Hund entwickeln kann, der in unsere Zeit paßt.
Und diese Erfahrungen müssen sie ihn sehr früh machen lassen, und nicht erst, wenn er Hunde geschlechtsreif ist und seinen Persönlichkeitsentwicklung fast abgeschlossen ist.Fazit: Der Akita kommt vorzüglich mit allen Tieren aus, wenn diese zum Haushalt gehören.
Damit dies auch außerhalb so ist, braucht er frühzeitig Kontakt- und Spielmöglichkeiten mit fremden Hunden.

Zucht

Zum Thema Zucht und Aufzucht von Welpen gibt es hervorragende Fachliteratur, von daher will ich mich bei diesem Kapitel nur auch auf meine Erfahrungen und einigen allgemeinen Hinweisen beschränken.

Bevor sie sich die Frage stellen, ob sie in den Kreis der Hundezüchter treten möchten, sollten sie vor allem folgende Überlegungen voranstellen:

- ➢ Haben sie genug Zeit, Platz und Geld um junge Hunde aufzuziehen?
- ➢ Sind sie in der Lage ihrer Hündin und einem Wurf von i.d.R. 6 - 8 Welpen genügend Raum, Bewegung und Auslauf zu bieten?
- ➢ Sind sie in der Lage auch ein oder mehrere Welpen länger als 8 - 10 Wochen zu behalten? Die Nachfrage nach einer Rasse ist nicht immer gleich groß und es kann schon mal länger dauern, bis man für seinen Welpen eine geeignete Familie gefunden hat.
- ➢ Die wichtigste aller Fragen ist jedoch: Haben sie eine Hündin, die dem Ideal des Standard wirklich so nahe kommt, daß diese Hündin die Zucht der Rasse verbessern kann?

Die letzte Frage ist sicherlich die kritischste und für jeden Hündinnenbesitzer die am schwierigsten zu beantwortende Frage, schließlich liebt man seine Hündin und ist natürlich von deren Vorzüge überzeugt.

Nur sollte man vor der Entscheidung zur Zucht versuchen, die eigene Hündin kritisch zu betrachten.
Zeigt die Hündin die im Standard geforderten Merkmale wie z.B. kleine Ohren, dunkle Augen, kräftiges und harmonisches Gebäude, korrektes Haarkleid mit ausreichend langem Stockhaar, klare Farbe, gutes Gangwerk, korrekte Rute, freundliches Wesen usw..

Kommen sie schon hier selbst zu dem Schluß, daß ihre Hündin viele der im Standard geforderten Merkmale nicht besitzt, stehen sie vor der Frage, ob sie mit ihrer Zucht die Rasse verbessern wollen, oder die Population um einige mittelmäßige Welpen vergrößern wollen.

Anläßlich einer Zuchtzulassung, bekommt eine Akita auf Grund seines Phänotyps eine Zuchterlaubnis. Der Zuchtzulassungsrichter hat aber nur dann eine Möglichkeit einen gesunden Akita nicht zur Zucht zuzulassen, wenn er einen disqualifizierenden Standardfehler, einen grundsätzlich zuchtausschließenden Fehler aufweist, sich ängstlich oder aggressiv verhält.
Der Akita Club hat z.B. geregelt, daß nachstehende Mängel die Zuchtverwendung eines Akita ausschließen:
Ängstliche oder aggressive Akita; erhebliche anatomische Mängel; Mißbildungen jeder Art (z.B. Hasenscharte, Knickrute usw.); Gebißfehler: Deutlicher Vor-, Rück-, oder Kreuzbiß (Zangengebiß mit mindestens 2 vorbeißenden Incisivi gilt als Vorbiß);fehlende Zähne, mit Ausnahme von; 2 x P 1 oder 1 x P 1 und einem anderen Prämolaren oder 1 x P 1 und einem Incisivi; deutliche Augenlidfehler (Entropium, Ektropium); Augenerkrankungen wie z.B. Katarakt, PRA, RD usw.; Hüftgelenksdysplasie - HD D und HD E, sowie HD C mit Ausnahme der unter 4.2 aufgeführten Ausnahme; Hodenfehler; Pigmentfehler der Nase, ausgenommen sind weiße Akita; Nachhandlähmung; blaue oder gefleckte Zunge, jede Erkrankung wie Sebadinitis, VKH o.ä..
Disqualifizierende Standardfehler: 1. nicht aufrecht getragene Ohren, 2. hängend getragene Rute, 3. langes Haar/Langhaar (zottig), 4. Akita mit dunkler Maske/Fang, 5. Pintos.

Von daher sollte jeder der züchten möchte, aber auch jeder Welpeninteressent sich aufmerksam die "Bemerkungen" zum Zuchtwert des Hundes durchlesen.

Die Verantwortung, eine Hündin in die Zucht zu nehmen, trägt aber letztlich immer der Eigentümer, denn nur der kann ehrlich beurteilen, ob die Hündin wesensfest und ausgeglichen ist. Eine nervöse, aggressive oder ängstliche Hündin gehört nicht in die Zucht, gerade weil sie ihre Welpen mit diesem negativen Verhalten maßgeblich beeinflussen wird.

Fällt die Beurteilung der Hündin positiv aus, beginnt die Auswahl des Rüden. Ausschlaggebend sollte nicht die kürzeste Wegstrecke, die billigste Decktaxe oder die auf Ausstellungen errungenen Auszeichnungen eines Rüden sein. Der Rüde muß im gesamten Erscheinungsbild zur Hündin passen und sollte mögliche in der Lage sein kleine Fehler im Exterieur auszugleichen.

Da beim Akita noch vor 10 Jahren viele Farbvarianten vorkommen sind, muß man sich über mögliche Farbkombinationen informieren, speziell wenn man einen in Europa gezüchteten Akita besitzt. Bei der falschen Wahl des Zuchtpartners kann es ansonsten schnell zu unliebsamen Überraschungen kommen. Von daher muss man nicht nur die Elterntiere, sondern möglichst auch die Großeltern für eine Begutachtung heranziehen. Gerade in Linien, die noch von den sog. europäischen Mixlinien abstammen ist dies wichtig, da ansonsten die verwaschenen Farben vorprogrammiert sind.

Wenn sie nun zu dem Punkt gekommen sind, daß sie eine Hündin haben, die zur Verbesserung der Rasse beitragen kann und sich einen vorzüglich im Standard liegenden Rüden dazu ausgesucht haben, steht einem Deckakt fast nichts mehr im Wege.

Decktermin

Eine Hündin wird in der Regel im Alter von 6 bis 9 Monaten das erste Mal läufig. Ich habe beim Akita auch schon häufiger gehört, daß Hündinnen erst mit 12 - 14 Monaten das erste Mal läufig geworden sind. 6 - 9 Monate ist somit lediglich der Durchschnittswert.

Die Dauer der Läufigkeit beim Akita variiert je nach Hündin zwischen zwanzig und dreißig Tagen. Dazwischen liegt eine Ruhephase von etwa 5 - 6 Monaten. Auch hier füge ich gleich einen Erfahrungswert an. Es gibt immer häufiger Akita-Hündinnen, die Ruhephasen zwischen 9 - 12 Monaten haben, aber auch einige wenige Hündinnen die einen Zyklus von 4 Monaten haben.

Eine Hündin wird also normalerweise zweimal im Jahr läufig. Durch die erwähnten Verschiebungen gibt es Hündinnen, die bis zu dreimal im Jahr oder nur einmal im Jahr läufig werden.

Falls sie sich nicht ganz sicher sind, ob es sich bei ihrer Hündin um eine unbedenkliche Unregelmäßigkeit oder eine Erkrankung handelt, sollten sie sicherheitshalber einen Tierarzt aufsuchen.

In den ersten 9-14 Tagen der Läufigkeit tritt Blut aus der geschwollenen Scheide - die Hündin färbt. Die Rüden sind i.d.R. bereits schon einige Tage vorher an der Hündin interessiert, da die Hündin aber noch nicht deckbereit ist, wird ein solch aufdringlicher Freier meist recht unwirsch abgefertigt.

Ein Züchter muß seine Hündin genau beobachten, da diese in den ersten Tagen häufig das Blut aus der Scheide aufleckt und so der Beginn der Hitze nicht rechtzeitig erkannt wird. Ab dem neunten Tag wird der Ausfluß heller und zwischen dem elften und zwanzigsten Tag ist die Hündin meistens deckbereit.
Die Deckbereitschaft der Hündin ist am besten an der geschwollenen weichen Scheide und der Seitenhaltung der Rute zu erkennen, sobald man an die Scheide faßt.

Wenn man selbst unerfahren ist und sich vielleicht einen Rüden aus dem Ausland als Deckpartner ausgesucht hat, sollte man zusätzlich etwa vom 5. Tag der Läufigkeit an, einen Progesterontest beim Tierarzt durchführen lassen. Wenn diese Tests regelmäßig durchgeführt werden, kann ein Tierarzt den Decktag genau festlegen. Die Test sind in den letzten 15 Jahren ständig verbessert worden und bieten i.d.R. eine sehr hohe "Trefferquote".

Der Eisprung erfolgt meistens zwischen dem 9. bis 15. Tag.
Innerhalb von 20 bis 36 Stunden müssen die ausgereiften Eizellen von befruchtungsfähigen Samenzellen erreicht werden, sonst bleibt die Hündin leer. Die Samenzellen bleiben im Eileiter der Hündin bis zu 7 Tagen befruchtungsfähig. Der Tierarzt kann mit Hilfe eines Hormonbestimmungstestes den Decktermin ziemlich exakt bestimmen.
Scheidenabstriche habe sich als nicht sonderlich zuverlässig erwiesen. Wer einen weiten Weg zum Rüden hat, sollte auf die sicheren Methoden zurückgreifen.

Wird die Hündin trotz gelungenem Deckakt nicht tragend, sollte wiederum ein Scheidenabstrich vom Tierarzt genommen werden. Der Tierarzt überprüft, ob möglicherweise eine Genitalinfektion vorliegt, die mit entsprechenden Antibiotika bekämpft werden kann. Um einer Keimverschleppung vorzubeugen, wäre es optimal, wenn alle Hündinnen vor der Bedeckung auf Genitalinfektionen untersucht würden. Auch für die Rüdenhalter ist dies wichtig, denn schließlich möchte man jede Ansteckungsgefahr für seinen Rüden ausschließen.

Als Eigentümerin eines recht erfolgreichen Deckrüden, kann ich sagen, daß man lieber einen Tag zu früh zum Rüden fahren sollte, als einen Tag zu spät. Der Tag zu spät bedeutet je nach Hündin 4 - 12 Monate warten auf die nächste Läufigkeit. Ein Tag zu früh bedeutet höchsten seine unsanfte Abfuhr für den Rüden. Außerdem sollte man Zeit mitbringen.

Die Hunde sollen sich kennenlernen, spielen und schmusen. Selbst die unwilligste Hündin wurde meist weich, wenn mein Rüde ihr die Schnauze, Augen und Ohren geleckt hat, sie charmant immer wieder zum Spielen aufgefordert hat. Ich meine schon, daß man den Hunden die Zeit geben muß, die sie brauchen.

Von "Zwangsdeckakten" oder Deckakten, bei denen die Hündinnen "verschnürt" zum "Stehen" gebracht werden, halte ich überhaupt nichts. Wenigstens der Deckakt sollte doch ein natürlicher Akt bleiben.
Ist es also zu einem erfolgreichen Deckakt gekommen und sind beide Deckpartner gesund, kann eigentlich nicht mehr viel schiefgehen. Sie sollten allerdings die Hündin weiterhin gut unter Kontrolle behalten, denn es kann passieren, das es gegen Ende der Läufigkeit zu einem 2. Eisprung kommt.

Würde die Hündin dann noch von einem anderen Rüden gedeckt, können in einem Wurf Welpen von zwei verschiedenen Vätern fallen.

Die Zuchtbestimmungen des Akita Club legen fest, daß eine Hündin beim ersten Zuchteinsatz mindestens 18 Monate alt sein muß.
Die Betonung liegt auf dem Wort mindestens. Wenn man davon ausgeht, daß ein Hund wie der Akita seine körperliche und auch in seiner Persönlichkeitsentwicklung erst etwa mit 3 Jahren abgeschlossen hat, erscheint es doch sinnvoll, freiwillig auch noch einige Monate länger zu warten.

Wie sehr die Entwicklung noch vorangeht, kann man sehr schön bei den Zuchtzulassungen sehen. Im Durchschnitt legen Hündin zwischen der ersten Zuchtzulassung (ca. 16. - 18. Lebensmonat) und der zweiten Zuchtzulassung (ca. 34. - 36. Monate) allein im Brustumfang noch mal 10 - 12 cm zu.

Nur noch ganz kurz zum Deckakt selbst, weil es da die seltsamsten Vorstellungen gibt. Grundsätzlich sollte die Hündin zum Rüden gebracht werden. Wie bereits erwähnt, sollten sie genügen Zeit mitbringen um den Hunden ein streßfreies Kennenlernen zu ermöglichen.
Eine erfahrene Hündin ist meist sehr schnell deckbereit, eine junge unerfahrene Hündin braucht
Zeit, sich an den Rüden und die neue Umgebung zu gewöhnen.

Ich habe erfahrene Hündinnen erlebt, die sich bereits nach 2 Minuten gestellt und den Rüden problemlos haben decken lassen. Umgekehrt habe ich Hündinnen erlebt, die erst nach 8 Stunden plötzlich aufgestanden sind und sich gestellt haben, nachdem sie vorher den Rüden nur angeknurrt oder weggebissen haben.

Aus diesem Grunde ist es oft gut, wenn sie für eine Erstbedeckung einen erfahrenen Rüden aussuchen. Ist die Hündin deckbereit, läßt sie den Rüden aufspringen. Nach dem Eindringen des Penis in die Scheide kommt es für eine Dauer von 5 bis 45 Minuten zum sogenannten "Hängen".

Während dieser Zeit wird der Schwellkörper des Penis durch die Scheidenmuskulatur der Hündin festgehalten. Sobald dieses sogenannte Verknoten erfolgt ist, steigt der Rüde um. Beide Hunde stehen jetzt mit ihrem Hinterteil zueinander. Während dieser Zeit können sich die Hunde nicht voneinander lösen. Nach 5 bis 15 Minuten, im Extrem auch mal nach 30 oder 45 Minuten, läßt die Hündin den Penis aus der Scheide gleiten.

Sicherheitshalber können sie nach 2 Tagen noch mal zum nachdecken fahren. Ich habe die Erfahrung gemacht habe, daß alle Deckakte bei denen die Hündinnen nur einmal gedeckt worden sind, ebenso erfolgreich waren. Ein erfolgreicher Deckakt hängt wohl eher von der guten Konstitution beider Hunde, als von der Häufigkeit der Deckakte ab.

Damit sie schnell und problemlos Deck- und Wurftermin ablesen könne, nachfolgend der

Welpen-Geburtskalender

Decktag - Januar	1 2 3 4 5 6 7 8 9 10 11 12 13 14 15 16 17 18 19 20 21 22 23 24 25 26 27		28 29 30 31
Wurftag - März	5 6 7 8 9 10 11 12 13 14 15 16 17 18 19 20 21 22 23 24 25 26 27 28 29 30 31	April	1 2 3 4
Decktag - Februar	1 2 3 4 5 6 7 8 9 10 11 12 13 14 15 16 17 18 19 20 21 22 23 24 25 26		27 28
Wurftag - April	5 6 7 8 9 10 11 12 13 14 15 16 17 18 19 20 21 22 23 24 25 26 27 28 29 30	Mai	1 2
Decktag - März	1 2 3 4 5 6 7 8 9 10 11 12 13 14 15 16 17 18 19 20 21 22 23 24 25 26 27 28 29		30 31
Wurftag - Mai	3 4 5 6 7 8 9 10 11 12 13 14 15 16 17 18 19 20 21 22 23 24 25 26 27 28 29 30 31	Juni	1 2
Decktag - April	1 2 3 4 5 6 7 8 9 10 11 12 13 14 15 16 17 18 19 20 21 22 23 24 25 26 27 28		29 30
Wurftag - Juni	3 4 5 6 7 8 9 10 11 12 13 14 15 16 17 18 19 20 21 22 23 24 25 26 27 28 29 30	Juli	1 2
Decktag - Mai	1 2 3 4 5 6 7 8 9 10 11 12 13 14 15 16 17 18 19 20 21 22 23 24 25 26 27 28 29		30 31
Wurftag - Juli	3 4 5 6 7 8 9 10 11 12 13 14 15 16 17 18 19 20 21 22 23 24 25 26 27 28 29 30 31	August	1 2
Decktag - Juni	1 2 3 4 5 6 7 8 9 10 11 12 13 14 15 16 17 18 19 20 21 22 23 24 25 26 27 28 29		30
Wurftag - August	3 4 5 6 7 8 9 10 11 12 13 14 15 16 17 18 19 20 21 22 23 24 25 26 27 28 29 30 31	Sept.	1
Decktag - Juli	1 2 3 4 5 6 7 8 9 10 11 12 13 14 15 16 17 18 19 20 21 22 23 24 25 26 27 28 29		30 31
Wurftag - September	2 3 4 5 6 7 8 9 10 11 12 13 14 15 16 17 18 19 20 21 22 23 24 25 26 27 28 29 30	Oktober	1 2
Decktag - August	1 2 3 4 5 6 7 8 9 10 11 12 13 14 15 16 17 18 19 20 21 22 23 24 25 26 27 28 29		30 31
Wurftag - Oktober	3 4 5 6 7 8 9 10 11 12 13 14 15 16 17 18 19 20 21 22 23 24 25 26 27 28 29 30 31	Nov.	1 2
Decktag - September	1 2 3 4 5 6 7 8 9 10 11 12 13 14 15 16 17 18 19 20 21 22 23 24 25 26 27 28		29 30
Wurftag - November	3 4 5 6 7 8 9 10 11 12 13 14 15 16 17 18 19 20 21 22 23 24 25 26 27 28 29 30	Dez.	1 2
Decktag - Oktober	1 2 3 4 5 6 7 8 9 10 11 12 13 14 15 16 17 18 19 20 21 22 23 24 25 26 27 28 29		30 31
Wurftag - Dezember	3 4 5 6 7 8 9 10 11 12 13 14 15 16 17 18 19 20 21 22 23 24 25 26 27 28 29 30 31	Januar	1 2
Decktag - November	1 2 3 4 5 6 7 8 9 10 11 12 13 14 15 16 17 18 19 20 21 22 23 24 25 26 27 28 29		30
Wurftag - Januar	3 4 5 6 7 8 9 10 11 12 13 14 15 16 17 18 19 20 21 22 23 24 25 26 27 28 29 31 31	Februar	1
Decktag - Dezember	1 2 3 4 5 6 7 8 9 10 11 12 13 14 15 16 17 18 19 20 21 22 23 24 25 26 27		28 29 30 31
Wurftag - Februar	2 3 4 5 6 7 8 9 10 11 12 13 14 15 16 17 18 19 20 21 22 23 24 25 26 27 28	März	1 2 3 4

Trächtigkeit und Wurf

Normalerweise dauert die Trächtigkeit 63 Tage. Beim Akita habe ich die Erfahrung gemacht, daß die Akita Hündin durchschnittlich am 61 Tag wirf. Es gibt auch Hündinnen die zwischen dem 59 bis 65 Tagen werfen. 59 - 65 ist jedenfalls für die Rasse durchaus normal.

Nach einem Deckakt ist man zunächst gespannt, ob der Deckakt auch erfolgreich war. Es empfiehlt sich daher eine Ultraschall- oder Blutuntersuchung durchführen zu lassen. So kann man so recht sicher feststellen lassen, ob die Hündin tragend ist.

Von Züchtern die diese Untersuchungen nicht durchführen lassen weiß ich, daß diese ihre Hündin wiegen, und ihr Normalgewicht in ein Tagebuch eingetragen. In dieses Tagebuch notieren sie alle Messungen und Veränderungen der folgenden Wochen.

Zu beachten ist in den nächsten Wochen, daß die Hündin ein ausgewogenes Maß an Zuwendung und Bewegung bekommt und daß sie vernünftig ernährt wird, aber nicht fett gefüttert wird. Eine zu fette Hündin wird mit ziemlicher Sicherheit auch Probleme bei der Geburt haben, auf jeden Fall Konditionsprobleme.

Um zu erkennen, wann mit der Geburt der Welpen zu rechnen ist, hat es sich bewährt, einige Tage vor dem errechneten Termin mit dem Fiebermessen zu beginnen. Gemessen wird mit einem eingefetteten Fieberthermometer im After. Die Normaltemperatur des Hundes schwankt zwischen 38° und 39°C. Einige Stunden vor der Geburt sinkt die Temperatur kurz auf unter 37°C. Fast alle Akita-Hündinnen lassen sich das Messen problemlos gefallen.

Etwa ab dem 56 Tag sollte man regelmäßig morgens, mittags und abends die Temperatur messen und notieren. Fällt die Temperatur auf 36,4 - 36,8 ∞C ist mit der Geburt erfahrungsgemäß innerhalb der nächsten 24 - 48 Stunden zu rechnen. Steigt die Temperatur wieder, wirft die Hündin normalerweise in den nächsten 24 Stunden. Man muß allerdings deutlich sagen, daß es sich um Erfahrungs- oder Durchschnittswerte handelt, also nicht nervös werden, wenn sich die eigene Hündin nicht an diese Zeiten hält, die Temperaturmessung kann lediglich eine Orientierungshilfe sein.
Kurz vor der Geburt stellen einige Hündinnen die Futteraufnahme völlig ein.

Als Züchter ist es jetzt Zeit die letzten Vorbereitungen zu treffen. Sicherheitshalber sollten man sich folgende Dinge bereitlegen:

- Zellstoff
- Küchenwaage
- Wärmeflasche oder Heizkissen
- eine saubere scharfe Schere
- Bindfaden oder Garn
- Schreibblock und Kugelschreiber
- eine starke Lampe
- Desinfektionsmittel
- saubere Laken und Handtücher
- Telefonnummer des Tierarztes
- Halsband und Leine der Hündin.

Mit dem Tierarzt sollte man auf jeden Fall vorher besprechen, wie man ihn, auch außerhalb der normalen Sprechstunden, erreichen kann.

Unseren 1. Wurf bekam unsere Hündin Raki am 1. Weihnachtstag, ihr 2. Wurf fiel 3 Jahre später in die Pfingstfeiertage und natürlich war dies der einzige Wurf in unserm Zwinger, bei dem es zu Problemen gekommen ist.
Zum Glück hatten wir damals Frau Dr. Christa von Bardeleben als Tierärztin, die ganz selbstverständlich ihre Gäste feiern ließ und die nächsten 6 Stunden mit uns und unserer Hündin verbrachte. Eine solche Tierärztin hat aber nicht jeder, daher sollte man frühzeitig eine Absprache treffen.

Das der Geburtsbeginn unmittelbar bevorsteht, kann man am besten an der Unruhe der Hündin erkennen. Meist stehen sie immer wieder auf, beginnen zu scharren, egal ob auf Fliesen, Teppichboden oder Holz. Einige Hündinnen beginnen im Garten zu wühlen und versuchen Höhlen zu graben. Die Hündin beginnt zu hecheln, zuerst nur einige Minuten - später werden diese Phasen immer länger.

Ab jetzt sollten sie die Hündin nicht mehr unbeobachtet lassen. Viel Hündinnen werfen während der Nacht. Unsere Hündinnen waren da rücksichtsvoller. In der Regel begann die Geburt gegen 10 - 11 Uhr am Vormittag.

Auch während der Geburt verhalten sich die Hündinnen recht unterschiedlich. Unsere Hündinnen wollten nie ins Freie, solange der Geburtsvorgang nicht abgeschlossen war. Andere Hündinnen wollen zwischendurch nach draußen. Haben sie eine solche Hündin, sollten sie diese im Freien nicht aus den Augen verlieren.
Es gibt Hündinnen, die unbeobachtet im Freien einen Welpen verloren haben, aber meistens setzt sie nur einige Spritzer Urin ab und möchte wieder ins Haus.
Wir haben selbst erlebt, dass eine Hündin zum lösen einige Meter in eine Wiese gelaufen ist und von dort mit einem Welpen im Maul zurück kam.

Selbst die Lage in der die Hündinnen gebären ist unterschiedlich. Einige Hündinnen liegen auf der Seite, andere sitzen in der Hocke, wieder andere werfen überwiegend im Stehen.
Solange alles normal läuft, besteht der Part des Züchters darin, beruhigend mit der Hündin zu sprechen.
Unsere Hündinnen haben die Geburt der Welpen immer fast lautlos durchgestanden, was dafür spricht, daß der Akita große Schmerzen klaglos ertragen kann.

In Kurzzusammenfassung nun der Geburtsablauf.
Nach der Preßwehe kommt der Welpe in einer Amnionblase. Normalerweise weis die Hündin bereits beim ersten Welpen was zu tun ist, nämlich die Hülle der Fruchtblase aufbeißen, Mund und Nase des Welpen vom Schleim befreien, die Nabelschnur abbeißen, den Welpen etwas trocken lecken und ihn in Richtung Gesäuge stupsen. Der Welpe beginnt zu saugen und alle sind zufrieden.

So läuft das natürlich nicht immer. Als Raki ihren ersten Wurf bekam, hatte ich beim ersten Welpen den Eindruck, daß sie fassungslos war, daß diese ganzen "ekelhaften" Flüssigkeiten aus ihr kamen. Statt sich um den ersten Welpen zu kümmern, hat sie sich selbst sauber gemacht.

In dieser Situation ist der Züchter gefragt, der dann die Fruchthülle aufreißen muß, Mund und Nase vom Schleim befreien und die Nabelschnur durchtrennen muß. Dies sollte aber immer direkt vor der Hündin geschehen, damit die Hündin nicht zusätzlich aufgeregt oder verunsichert wird.

Innerhalb des Geburtsvorganges wird auch die Nachgeburt ausgestoßen, die zumeist von der Hündin gefressen wird. Ganz wichtig ist es drauf zu achten, daß nach jedem Welpen auch eine Nachgeburt abgeht, da es ansonsten zu einer Gebärmutterentzündung kommen kann.

Etwa nach jedem 2. Welpen sollte man die nassen Tücher gegen saubere Laken auswechseln (nur wenn die Hündin nicht zu unruhig wird), vor allem damit die Neugeborenen nicht unnötig im Nassen liegen.

Die Geburtsdauer ist auch sehr unterschiedlich. Nachdem der erste Welpe da ist, kann es 10 Minuten, aber auch bis zu 3 Stunden, im extrem auch mal 6 Stunden, dauern, bis der nächste Welpe kommt. Ich kenne eine ganze Reihe von Akita-Hündinnen die zu längeren Abständen neigen.
In dieser Phase verlassen sie sich am besten auf die Instinkte ihrer Hündin. Wenn sie einen kleinen Spaziergang machen möchte, gehen sie mit ihr. Will sie nur ausruhen, selber trinken oder sich um ihre Welpen kümmern - lassen sie die Hündin entscheiden.

Falls die Hündin ruhig ist, sollten sie die Pause nutzen um den Geburtsablauf, die Geburtszeit, die Kennzeichen und das Geschlecht der Welpen aufzuschreiben.

Das Geburtsgewicht ist wichtig, damit sie die Entwicklung des Welpen in den nächsten Tagen vernünftig einschätzen können.

Haben sie eine nervöse Hündin, die sehr besorgt ist, wenn man einen Welpen hochhebt, sollten sie den Welpen erst wiegen, wenn die Hündin die Wurfkiste verläßt.
Vermeiden sie einfach jede unnötige Aufregung für die Hündin.

Damit es während der Geburt weiterer Welpen nicht zu Komplikationen kommt, haben wir bei den Würfen von Raki die bereits gefallenen Welpen in einen Korb mit Wärmflasche gelegt, damit die Hündin nicht bei der Geburt eines weiteren Welpen auf sie tritt, oder sich sogar auf sie legt.

Dies war bei Yuki unmöglich, da sie sofort versucht hat, die Welpen aus dem Korb zu nehmen und sie wieder in die Wurfkiste zu legen.

Sicherheitshalber haben wir einen Tag nach der Geburt die Hündin untersuchen lassen, damit wir ganz sicher sein konnten, daß die Hündin auch wirklich leer ist. Darüber hinaus habe ich noch über einige Tage weiter Fieber gemessen, damit man sofort reagieren kann, wenn sich eine Infektion entwickelt.

Für eine optimale Entwicklung des Welpen ist es wichtig, daß er innerhalb der erste 24 Stunden die Kolostralmilch aufnimmt. Dieses Kolostrum ist besonders mit Nährstoffen und Abwehrkräften angereichert.

Die ersten 3 Wochen verbringen die Welpen überwiegend saugend und schlafend.
Aufgabe des Züchters in dieser Zeit ist es, die Hündin optimal zu ernähren und für einen trockenen und saubere Wurfkiste zu sorgen.

Die Raumtemperatur ist eine Sache für sich. Unsere Welpen sind immer bei einer Raumtemperatur von etwa 10 - 15 ° aufgezogen worden, ohne Rotlichtlampe oder beheizbare Wurfkiste o.ä.. Die Welpen waren bei dieser Temperatur immer zufrieden, zumindest gemessen daran, daß sie recht leise waren und nur selten dicht aufeinander gelegen habe.

Ich weiß aber auch, daß es Züchter gibt, die 10 ∞ für viel zu kalt halten und andere, die auch bei 10° minus ihre Welpen problemlos im Zwinger - ohne Rotlicht - aufgezogen haben.

Von daher möchte ich auch keine Empfehlung geben. Ich denke, daß die Zufriedenheit der Welpen der beste Anhaltspunkt für die richtige Temperatur ist.

Zufriedene Welpen verbringen die ersten 14 Tage zu 80% schlafend. Sie kommen blind, mit geschlossenen Augen zur Welt. Zwischen dem 11. und 15. Tag öffnen sich die Augen und damit entsteht ein stetig wachsendes Interesse an der Umwelt.

In den ersten 8 - 10 Tagen sollte man keine fremden Personen in die Nähe der Welpen lassen.
Die Hündin kann nervös reagieren und beginnen die Welpen zu verschleppen.
Uns sind bei einem Wurf 6 Welpen gestorben, nur weil wir die Signale der Hündin nicht richtig verstanden haben.
Nach dieser Erfahrung haben wir die ersten 10 Tage keinen Fremden mehr in die Nähe eines Wurfes gelassen. Wir hatten nie wieder ein ähnliches Erlebnis.

Wurfkisten

Unsere Wurfkiste kann man unter das Motte stellen: "Erstens kommt es anders und zweitens als man denkt".

Als unsere Raki ihren ersten Wurf erwartete, haben wir natürlich eine Wurfkiste in Auftrag gegeben. Raki wurde vermessen und eine "maßgeschneiderte" Wurfkiste 4 Wochen vor dem errechneten Wurftermin geliefert; mit Teppichboden und Laken ausgestattet.
Alles hätte so nett sein können, wenn Raki diese Wurfkiste nicht geradezu verabscheut hätte. Alle unsere Versuche sie an die Kiste zu gewöhnen, endeten mit dem Ergebnis, daß entweder einer von uns oder unser Rüde Bushido in der Kiste lag.
So ist es auch bei der Geburt gewesen. Raki ist nicht mal in die Nähe der Wurfkiste gekommen, sondern hat sich "ihre" Ecke ausgesucht und dort geworfen. In ihrer Wurfecke hat sie auch die Welpen die ersten 14 Tage aufgezogen. Einen anderen Platz hat sie nie akzeptiert. Selbst wenn wir die Welpen in den Wurfraum oder die Wurfkiste gebracht haben, es war nichts zu machen.
Es war ein Machtkampf, den Raki problemlos gewonnen hat, denn selbstverständlich haben wir ihr die Welpen nach kürzester Zeit in ihre Ecke zurückgebracht.
Yuki dagegen hat alle Welpen in der Wurfkiste bekommen, hat ihre Welpen die ersten 14 Tage dort gelassen und hat sie auch immer wieder in diese Kiste gebracht.
Wenn ihr das Wiegen eines Welpen zu lange gedauert hat, konnte es schon mal passieren, daß sie sich den Welpen geschnappt und wieder in die Wurfkiste gebracht hat - Ordnung mußte bei ihr schon sein.
Die Schilderung soll nicht nur ein Stück Akita-Verhalten aufzeigen, sondern vor allem vermitteln, das es am besten ist, wenn man die Hündin entscheiden läßt.
Wenden sie niemals Zwang an. Die grobe Richtlinie kann man ja vorgeben, daß heißt den Raum. Die Wahl, ob Wurfkiste oder doch lieber ein anderer Platz in diesem Raum, sollte man schon der Hündin überlassen.
Diese Wahl ist für die Hündin sicherlich damit verbunden, eine Platz auszusuchen, an dem sie sich besonders sicher und gut fühlt und das sollte auch für den Züchter der ausschlaggebende Punkt sein.

PRÄGUNG

Zu meinem Entsetzen hört man auch heute noch von Züchtern, daß die Welpen während der Aufzuchtszeit beim Züchter möglichst wenig Kontakt zu anderen Menschen und Tieren haben sollen.
Diese Ansicht teile ich natürlich nicht. Meines Erachtens können die Welpen - etwa ab der 4. Lebenswoche - gar nicht genug Kontakt bekommen. Je mehr die Welpen an Menschen und vor allem an die vielfältigen Zivilisationsgeräusche gewöhnt sind, um so leichter finden sie sich später zurecht.

Der überwiegende Teil der Welpen wird an Familien abgegeben, die ihren Hund überall mitnehmen. Das heißt für mich, ein Welpe muß schon vom Züchter an Straßenlärm, Autos, spielende Kinder, laute Musik, Knallgeräusche, oder auch an simple Haushaltsgeräte wie den Staubsauger oder eine Geschirrspülmaschine gewöhnt werden.

Auch wenn sich die Welpen mit vier Wochen noch vor einem hupenden Auto erschrecken oder sich vor einem Staubsauger in Sicherheit bringen, sie gewöhnen sich unglaublich schnell an diese Geräusche, zumal sie dabei ja die Erfahrung machen, daß ihnen nichts passiert.
Es ist ein sehr schönes Gefühl, wenn die Welpen, egal wie laut es knallt, einen vertrauensvoll und fröhlich ansehen. Ein so aufgezogener Welpe hat sicherlich sehr gute Voraussetzungen sich zu einem wesensfesten Hund zu entwickeln.

Gerade beim Akita halte ich eine solche Aufzucht für besonders wichtig, da einige Akita dazu neigen übervorsichtig zu sein und alle unbekannten Dinge mit Skepsis zu betrachten.

Wenn ein in totaler Ruhe und Abgeschiedenheit aufgezogener Welpe ansonsten zu seinem neuen Besitzer, möglichst noch in eine Großstadt kommt, scheint es für einige Welpen zu einer Art Zivilisationsschock zu kommen. Aus dem fröhlich spielenden Welpe wird ein zutiefst verunsicherter Hund - mit einem enttäuschten Besitzer.

Bei der Aufzucht der Welpen haben mein Mann und ich immer ein wenig experimentiert. Da sich diese Erfahrungen nicht auf viele Würfe stützen, geben sie lediglich unsere Erfahrungen wieder. Hierzu möchte ich zwei Beispiele anführen.

Einen Wurf haben wir mit 3 ausgewachsenen Akita aufgezogen. 2 Hündinnen und einem Rüden. Wir haben uns nicht so intensiv um die Prägung gekümmert wie normal, haben aber unsere damals 4 jährige Tochter viel mit den Hunden spielen lassen.
Die Rüden aus diesem Wurf sind sehr dominante und selbständige Akita geworden., die auch nach Jahren immer wieder antesten, ob sie nicht doch Rudelführer ihrer Familie werden können; sie sind aggressiv anderen großen Hunden gegenüber, jedoch ausgesprochen kinderlieb und haben einen sehr starken Schutztrieb gegenüber den Kindern ihrer Familien entwickelt.

Einen anderen Wurf haben wir, ab dem 30. Tag, fast ganz ohne die erwachsenen Tiere aufgezogen. Alle Welpen aus diesem Wurf zeigen ein sehr einheitliches Wesensbild. Eine für ausgewachsene Akita unübliche Friedfertigkeit anderen Tieren gegenüber und eine extreme Anbindung an ihre Besitzer.

Ob dies nun Zufall war oder nicht, für mich hat es gezeigt, daß je mehr wir uns um einen Wurf gekümmert haben, je intensiver er auf Menschen und Umwelt geprägt wurde, um so einfacher und angenehmer gestaltet sich das Zusammenleben mit dem neuen Besitzer.

Dazu gehört für mich eben die Prägung auf Mensch und Umwelt und nicht die Prägung auf den Züchter und die anderen Welpen.
Als Zuchtwart bekommt man die gute oder die fehlende Prägung immer recht gut mit. Wenn die Welpen gleich über einen "herfallen", nach kurzer Zeit die Schnürsenkel offen gezogen werden, zumindest der Versuch gemacht wird in die Tasche zu klettern, den Fotoapparat zu "klauen" oder sich mit dem Mikrochiplesegerät "anzulegen", kann man relativ sicher sein, dass der Züchter seine Sache gut gemacht hat.

Man sollte sich daher vor dem Kauf eines Akita sehr genau ansehen, wie ein Welpe aufgezogen wird. Wichtig ist nicht ob in der Stadt oder auf dem Land, auf 3000qm oder 300qm Auslauf, wichtig ist nur, wieviel Mühe sich der Züchter gibt, aus einem unbedarften Welpen einen zivilisationstauglichen Akita zu machen.

Abgabealter

Auch in diesem Punkt gibt es unter den Züchtern verschiedene Ansichten.
Nach Ansicht der meisten Experten liegt das richtige Abgabealter zwischen der 8. und 9. Lebenswoche.

Während dieser Zeit hat der Welpe die sogenannte Sozialisierungsphase noch nicht abgeschlossen. Dies hat zur Folge, daß der neue Besitzer noch alle Möglichkeiten hat, einen Welpen auf sich zu prägen und dessen Erziehung und Entwicklung in die Bahnen zu lenken, die der Besitzer des Welpen für richtig und wichtig hält.

Ganz wichtig ist, daß sie konsequent sind. Immer und vom ersten Tag an. Dies ist unglaublich schwierig, aber für den Welpen sehr wichtig.
Nur bei konsequenter und liebevoller Erziehung lernt der Welpe , daß er zu ihrem "Rudel" gehört und vor allem, wo sein Platz und seine Grenzen innerhalb dieses "Rudels" liegen.

Seine Grenzen zu kennen, bedeutet für einen Welpen sich sicher zu fühlen. Dieses Gefühl der Sicherheit wird sich auch in seinem Verhalten widerspiegeln. Ein Welpen braucht eine ruhige, freundliche und konsequente Erziehung und dies vom ersten Tag an und nicht erst mit 9 Monaten oder noch später.

Man kann einem Welpen nicht monatelang alles nachsehen und dann von einem zu anderen Tag erwarten, daß er gehorcht und alles nur noch so erledigt, wie man es gerne hätte.
Kontinuität im Verhalten des Besitzers ist für die gute Entwicklung eines Welpen unabdingbar.

In diesem Zusammenhang amüsiert oder ärgert es mich immer wieder, wenn ich Anrufe von Leuten bekomme. die sich bei mir über ihren Züchter und dessen "mißratenen" Welpen beklagen wollen. In 95 % der Fälle handelt es sich bei den Macken der Hunde um Erziehungsfehler, die der Besitzer des Hundes selbst zu verantworten hat.
Der Fehler wird aber fast immer bei den anderen gesucht. In erster Linie beim Züchter. Am meisten erbost es mich, wenn solche Leute dann ihren Hund abgeben wollen, letztlich ausschließlich wegen der eigenen Unfähigkeit einen 8 Wochen alten Welpen zu erziehen und zu formen.

Hier auch noch mal der Appell, dem Welpen die Möglichkeit zu geben, andere Hunde zu treffen und mit etwa gleichaltrigen zu spielen. Auch wenn diese Begegnungen nicht immer ganz ruhig oder friedlich ablaufen, der Welpe macht dabei wichtige Erfahrungen.

Ich möchte noch einen weiteren Punkt erwähnen. In den letzten Monaten haben mich Anrufe von Akita Besitzern erreicht, die recht unglücklich waren, weil ihre Hunde sich Fremden, in einem Fall sogar zwei Familienmitgliedern gegenüber plötzlich aggressiv benommen haben. Bei allen Fällen war das gleiche Verhaltensmuster von Hund und Besitzer zu erkennen.

Diese Akita zeigten nach Auskunft ihrer Besitzer von klein auf ein dominantes Verhalten, sie versuchten bereits mit 4 Monaten daß Grundstück zu bewachen, liefen am Gartenzaum drohend oder bellend auf und ab.
Dieses Verhalten wurde von den Besitzern immer belohnt. "Fein aufgepaßt!" Angespornt von diesem Erfolgserlebnis hat sich das Verhalten im Laufe der Zeit gesteigert.
Von bellen am Zaum, ging es über zum Knurren gegen Fremde, bis hin zum Schnappbiß.

Diese Hunde sind schlicht falsch erzogen. Sie fühlen sich dem Menschen gegenüber, durch das Lob, das sie zu Anfang erfahren haben, mindestens gleichrangig.

Dies kann zu einer gefährlichen Entwicklung führen, da der Hund versucht, in jeder neuen Situation seinen Standort selbst zu bestimmen. Sein Verhalten kann sich soweit übersteigern, daß es sich , wie in dem erwähnten Fall, sogar gegen Personen der eigenen Familie richtet.

Nach meinem Eindruck haben alle Besitzer den gleichen Fehler gemacht. Sie haben den niedlichen Welpen, den sie mit 8 Wochen vom Züchter bekommen haben, auch als niedlichen Welpen behandelt, sprich verwöhnt; sie haben den Hund in den ersten Monaten nicht konsequent erzogen; haben die Signale, die der Hund ausgesandt hat, überhaupt nicht verstanden und haben aus Unerfahrenheit, daß negative Verhalten des Hundes auch noch belohnt.
Hier sei jedem Hundekäufer das Buch "Von der Seele des Hundes" von Eric H.W. Aldington empfohlen. Es sollte von den Züchtern zur Pflichtlektüre für Welpenkäufer gemacht werden.

So wie sich die Hunderassen von einander unterscheiden, so unterschiedlich sind auch die Welpen in einem Wurf. In jedem Wurf sind immer ein oder zwei Draufgänger zu beobachten und ein ruhiger, meist kleiner Welpe, der schnell zum Prügelknaben für die anderen werden kann. Trotzdem bringt ein gesunder Welpe, der in den ersten 8 Wochen von seinem Züchter liebevoll aufgezogen worden ist, zumindest die Anlage mit, sich in sein Rudel einfügen zu wollen.

Damit ihm dies gelingt, braucht er ihre Hilfe. Diese Hilfe sollte darin bestehen, daß sie ihn konsequent, mit Liebe und Geduld erziehen, daß sie ihm Anreize bieten sich zu entwickeln, daß sie ihm frühzeitig seine Grenzen aufzeigen und unerwünschte Entwicklungen sofort unterbinden. Die Zuchtwarte und Züchter des Akita Club stehen ihnen dabei sicher mit Rat zur Seite. Und falls doch mal nicht alles ganz so optimal läuft, wie sie es sich gewünscht haben, suchen sie die Schuld bitte nicht beim Hund.

Der Hund ist hauptsächlich ein Produkt ihrer Aufzucht und Erziehung!

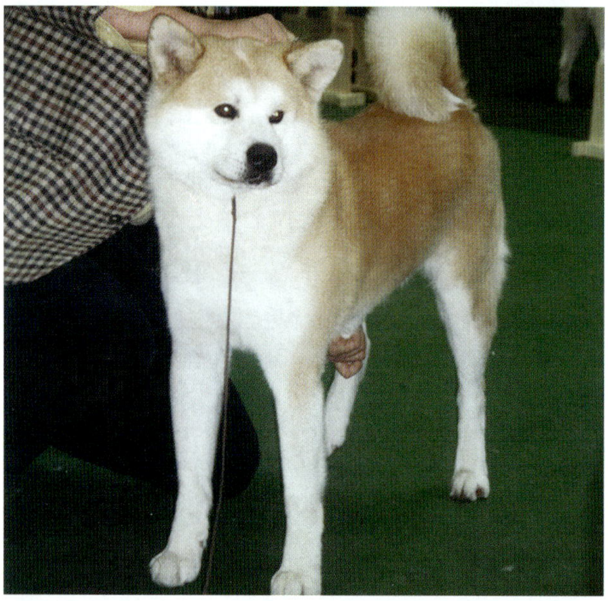

18

Pflege

Das Haarkleid des Akita braucht grundsätzlich keine besondere Pflege. Trotzdem sollte man sich tägliche einige Minuten Zeit nehmen und den Hund kämmen.

Während der "normalen" Zeit reicht dafür eine nicht zu harte Bürste. Während der Haarung hat sich ein Stahlkamm bewährt. Mit diesem Kamm kann man auch die Unterwolle vorsichtig auskämmen.

Der Akita ist in der Regel ein sehr reinlicher Hund, der sich viel putzt. Zudem reinigt sich sein Haarkleid auf Grund der Beschaffenheit sehr schnell selbst. Wenn unsere weißen Akita bei Matschwetter unterwegs sind, kann man sich vorstellen, daß von weiß nicht mehr viel zu sehen ist.
Sobald der Matsch trocknet, rieselte er aber nach und nach aus dem Haarkleid heraus.

Unsere Hunde werden 2 x im Jahr gebadet, mit einem speziellen Shampoo von Tierarzt, daß gleich gegen Ungeziefer wirkt und das einen Schutzfilm auf der Haut hinterläßt. Notwendig ist dies aber nicht.
Regelmäßiges Bürsten ist für die Fellpflege ausreichend.

Zur Pflege gehören aber nicht nur das Haarkleid, sondern auch die Ohren, die Zähne, Krallen, die jährliche Impfung und eine Wurmkur.

Die Ohren sollten zumindest regelmäßig kontrolliert werden. Sichtbarer Ohrenschmalz muß entfernt werden, Fremdkörper wie Spelzen oder Granen müssen vorsichtig mit einer Pinzette entfernt werden. Bei jedem Tierarztbesuch sollte auch dieser einen Blick ins Ohr werfen. Eine verschleppte Ohrenentzündung ist fast immer eine langwierige und schmerzhafte Erkrankung für den Hund.

Die Zähne. Für den Hund noch wichtiger als für uns selbst. Was für uns selbstverständlich ist, nämlich die regelmäßige Pflege der Zähne, sollte auch für unsere Hunde selbstverständlich sein. Auch bei den Hunden gibt es große Unterschiede in der Beschaffenheit des Zahnschmelzes oder der Anfälligkeit für Zahnsteinbildung. Gelbe Zähne oder Zahnsteinablagerungen müssen jedenfalls behandelt, bzw. entfernt werden. Ansonsten sind frühzeitige Zahnverluste vorprogrammiert.
Die Krallen läuft der Hund sich normalerweise von selbst ab. Es gibt aber einige Rassevertreter, die - zumeist auf Grund eines zu langen und zu schrägen Vordermittelfußes - dies nicht können. Von daher muß man eingreifen und die Krallen müssen geschnitten werden.Zu lange Krallen können dazu führen, daß der Hund die Pfoten nicht mehr richtig abrollt und sich einen Gang angewöhnt, der frühe Verschleißerscheinungen hervorrufen kann.

Zur Pflege zähle ich auch die jährliche Impfung gegen Tollwut, Parvovirose, Leptospirose, Hepatitis und Staupe.
Wer einmal einen Hund gesehen hat, der an einer dieser Krankheiten gestorben ist, der wird den jährlichen Impftermin sicher nie wieder vergessen.

Ernährung

Fragen sie 10 Züchter nach der richtigen Ernährung und sie werden garantiert mindestens 8 verschiedene Antworten bekommen.
Es gibt kaum einen Bereich, in dem die Auffassungen so unterschiedlich sind. Von daher ist es auch ganz schwierig DEN richtigen Ernährungstip zu geben.

Bevor ein Neuling sich jedoch daran macht, seinen Hund zu einseitig zu ernähren, oder dem Tier ein viel zu hochwertiges Futter zusammen zu mixen, ist es auf jeden Fall sicherer, ein handelsübliches Fertigfutter zu geben. Zumindest habe ich in den letzten Jahr keine Meldungen über Entwicklungsstörungen im Knochenbau eines Akita erhalten, der Fertigfutter bekommen hat.

Anläßl. eines Symposiums in Italien hat ein japanischer Akita Züchter die Ansicht geäußert, daß wir unsere Akita zu hochwertig ernähren und daß es dadurch in Europa und den USA viel häufiger zu Hautproblemen kommt als in Japan.

Solange der Akita in Japan hauptsächlich mit Fisch, Reis und Gemüse ernährt worden sei, habe es kaum Hautprobleme beim Akita gegeben.
Dies habe sich in Japan erst geändert, seit viel Halter auf Fertigfutter umgestellt haben.

Da dieser Züchter aber keine Mengenangabe zu dem Verhältnis Fisch/Reis/Gemüse/Vitamine und Mineralstoffe gemacht hat, haben wir es gar nicht erst versucht.

Ich weiß von vielen Haltern der Rasse, daß sie als Grundlage Fertigfutter geben. Dazu kommen Zusätze wie z.B. Hoka Mix oder Canosan, dazu gefüttert wird Eigelb, Hüttenkäse, Fisch, Obst, Gemüse (z.B. Möhren, Blumenkohl, Spinat, Paprika), Brühe, Brot, Nudeln, Reis usw.!
Bei den Zusätzen ist allerdings darauf zu achten, daß der Hund sie auch verträgt. Ebenso wie das Hauptfutter selbst, können natürlich auch die Zusätze Auslöser für allergische Reaktionen sein.

Vitamine

Das Vitamine wichtig für verschiedene Stoffwechselvorgänge sind, weiß heutzutage jeder. Das ein zuviel an Vitaminen zu schweren Schädigungen führen kann, leider immer noch nicht jeder.

Die unterschiedlichen Vitamine zeichnet aus, daß der Hund sie nicht oder nur in ganz geringen Mengen selber aufbauen kann. Der Organismus ist darauf angewiesen, daß Vitamine in ausgewogener Menge zugefüttert werden.
Eine unter dem Bedarf liegende Vitaminzufuhr führt zu einem Mangel - Hypovitaminose -, eine wesentlich zu hohe Gabe an Vitaminen, hier speziell der Vitamine A und D, kann ebenfalls zu Erkrankungen führen - Hypervitaminose.

Zudem unterscheidet man fettlösliche und wasserlösliche Vitamine. Die fettlöslichen Vitamine (A, D, E) können in gewissem Umfang gespeichert werden, sofern sie in Verbindung mit Fett aufgenommen werden. Eine Überdosierung kann zu schweren Vergiftungserscheinungen führen.
Wasserlösliche Vitamine (z.B.: B 1, B 2, B 6, B 12) benötigt der Körper hauptsächlich für den Stoffwechsel innerhalb der Zellen. Zu Vergiftungen kann es bei den wasserlöslichen Vitaminen nicht kommen, ein zuviel an wasserlöslichen Vitaminen wird ausgeschieden.

Vitamin A
Der Hund ist in der Lage, Vitamin A in der Leber zu speichern. Vitamin A spielt eine große Rolle für die Gesundheit der Haut, der Augen und hat auch Einfluß auf die Fruchtbarkeit.

Vitamin D
Vitamin D ist im wesentlichen für den Transport und die Einlagerung von Kalzium zuständig. Die Höhe des Vitamin D Bedarfs ist u.a. abhängig vom Kalziumgehalt des Futters und dem Kalzium/Phosphor-Verhältnis.
Ein Mangel an Vitamin D, oder ein völlig falsches Verhältnis zwischen Vitamin D und Kalzium/Phosphor kann zu der gefürchteten Rachitis führen.
Ein zuviel an Vitamin D ist allerdings genau so schädlich. Es sind Fälle bekannt, in den es nicht nur zu Kalkablagerungen in den Gelenken, sondern auch in der Lunge oder den Nieren gekommen ist.

Vitamin E
Der tägliche Bedarf an Vitamin E ist stark abhängig von der Zusammensetzung der Fette. Ein Vitamin E Mangel ist bislang kaum beschrieben. Als Auswirkung eines extremen Mangels wird z.B. beschrieben: Rückbildung der Hoden und Eierstöcke, Muskelschwund.

Vitamin B 1, B 6 und B 12
Vitamin B 1 ist lebenswichtig für gesunde Nerven. Ein Mangel an B 1 kann zu schweren Funktionsstörungen führen, hier werden u.a. eine Lähmung der Hinterhand oder Herzinsuffizienz beschrieben.

Der Mangel an Vitamin B 6 hat hauptsächlich eine Anämie zur Folge. Durch den Mangel ist ein verzögertes Wachstum zu beobachten. Bei ganz schweren Fällen werden auch Epileptische Anfälle beschrieben.

Wie der B 6 Mangel führt auch der B 12 Mangel zu einer Anämie, nur die Erscheinungsform der Anämie ist anders. Eine reiner B 12 Mangel wurde beim Hund bislang nicht beschrieben.

Biotin
Ein Mangel an Biotin führt in der Regel zu Veränderungen an Haut- und Haarkleid. Das Haar wird glanzlos und es kommt zu krustigen oder schuppigen Veränderungen der Haut.

Niacin
Niacin gehört zu der Gruppe der Aminosäuren, die ebenfalls unerläßlich für einen gut funktionierenden Organismus ist. Niacinmangelerscheinungen äußern sich beim Hund hauptsächlich mit blutigen Durchfällen und geschwürigen Veränderungen im Maulbereich.

Pantothensäure
Ebenfalls von lebenswichtiger Bedeutung. Mangelerscheinungen können sich auf das Blut, alle Organe und das Nervensystem auswirken.

Vitamin C
Vitamin C kann der Hund selbst aufbauen. Es muß daher nicht zugeführt werden.
Dies ist ein erster kleiner Ausschnitt dessen, was bei der Zusammensetzung des Futter zu beachten ist. Wichtig ist das richtige Maß.
Sowohl eine Über- , wie auch eine Unterversorgung kann zu schweren Schäden führen.

Ebenso wichtig wie die Vitamine sind die Mineralstoffe und Spurenelemente. Die wichtigsten Mineralstoffe sind:

Kalzium und Phosphor

Kalzium und Phosphor haben wichtige Funktionen. Kalzium und Phosphor spielen gemeinsam eine große Rolle bei der Blutgerinnung, für die Nerven, die Hormone, Zellen, das Skelett und die Muskulatur.

Etwa 99 % des Kalzium und ca. 80 % des Phosphor finden sich im Skelett des Hundes. Sie sind sehr wichtig für die Struktur des Knochengewebes. Störungen im Kalzium-/Phosphor-Stoffwechsel haben immer Auswirkungen auf das Skelett des Hundes.
Ein Kalzium-/Phosphormangel oder ein völlig falsches Kalzium/Phosphor-Verhältnis in der Wachstumsphase, gerade bei großwüchsigen Rassen, hat schwere krankhafte Veränderungen im Skelett zur Folge, z.B. die Ellbogendysplasie.

Die täglich Zufuhr von Kalzium/Phosphor bei einem ausgewachsenen Hund sollte im Verhältnis 1,2 : 1 liegen. Tragende und säugende Hündinnen, sowie heranwachsende Hunde haben einen deutlich höheren Bedarf.
Nach einer Veröffentlichung der Firma Waltham ist folgendes Verhältnis notwendig:

	g/kg Körpergewicht/Tag Kalzium	Phosphor	I.E./kg Körpergewicht/Tag Vitamin D
ausgewachsene Hunde	0,24	0,20	11
wachsende Hunde	0,48	0,40	22
säugende Hündinnen	0,48	0,40	22

Zu erwähnen sind noch die Spurenelemente, die ebenso wichtig und unerläßlich sind wie Vitamine und Mineralstoffe. Auch bei den Spurenelementen ist es ganz wichtig, daß es weder zu einer Über-, noch zu einer Unterversorgung kommt. Wichtige Spurenelemente sind Eisen, Selen, Mangan, Zink, Kupfer und Jod.

Ein Eisenmangel äußert sich in einer Anämie, einer Anfälligkeit gegenüber Infektionskrankheit, oder mangelndem Wachstum.

Selenmangel ist häufig die Ursache für Muskelerkrankungen und Wachstumsstörungen.

Ein Zinkmangel kann die Ursache für Haut- und Haarproblemen sein. Zink ist im erheblichen Maße im Skelett, in der Bauchspeicheldrüse, im Auge und in der Haut und in den Haaren enthalten. Ein Zinkmangel ist auch bereits bei einigen Akita diagnostiziert worden, die wegen Haut- und Haarproblemen in Behandlung waren.

Ein Mangel an Kupfer kann zu Anämie oder Knochenverformung führen. Kupfer ist u.a. wichtig für die Blutbildung und für die Ausbildung von Pigment.
Ich glaube nicht, daß der "normale" Hundebesitzer in der Lage ist, seinem Hund täglich ein Futter zuzubereiten, das den Anforderungen des tierischen Organismus gerecht wird.

Wer glaubt seinem Hund einen Gefallen zu tun, wenn er ihn mit Fleisch füttert, der irrt. Bevor man sich daran begibt, seinen Hund krank zu füttern, sollte man sich immer mit einen Fachmann beraten und sich selbst ein großes Wissen über die Ernährung von Hunden angelesen haben.

Ernährung der Hündin

In den ersten 4 Wochen der Trächtigkeit benötigt die Hündin keine spezielle Ernährung. Ab der 5. Woche ändert sich der Bedarf. Die Hündin braucht jetzt wesentlich mehr Futter und auch qualitativ anderes Futters.
Es gibt spezielles Futter für tragende Hündinnen, die schon den erhöhten Eiweißbedarf, wie auch den erhöhten Verbrauch am Mineralstoffen berücksichtigen.
Grundsätzlich kann man sagen, daß sich der Erhaltungsbedarf der Hündin - je nach Größe des Wurfes - um das 2 bis 3-fache zur normalen Futterration erhöht.
Erwähnenswert ist noch, daß die Hündin mind. 2 mal täglich zu füttern ist. Bei nur einmaliger Fütterung wäre die aufzunehmende Futtermenge viel zu groß. Frisches Wasser muß für die Hündin immer erreichbar sein.

Ernährung von Welpen

Während der ersten 3 Wochen werden die Welpen ausschließlich gesäugt. Wir haben - je nach Wurfgröße - zwischen dem 21 - 28 Lebenstag mit der Zufütterung der Welpen begonnen.
Begonnen haben wir mit einem Brei aus Haferflocken, Welpenmilch, etwas Dosenfutter für Welpen, ein wenig Traubenzucker, rohem Eigelb und ein klein wenig Kalk.
Die Welpen fanden es in den ersten beiden Tagen immer am nettesten, in diesem Brei herumzutrampeln und ihn im Raum zu verteilen. Spätestens ab dem 3. Tag hatte es aber jeder kapiert.

Ab der 5. Woche haben wir den Welpen 4 x täglich eine Mahlzeit angeboten.
Hauptbestandteil der Mahlzeiten waren lauwarme, 3,5 %ige H-Milch, Matzinger Flocken und Welpen-Pal (Dosen). Um etwas Abwechslung in diesen Speiseplan zu bringen, haben wir z.B. Quark, Möhren, Fisch, Gouda, Hüttenkäse, Eigelb oder Brühe, sowie Traubenzucker und eine Kalkmischung - in Absprache mit unserer Tierärztin - dazugegeben.
Die Fütterungszeiten waren um 6.00 Uhr, 12.00 Uhr, 17.00 und 21.00 Uhr.

Mit zunehmendem Alter kann man zunächst eine (ca. 15 Wochen) Mahlzeit und mit etwas 7 Monaten die 2. Mahlzeit entfallen lassen. Da die Fütterung in den individuellen Tagesplan der Familie passen muß, haben wir ab diesem Zeitpunkt morgens gegen 7.00 Uhr und abends gegen 19.00 Uhr gefüttert. Zwischendurch gibt es Hundekuchen, möglichst groß und mit rauher Oberfläche - gut zur Stärkung von Gebiß und Wangenmuskulatur!

Grundsätzlich sollte man sich noch merken, daß das Futter nie längere als 15 Minuten stehen sollte, den Rest nehmen sie weg. Tun sie es nicht, sind sie dabei, sich einen schlechten Fresser heranzuziehen.

Sollte ihr Hund mal an einem Tag keinen besonderen Appetit zeigen, ist das kein Grund zur Besorgnis. Schließlich haben wir auch nicht jeden Tag gleich großen Hunger.

Gelegentlich hatte ich Anrufe von Akita Besitzern, die über den mangelnden Appetit ihrer Vierbeiner klagten. Bei genauer Nachfrage stellte sich zumeist heraus, daß dem Hund so viel nebenbei gegeben wurde, daß der Hund bei seinen eigentlichen Mahlzeiten auch gar keinen Appetit mehr haben konnte.

Im übrigen sollte man gerade in der Entwicklung darauf achten, daß der Hund nicht dick gefüttert wird. Ein zu großes Gewicht, gerade bei großwüchsigen Rassen, geht leicht zu Lasten der Knochen, Bänder und Gelenke.

Im übrigen hat die im Standard geforderte Substanz nichts mit dem Futterzustand zu tun, sondern mit der Knochenstärke.
Ein fett gefütterter Hund ist nicht substanzvoll, sondern einfach nur dick und damit auch anfälliger für eine Reihe von Erkrankungen.

Die meisten Züchter geben ihren Welpenkäufern einen Futterplan mit, an den man sich sinnvollerweise, wenigstens in den ersten Wochen, auch halten sollte. Ansonsten kann ich nur den Tip geben - auf Experimente verzichten und sich so ausführlich wie möglich mit dem Thema beschäftigen.

Gesundheitsfürsorge und Erkrankungen

Zur Gesundheitsfürsorge muß auf jeden Fall die regelmäßige Impfung gehören. Darüber hinaus sollte man über die wichtigsten Viruserkrankungen und ihre Anzeichen informiert sein.

Die Tollwut, die Aujezkysche Krankheit und die Staupe gehen in der Regel einher mit Verhaltensveränderungen, einer massiven Störung im Allgemeinbefinden und Lähmungserscheinungen.

Ein an **Tollwut** erkrankter Hund ist auf jeden Fall zu isolieren, da er durch einen Biß den Tollwuterreger auf den Menschen übertragen kann.

Für die **Aujezkysche Krankheit** gibt es keine Behandlung. Ein infizierter Hund stirbt immer und es geht sehr schnell.
Der Virus wird durch Fleischfütterung übertragen. Nachdem man zunächst angenommen hat, daß der Erreger nur im Schweinefleisch zu finden sei, wurde in den letzten Jahren auch berichtet, daß Hunde erkrankten, die ausschließlich mit Rindfleisch gefüttert worden waren.

Ein von **Staupe** befallener Hund bekommt in der Regel sehr hohes Fieber, das zum Tod führen kann. In Mitleidenschaft wird zumeist auch der Magen- und Darmtrakt und die Atemwege gezogen.

Unter dem Begriff **Zwingerhusten** werden eine Reihe von Infektionen zusammengefaßt. Z.B.: Husten, Nasenausfluß, Lungenentzündung, oder die Herpesvirus canis Infektion.
Während ein echter Zwingerhusten in der Regel zu heilen ist, sterben mit dem Herpesvirus canis infizierte Welpen. Da die Hund sowohl bei Herpes canis, als auch bei Zwingerhusten fast die gleichen Symptome zeigen, werden die beiden Erkrankungen schnell verwechselt. Der Herpes canis Virus ist besonders unter den Züchtern gefürchtet, da schon ganze Würfe an diesem Virus gestorben sind.

Die **Parvovirose**, der **Corona Virus** und der **Reovirus** führen i.d.R. zu schweren Magen und Darmerkrankungen, mit blutigem Durchfall.

Bei schweren blutigen Durchfällen, verbunden mit Erbrechen und Mattigkeit, sollte man an erster Stelle an die Parvovirose denken.

Der Corona-Virus kann jedoch ebenfalls zu starken Durchfällen führen, meist verbunden mit einer Entzündung von Magen und Darm.

Weniger verbreitet ist der Reovirus, der neben den zuvor beschriebenen Symptomen mit einer fieberhaften Erkrankung der Atemwege einher geht.

Wichtig bei allen Erkrankungen ist die schnell Behandlung durch einen Tierarzt und daß Einsenden von Blut oder Kot n ein Labor, da in allen Fällen eine aufwendige Laboranalyse erforderlich ist, die zum Teil mindestens eine Woche dauert.

Vergiftung

Vergiftungen können vielfältige Ursachen haben. Eine Vergiftung kann z.B. durch Ködergifte, Insektizide, Arzneimittel, Insektenstiche, Farben, Lacken, Laugen, Pilzen oder Haushaltsreiniger verursacht werden.

Die Vergiftungssymptome hängen von der Art des Giftstoffes ab und sind recht unterschiedlich. Es können Koliken, Übelkeit, Erbrechen, Fieber, Untertemperatur, Blaufärbung der Zunge, verblassen der Schleimhäute, Krämpfe, Bewußtseinsstörungen, Lähmungserscheinungen usw. auftreten. Damit sie im Falle einer akuten Vergiftung dem Tierarzt wichtige Hinweise geben können, sollte ein Hundebesitzer einige Grunddaten über seinen Hund wissen.

So sollte bekannt sein
- ➢ wie die Schleimhäute des Hundes aussehen,
- ➢ wie z.B. sein Pulsschlag bei Ruhe und nach einem langen Spaziergang ist

➢ und welche Normaltemperatur dieser Hund hat (Ruhe und Bewegung).

Sollte der Hund Vergiftungserscheinungen aufweisen und starke Abweichungen von seinen Normalwerten zeigen, sollte man auch nicht selbst experimentieren, sondern auf dem schnellsten Weg zum Tierarzt gehen, denn je nach Art der Vergiftung kann frühzeitige und richtige Hilfe über Leben oder Tod entscheiden.

Narkose

Auch zum Thema Narkose gibt es unterschiedliche Meinungen unter den Akita Besitzern.

Auf Grund meiner Erfahrungen kann ich sagen, daß ich während oder nach einer Narkose bei keinem unserer Akita oder bei Nachzuchten aus unserem Zwinger Probleme erlebt habe.

Ob HD-röntgen oder eine Operation, alle Hunde haben die Narkose problemlos "weggesteckt".

Ich weiß aber auch von Fällen, wo es nach einer Narkose zu einem Kreislaufkollaps gekommen ist.

Bei einer dem Gewicht und dem Eingriff angemessenen Dosis, wird ein gesunder Hund wohl keine Probleme bekommen.

Wird zunächst eine zu geringe Dosis Betäubungsmittel verabreicht, kann es durch weitere Gaben zu Muskelkrämpfen kommen, die sicherlich für den Hund sehr unangenehm sind.

Auf Grund der Informationen der letzten 10 Jahre, kann ich sagen, daß offensichtlich 98 % der Akita keine Probleme mit der Narkose haben.

In Deutschland haben wir bislang kaum Probleme mit Erkrankungen beim Akita. Es sind selbstverständlich eine Reihe von Krankheiten bekannt, aber sie betreffen in der Regel immer nur einzelne Akita oder sehr wenige Exemplare der Rasse.

Aus Veröffentlichungen aus dem Ausland, hier speziell aus den USA, sind aber eine Reihe von Krankheiten bekannt geworden.

Ich denke, daß es in jeder Hunderasse, einschließlich der Mischlinge, eine Vielzahl von Dispositionen für Krankheiten gibt.

So zu tun, als ob gerade beim Akita "die Welt noch in Ordnung" ist, wäre unehrlich und an der Realität vorbei.

Wenn ich mir ansehe, wie explosionsartig die Anzahl der Allergien bei den Menschen in den letzten 20 Jahren angestiegen ist, ist es nicht verwunderlich, daß die Anzahl der Allergien bei den Hunden ständig steigt und daß immer mehr Krankheiten zum Ausbruch kommen.

Haut- und Haarprobleme

Allergien sind bei vielen Rassen ein Problem geworden. Gift in Teppichen und Holzböden, Gift auf Wegen und Feldern, Gifte wohin man schaut. Wen wundert es da noch, daß der Hund reagiert.

Allergien können aber nicht nur durch äußere Reize, sondern vor allem durch die Nahrung oder Stoffwechselerkrankungen hervorgerufen werden.

Bei der Nahrung hat sich - gemessen an den Rückmeldungen der Akitabesitzer - herauskristallisiert, daß viele Akita mit Hautproblemen reagieren, wenn die Nahrung zuviel Protein enthält.

In einer Reihe von "Leckerchen" sind Farb- und Zusatzstoffe enthalten, auf die Hunde auch allergisch, i.d.R. mit starkem Juckreiz, reagieren. Wenn ihr Hund allergische Reaktionen zeigt, lassen sie zunächst ALLES wegfallen, was der Hund neben seiner Grundnahrung bekommt. Keine Wurst, kein Leckerchen, nichts nebenbei. Ändert sich auch dann nichts und zeigt auch eine Umstellung der Grundnahrung nach ca. 6 - 8 Wochen keine Besserung, bleibt nur der Weg zum Tierarzt.

Eine Flohbiß-Allergie wurde bereits bei einigen Akita diagnostiziert. Ein Hund der eine Flohbiß-Allergie zeigt, braucht nun nicht von vielen Flöhen befallen sein. Ein einzelner Floh genügt bereits, damit der Hund unter intensivem Juckreiz leidet und sich ständig beißt und kratzt. Zu erkennen ist eine Flohbiß-Allergie anfangs an kleinen rötlichen Erhebungen, auf denen sich schnell Schorf und Schuppen bilden.
Ein Flobiß-Allergie tritt nur selten vor dem 9. Lebensmonat auf. Eine Behandlung kann sich nur auf die Flohbekämpfung konzentrieren, was auf Grund der starken Vermehrung der Flöhe zu einem langwierigen Problem werden kann.

Bei den Stoffwechselstörungen muß man angeborene und erworbenen Stoffwechselstörungen unterscheiden. Sollte eine linienbedingte Störung vorliegen, d.h., haben Eltern oder Geschwister ebenfalls diese Störungen, sollte mit diesen Hunden nicht gezüchtet werden.
Beim Alaskan Malamute gibt es eine vererbbare Störung des Kupferstoffwechsels. Eine erblich bedingte Störung bei der Aufnahme von Zink wurde beim Husky und bei den Malamuten festgestellt.
Beim Akita besteht zumindest der Verdacht, daß einige Hautprobleme in bestimmten Linien auch mit einem gestörten Kupfer oder Zink Haushalt zu tun haben. Zumindest konnte mit der Gabe von Zink ein positiver Effekt bei einigen Hauterkrankungen erzielt werden.

Bauchspeicheldrüse

Bislang gibt es nur wenige Fälle beim Akita, bei denen eine Pankreas-Erkrankung diagnostiziert wurde.
Von daher nur der Hinweis, daß eine Erkrankung oft daran zu erkennen ist, daß der Hund häufig große Mengen breiigen Kotes absetzt, das Futter wird dabei nur etwa zu 20 % verdaut, der Hund magert infolge des Nährstoffmangel - trotz Heißhunger - ab.

Da die Ausprägung der Erkrankungen recht unterschiedlich ist, je nachdem ob die Hormone für die Regulierung des Blutzuckerspiegels oder die Enzyme zur Verdauung im Darm betroffen sind, ist immer eine Behandlung durch einen Spezialisten erforderlich.

Hüftgelenksdysplasie

Es gibt keine andere, auf genetischen Ursachen basierende Krankheit bei Hunden, die so erforscht ist, wie die Hüftgelenksdysplasie.

Die Hüftgelenksdysplasie führt zu einer Entzündung des Gelenkes (Arthritis). Durch die falsche Lagerung des Oberschenkelkopfes in der Hüftpfanne, kann die Entzündung nicht ausheilen und wird dadurch chronisch. Die Strukturen des Gelenks verändern sich und es kommt zu Arthrosen.
Je schwerer der HD-Grad ist, um so früher treten Arthrosebildungen auf. Dadurch entstehen akute Gelenkentzündungen, die mit Lahmheit einhergehen. Die Hunde sind zum Teil nicht mehr in der Lage sich ohne ganz massive Schmerzen zu bewegen. Um so wichtiger ist es, dem Lauftier Hund, eine gesunde Hüfte zu erhalten.
Obwohl in den Veröffentlichungen in anderen Ländern häufiger zu lesen ist, daß

der Akita HD-Probleme habe, kann ich dies für Deutschland nicht bestätigen. Seit 1977 besteht im Akita Club die Röntgenpflicht. Seither, also immerhin bezogen auf einen Zeitraum von 25 Jahren, liegen 90 % aller ausgewerteten Akita im Bereich HD A (frei) und HD B (Verdacht).
Von daher ist die HD, zumindest in der Deutschen Zucht, kein Problem. Die Züchter des Akita Club achten auch darauf, daß überwiegend nur HD A Verpaarungen durchgeführt werden. Dies hat sicherlich zur guten HD-Situation in Deutschland wesentlich beigetragen.

In dem Akita Buch "Akita - National Tresure" aus den USA sind eine Vielzahl von Erkrankungen aufgeführt, die man bei den Akita in den USA festgestellt hat.
Die Disposition des Akita für alle möglichen Krankheiten scheint wesentlich umfangreicher zu sein, als ich es mir bislang vorstellen konnte, zumal in Deutschland ein großer Teil der in den USA oder Japan bekannten Krankheiten hier bis vor einigen Jahren entweder noch nie, oder nur mal im Einzelfall aufgetreten ist.
Fälle der letzten 5 Jahren sind z.B.: vielfältige Haut und Haarprobleme. und vereinzelt: Herz-Kreislauf-Probleme, Anämie, Leukämie, VKH, VWD; Epilepsie, Leber-, Nieren-, Bauchspeicheldrüsenerkrankungen, Probleme im Bereich Bänder und Gelenke, Wobblersyndrom, unterschiedliche Augenerkrankungen.

Autoimmun Probleme

Vogt-Koyanagi-Harada (VKH)

Ein Autoimmundefekt der u.a. auch beim Akita festgestellt wurde, ist das VKH Syndrom. VKH ist eine relativ seltene, wahrscheinlich erbliche Drei-Phasen-Störung, die Veränderungen im neurologischen Bereich bewirkt und fast immer mit Haut- und Augenerkrankungen einhergeht. Vielfach beginnen die Symptome im Alter von 18 - 24 Monaten, in besonders schlimmen Fällen auch schon mal ab 9. Monaten.
VKH beginnt zumeist mit einem Nachlassen der Sehkraft (Ablösung der Netzhaut), roten Stellen an der Haut, vermehrter Haarausfall, tränende Augen; Entzündungen an Nase, Mund und Genitalien und einer Veränderung bis hin zum Verlust des Hautpigmentes (es kommt sehr häufig zum Pigmentverlust am Kopf - der Hund wird innerhalb sehr kurzer Zeit ganz grau/weiß - das Haar verliert die Farbe).
Eine frühe Diagnose ist wichtig um noch eine gute Chance der erfolgreichen Behandlung zu haben.
Eine Diagnose des VKH-Syndroms ist durch Blutanalysen und Hautuntersuchungen möglich. In den USA wurden gute Erfolge in der Bekämpfung dieser krankhaften Augenveränderung durch das Medikament "Cyclosporine" (SandImmune) erzielt.
Wichtig ist beim ersten Anzeichen von Sehstörung, Haut- oder Pigmentveränderungen SOFORT einen Spezialisten aufzusuchen. Der Vorstand des Akita Club und seine Zuchtwarte geben gerne die Anschriften weiter.

Schilddrüsenerkrankung/Schilddrüsenunterfunktion

Die Schilddrüsenunterfunktion ist das Endresultat eines allmählich fortschreitenden endokrinen Autoimmundefektes, der über Jahre langsam die Schilddrüse zerstört und zur Reduzierung des Schilddrüsenhormones führt.
Als Stoffwechselregulator übt die Schilddrüse eine lebenswichtige Funktion im Körperhaushalt aus. Das von ihr gebildete Hormon (Thyroxin) regt im gesamten Körper den Oxydationsprozeß an.
Vor einigen Jahren hat eine Gruppe von Akita Züchter in den USA eine Untersuchung von 100 Akita in Auftrag gegeben. Bei 68 von 100 dieser Akita lag eine Erkrankung der Schilddrüse vor. Eine andere Untersuchung durch eine Tierärztevereinigung kam ebenfalls zu der Aussage, daß sich bei etwa 70 % der Akita eine Disposition für Schilddrüsenerkrankungen feststellen läßt.

Die Krankheitssymptome sind sehr vielfältig. Unfruchtbarkeit ist ein Symptom, das die Züchter häufig beschäftigt.
Die meisten schilddrüsenkranken Akita haben aber Haut und Haarprobleme, meist falsch diagnostiziert als Flohallergie oder einfach "Allergie".
Heiße Hautstellen; trockene und schuppige Haut, gebrochenes Haar, extremer Haarverlust, kahle Stellen, stark juckende Hautstellen, die ständig vom Hund "benagt" werden, können z.B. Symptome für eine Schilddrüsenerkrankung sein.

Es kommt häufig zu Fehldiagnosen, weil das Krankheitsbild einer Futtermittel-Allergie oder der Räude ähnelt. Eine Schilddrüsenerkrankung bei gleichzeitiger Futtermittelallergie zeigt sich z.B.: durch tränende Augen, Fieber, Muskelentzündungen und Problemen im Bewegungsablauf.
Neben Hautannomalien können die Symptome eines Autoimmunen-Schilddrüsen-Defektes z.B. Gewichtsschwankungen, Änderung/Störung im Sexualverhalten, Appetitlosigkeit, Erschöpfungszustände, gravierende Verhaltensänderungen, Leber, Nieren und Nebennierenerkrankungen, Anämie und eine erhöhte Anfälligkeit für Infekte sein. Manche Akita zeigen nur ein oder zwei Symptome, einige eine Kombination aus vielen.
In der amerikanischen Literatur wird nachdrücklich davor gewarnt bei Erscheinen eines oder mehrere der beschriebenen Krankheitsbilder eine Behandlung mit Steroiden zu beginnen. (zu den Steroiden gehören u.a. die Gallensäure, Vitamin D, Östrogene, Androgene, Gestagene, Hormone der Nebennierenrinde (Aldosteron, Corticosteron, Cortison).
Empfohlen wird eine Behandlung mit Schilddrüsenhormonen, die dem Hormonwert im Blut immer an der oberen Grenze halten sollen.
Sollte eine Allergie gegen Flöhe oder Pollen festgestellt worden sein, werden Desensibilisierungsinjektionen empfohlen. Ein Schilddrüsendefekt ist zwar nicht heilbar, aber durch die Gabe von entsprechenden Medikamenten und laufenden Bluttest zu kontrollieren.
Ein Zusammenhang zwischen der Erkrankung und der Ernährung mit sojahaltigem und mit künstlichem Jod angereicherten Futtermittel wird als wahrscheinlich angesehen.

Sebadinitis

Ein Problem der letzte Jahre ist eindeutig die Sebadinitis (SA). Bei SA zeigt sich ein ähnliches Hautbild wie zuvor beschrieben:
Heiße Hautstellen; trockene und schuppige Haut, gebrochenes Haar, extremer Haarverlust, kahle Stellen, stark juckende Hautstellen, die ständig vom Hund "benagt" werden. Bei einer Sebadinitis entzünden sich die Talgdrüsen des Hundes, die je nach Ausprägung der Erkrankung, ganz oder teilweise zerstört werden. Warum es Hunde gibt, bei denen sich die Talgdrüsen erneuern, während sie bei anderen Hunden vollständig zerstört werden, ist nicht bekannt. Ein SA befallener Hund ist auf jeden Fall kein angenehmer Anblick und die Hunde müssen sehr darunter leiden, zumal sie durch den ständigen Juckreiz nicht mehr zur Ruhe kommen.
Einige Leute haben gute Erfolge mit der Homöopathie erzielt. Es gibt die im AC so getaufte "Rampak-Methode" bei der der Hund u.a. von "innen und aussen "eingeölt wird.
Die Heilpraktikerin Ilona Gierke hat dem Akita Club mal ein Behandlungsbeispiel zur Verfügung gestellt. Danach wurde eine Hündin, die alle klassischen SA Anzeichen und so gut wie kein Haarkleid mehr hatte, behandelt. Frau Gierke warnt allerdings nachdrücklich davor, diesen Behandlungsplan nun einfach mal an dem eigenen Hund auszuprobieren, weil es eben bei jedem Lebewesen Unterschiede gibt, die es bei einer Behandlung zu berücksichtigen gilt.
25.3.99: Coffea D30 (Globuli), Omniflora N, Johanniskrautöl (äußerlich), Diätfutter mit Distelöl
27.3.99: Hepar Sulfuris D6 - Stoßtherapie, Sulfur Jodatum, Hametum-Tinktur (äußerlich)
01.4.99: Wie erwartet war der Hund mit eitrigen Pickeln übersät. Omniflora N, Staphylococcinum D30 (Globuli), Hametum-Tinktur + Calendula-Tinktur (äußerlich),
08.4.99: Canina Darmgel, Hametum-Tinktur (äußerlich)
20.5.99. Canina Darmgel, Staphylococcinum D30 (Globuli), Coffea D30.
Zustand am 01.9.99: Volles Haarkleid, keinerlei Überempfindlichkeiten.

Unter www.akita.de finden sie im Internet einige Hinweise und Links auf Untersuchungen zu dieser Erkrankung, oder geben sie Sebadinitis als Suchbegriff ein.
Auch bei dieser Erkrankung gilt: Gehen sie sofort zu einem Spezialisten und lassen sie nicht den Hund erst einige Monate falsch und i.d.R. ausschließlich mit Kortisonpräparaten behandeln, damit wird lediglich der Juckreiz bekämpft, mehr nicht.

"Von Willebrand Disease" VWD

Die VWD ist eine Bluterkrankheit. Die Ausprägung des Krankheitsbildes ist sehr unterschiedlich (leicht bis sehr schwer). Die homozygote Form ist den Letalfaktoren zuzuordnen, da es in diesen Fällen immer zum Tod durch verbluten kommt.
Ausführliche Untersuchungen der VWD bei Hunden gab es bislang nur beim Deutschen Schäferhund in den USA; festgestellt wurde diese Erkrankung aber bei einer Vielzahl von Rassen. In den USA schätzt man, daß etwa 20 % der Großen Japanischen Hunde (vormals amerikanischer Akita) VWD geschädigt sind.
Es wird vermutet, daß VWD auf ein autosomal dominantes Allel mit unvollständiger Penetranz und Ausprägung zurückzuführen ist.
Auswirkung der Krankheit ist, daß der Hund in leichten Fällen bei einer Verletzung auffällig lange blutet, in schweren Fällen verblutet der Hund.
Warnhinweise auf eine mögliche Erkrankung können u.a. folgende Symptome sein: Blut in Kot und/oder Urin, Nasenbluten, Blutungen der Schleimhäute, vermehrte Totgeburten, auffälliges Bluten beim Abnabeln von Welpen, periodisch auftretendes Hinken oder Lahmen.
In den USA, England und Skandinavien lassen inzwischen viele Züchter einen Bluttest auf VWD durchführen, bevor ihre Akita zur Zucht eingesetzt werden.

Zukunft des Akita in Deutschland

Als ich 1994 die erste Ausgabe dieses Buches geschrieben habe, war ich mir nicht sicher, ob der Akita in Deutschland eine Zukunft hat.
Durch die Änderung des F.C.I.-Standard und das drohende Zuchtverbot für Akita mit dunkler Maske, den damals zu erwartenden Zuchteinschränkungen für Pintos und für Akita die nicht dem japanischen Typ entsprechen, war die Entwicklung nicht abzuschätzen.
Mitte der 90ziger gab es noch nicht so viele "echte" Japaner und einen großer Teil der Population stellten die Mixzuchten.
Bei der 2. Ausgabe 1997 waren die zu erwartenden Einschränkungen schon nicht mehr gravierend, da der Typwechsel in der Akitazucht, hin zu einem phänotypisch rein japanischen Akita, fast abgeschlossen war.
Heute bin ich mir sicher, dass der Akita eine Zukunft in Deutschland hat. Die Züchter des Akita Club haben es sich zur Aufgabe gemacht, einen gesunden, kräftigen und substanzvollen japanischen Akita in den Standardfarben zu züchten und arbeiten ernsthaft daran, dieses Zuchtziel umzusetzen.

Sorge bereiten mir immer noch die unbedarften Akita "Neubesitzer".

Während der Akita früher ganz bewußt von Leuten gekauft worden ist, die einen unabhängigen, intelligenten und manchmal auch schwierigen und eigensinnigen Hund gesucht haben, wird er inzwischen häufig gekauft, weil "er so hübsch" aussieht.

Mit dem Steigen des Bekanntheitsgrades der Rasse und den damit verbundenen Veränderung im Typ der Akita-Interessenten und Käufer, kommt es vermehrt zu Problemen

Speziell Rüdenbesitzer kommen nicht mehr mit den Hunden klar, zumeist kommen die Hilferufe wenn die Rüden im Alter zwischen 9 bis 24 Monaten alt sind.

Wenn man sich die Probleme und das Zusammenleben schildern läßt, kommt man zu 95 % immer zu dem gleichen Schluß. Die Leute haben ihren Akita gar nicht, oder bestenfalls wie einen kleinen, leicht zu handhabenden Hund erzogen. Diese Leute werden von ihrem eigenen Akita einfach nicht mehr ernst genommen.

Dafür ist ein Akita aber zu groß, zu stark und auch zu dominant anderen Hunden gegenüber. Dieser Hund muß erzogen werden.
Den Imageschaden den Leute mit unerzogenen großen Hunden und ihrer völlig falschen Tierliebe verursachen können ist enorm.
Auszubaden haben dies leider immer in erster Linie die Hunde und natürlich auch alle anderen Besitzer der Rasse, egal wieviel Mühe diese sich geben.
In einem Deutschland, das immer hundefeindlicher wird, darf man sich einfach keinen Beissvorfall leisten.
Dazu gehört ein gut erzogener und sozialverträglicher Akita, der einen umsichtigen und rücksichtnehmenden Besitzer am anderen Ende der Leine hat.

Weiterhin möchte ich den Rasseinteressenten nochmals ans Herz legen, nicht bei Vermehrern zu kaufen, die ohne Papier, ohne Gesundheitsuntersuchungen und ohne Rücksicht auf die Gesundheit der Hündin, "Billigwelpen" auf den Markt bringen.
Die Erfahrungen haben gezeigt, dass diese Welpen entweder das berühmte Schild um den Hals "auch ich soll ein Akita sein" benötigen oder das die Käufer nach einigen Monaten bereits das dreifache des Kaufpreises in Tierarztkosten stecken mußten.

Ein weiterer wichtiger Faktor sind die Züchter. Nur wenn die Züchter sich ihrer Verantwortung gegenüber der Rasse im klaren sind, hat die Rasse eine Zukunft.

Verantwortung heißt für mich in erster Linie, dafür Sorge zu tragen, daß der Akita kein Modehunde wird. Die große Nachfrage nach einer Rasse hat bislang immer dazu geführt, daß die Rasse innerhalb von wenigen Jahren mit vielen genetischen Defekten zu kämpfen hatte. Quantität ging in diesen Fällen leider vor Qualität.
Verantwortung der Züchter heißt auch, offen mit Erkrankungen umzugehen und auch nicht offensichtlich kranke Hunde konsequent aus der Zucht zu nehmen.
Das nur mit gesunden und rassetypischen Akita gezüchtet wird, sollte einfach selbstverständlich sein.

Dazu gehört auch,

- daß auf Qualität gezüchtet wird;
- die Preise auf einem Niveau zu halten, die den Akita nicht zum "Wegwerfhund" deklassieren, ihn aber auch nicht zu einem teuer bezahlten "Vitrinenstück" werden zu lassen.
- daß sich die Züchter ihre Welpeninteressenten sehr genau ansehen und nicht jedem Anfänger gleich einen Rüden in die Hand drücken.
- den Akita nicht mehr nur als Familienhund zu fördern, sondern auch herauszustellen, daß der Akita ein Hund ist der gerne arbeitet, d.h., daß auch die Züchter den Breitensport, Agility oder auch eine Rettungs- oder Jagdhundausbildung vorantreiben.
- daß Hündinnenbesitzer ehrlich zu sich selbst sind und nicht mit jeder Hündin züchten, denn züchten heißt, die Rasse ständig zu verbessern, sowohl im Geno-, als auch im Phänotyp.

Ich würde mir für die Rasse wünschen, daß der von den Mitgliedern und Züchtern des Akita Club eingeschlagene Weg sich durchsetzt und alle ernsthaft an der Zucht eines wesenfesten, schönen und gesunden Akita arbeiten.

Für die Lesern dieses Buches wünsche ich mir, daß ich Ihnen die Rasse Akita ein wenig näher bringen konnte.

Es sind tolle Hunde!

3982

Akita Club e.V.

1. Vorsitzender Lutz Lammers	Erlenkamp 26, 59071 Hamm	0 23 81 - 98 36 21 / Fax: 98 36 20
2. Vorsitzender Rudi Ophei	Vockrather Str. 34, 41472 Neuss	0 213 1 - 8 17 40 / 8 44 96
Hauptzuchtwartin Susanne Faust	Westenfelder Str. 2, 38387 Söllingen	0 53 54 -17 91 / Fax 84 99
Zuchtrichterobfrau/ Ausstellungsangelegenheiten Angelika Kammerscheid-Lammers	Erlenkamp 26, 59071 Hamm	Fax: 0 23 81 - 98 36 20
Leiterin der Geschäftsstelle Gabriela Richard	Hammer Str. 59, 59174 Kamen	0 23 07 - 23 51 42 / Fax 23 51 42
Kassenwartin Beate Vetter	Am Wenzelflecken 11 61279 Grävenwiesbach	0 60 86 - 18 88 / Fax 2 89
Schriftführerin Kerstin Bledl	Pühlheim 35, 90518 Altdorf	0 91 87 - 28 95 / Fax 80 45 09

Vereinsbeauftragte

Zuchtbuchstelle Angelika und Lutz Lammers	Erlenkamp 26, 59071 Hamm	0 23 81 - 98 36 21
Tierschutzbeauftragte: Christiane Lorra	Zum Aakhof 44, 59590 Geseke	0 29 42 - 65 22
Akita in Not Gabriela Richard	Hammer Str. 59, 59174 Kamen	0 23 07 - 23 51 42, Fax 23 51 42
Sport- und Ausbildungsobleute Marita und Harry Schulte	Sülberg 1, 58675 Hemer	0 23 72 - 86 06 75
Erziehungsberatung Horst Hegewald	Glatzerstr. 1, 85221 Dachau	0 81 31 - 1 35 22
Redaktion Mitgliederforum Sonja Rademacher,	Am Frankenhof 45 46514 Schermbeck	0 28 53 - 39 241
Internetbeauftragte Beate Pürner	Robert-Götz-Str. 41 44319 Dortmund	02 31 - 21 39 39 o. 5 60 03 94

www.akita.de

Zuchtwarte

Birgit Ufer	Roseggerstr. 16, 04289 Leipzig	03 41 - 8 61 60 46
Sieglinde Mirre	Siedlung 23b, 04657 Narsdorf	03 43 46 - 6 19 20
Annette Philipp	Kamillenstr. 12, 12203 Berlin	030 - 8 31 26 63
Dr. Brigitte Limbach	Reindorfer Osterberg 2, 21266 Jesteburg	0 41 81 - 64 88 o. 3 03 27
Klaus Faust	Westenfelder Str. 2, 38387 Söllingen	0 53 54 - 17 91
Susanne Faust	Westenfelder Str. 2, 38387 Söllingen	0 53 54 - 17 91
Gabriela Richard	Hammer Str. 59, 59174 Kamen	0 23 07 - 23 51 42
Hubert Finkennest	Flurstr. 47, 59075 Hamm	0 23 81 - 7 47 25
Angelika Kammerscheid-Lammers	Erlenkamp 26, 59071 Hamm	0 23 81 - 98 36 21
Birgitte Gottweiss	Brunnenweg 13, 73565 Spraitbach	0 71 76 - 9 00 19
Horst Hegewald-Kawich	Glatzerstr. 1, 85221 Dachau	0 81 31 -1 35 22
Kerstin Bledl,	Pühlheim 35, 90518 Altdorf	0 91 87 - 28 95

Regionale Ansprechpartner

Schleswig-Holstein		
Ortrud & Karl-Heinz Fahrenkrug	Bovenau	0 43 34 -18 28 70
Sachsen / Sachsenanhalt		
Sieglinde Mirre	Narsdorf	03 43 46 - 6 19 20 und
Thüringen:		
Birgit Ufer	Leipzig	03 41 - 8 61 60 46
Mecklenburg-Vorpommern:		
Dr. Ramona Salazar	Hinrichshagen	0 38 34 - 50 47 93
Berlin:		
Annette Philipp		030 - 8 31 26 63
Niedersachsen:		
Susanne Faust	Söllingen	0 53 54- 17 91
Rheinland:		
Birgit Schillinger	Brühl	0 22 95 - 90 28 69
Westfalen:		
Christiane Lorra	Geseke	0 29 42 - 65 22
Niederrhein:		
Sonja Rademacher	Schermbeck	0 28 53 / 3 92 41
Baden-Württemberg:		
Birgitte Gottweiss	Spraitbach	0 71 76 - 9 00 19
Hessen:		
Beate Vetter	Grävenwiesbach	0 60 86 - 18 88
Hessen, Raum Kassel:		
Dr. Manfred Gabrys	Bad Soden	0 56 52 - 45 00
Bayern, Raum München:		
Elisabeth Henning	Herbertshausen	0 81 31 - 8 61 37
Bayern, Raum Nürnberg:		
Jutta Schenkl	Rückersdorf	09 11 - 57 91 50
Bayern, Raum Franken:		
Kerstin Bledl	Altdorf	0 91 87 - 28 95

Züchterliste des deutschen Akita Club e.V. Stand 1.2002

Mitglied im Verband für das Deutsche Hundewesen e.V. (VDH)
der Fédération Cynologique Internationale (F.C.I.) angeschlossen
Mitglied der Weltunion der Akita Clubs (WUAC)

Hamburg		
"Maruyama-Ken"	Lothar Natzenberg,Oppelner-Str. 45, 22045 Hamburg	0 40 - 6 53 48 09
Niedersachsen		
"no Mikoto"	Annegret Heuer, Schönemoorer Str. 92, 27753 Delmenhorst	0 42 21 - 5 54 91
"Von Yu-Kruba-Ken"	Barthold Kruse, Telefunkenstr. 18, 29223 Celle	0 51 41 - 3 69 32
"of Taisho Go"	Ingo Warnecke, Ossenbecker Moorweg 7, 49356 Diepholz	0 54 41 - 16 25
Mecklenburg-Vorpommern		
"GoYukibera Kensha"	Dr. Ramona Salazar, Dorfstr. 58, 17498 Hinrichshagen	0 38 34 - 50 47 93
Berlin		
"Bodaiju no Niwa"	Sonja Weidauer, Lindenstr. 46, 12526 Berlin	03 0 - 67 68 96 25
Sachsen-Anhalt		
"Anakizu Ken"	Anja und Horst Bierstedt, Kleine Gartenstr. 6, 38486 Klötze	0 39 09 - 23 45
Thüringen		
"No Suzuyama"	Carsten Obst, Am Schellenberg 130, 99735 Kleinfurra	03 63 34 - 5 09 50
Nordrhein-Westfalen		
"of Cacic"	Dragutin Cacic, Hohensyburg 108, 44265 Dortmund	02 31 - 77 42 24
"Shiroi na Suna"	Norbert Gehrmann, Kattenstrot 4, 33428 Harsewinkel	0 52 47 - 66 84
"von Shinrai"	Petra Ihde, Meesenbergstr. 21, 46519 Alpen	0 28 02 - 73 53
"of Dharani-Go"	Dr. Willi Jansen, Donnerbecke 72 , 44879 Bochum	02 34 - 49 33 32
"vom Aakhof"	Christiane Lorra, Zum Aakhof 44, 59590 Geseke	0 29 42 - 65 22
"of Amayadori Ken"	Gabriela Richard, Hammer Str. 59, 59174 Kamen	0 23 07 - 23 51 42
"go Kiyama"	Sibylle Rother, Antonistr. 7, 48301 Nottuln	0 25 02 - 2 54 30
"of Ichinoseki"	Birgit und Horst Schillinger, Tüschenbonnen 18, 53804 Much	0 22 95 - 90 28 69
"Bushi-Inu"	Jürgen Schlickewei, Ewertstr. 21, 33154 Salzkotten	0 52 58 - 2 18 18
Hessen		
"of Itoko-Ken"	Beate u. Michael Vetter, Wenzelflecken 11, 61279 Grävenwiesbach	0 60 86 - 18 88
Baden-Württemberg		
"Nozomi Inu of Ryusei"	V. Bitomsky, Im Horberholz 5, 70794 Filderstadt	07 11 - 7 73 80 59
"Haito Inu of Yama"	Birgitte Gottweis, Brunnenweg 13, 73565 Spraitbach	0 71 76- 9 00 19
"Kabuki"	Monika Hausner-Schönfelder, Hauptstr. 85, 71549 Auenwald	0 71 91 - 5 49 62
"of Kuro Mori"	Heike und Jürgen Reuter, Öschlestr.3, 78078 Niedereschach	0 77 28- 3 90
"of Kalamalka"	Bruno Throm, Oberweiler 20, 74653 Künzelsau	0 79 44 - 25 29
"Tarha Uri-go von Rantala"	Taisto Taivassalo, Riesgässchen 11, 79539 Lörrach	0 76 21 - 1 02 94
Bayern		
"vom Urlbach"	Werner F. Altnöder, Marktplatz 7, 95696 Neualbenreuth	0 96 38 - 7 27
"Koyama-Ken"	Kerstin Bledl, Pühlheim 35, 90518 Altdorf	0 91 87 - 28 95
"Oyakata-Hopf"	Thea u. Erhard Hopf , v. Hennebergstr. 18 a, 97708 Bad Bocklet	0 97 08 - 70 60 81
"Kimatashi's"	Jutta Schenkl, Schmalzbergstr. 1, 90607 Rückersdorf	09 11 - 57 91 50

Sachsen

"of tsuyoi Kuma Ken"	Ingrid Bernhard, Sausedlitzer Str.14, 04509 Delitzsch/OT Laue	03 42 02 - 8 35 11
"of Mirai Ken"	Sigrid Fitzner, Spreer Str. 17, 02929 Rothenburg O.L.	03 58 92 - 35 95
"vom Jidosha-Kyososha"	Ingrid Nickel, Untergasse 17, 06618 Priessnitz	01 70 - 3 23 04 65
"of Ju-Mori-Ken"	Bettina Schieser, Birkenweg 7, 01619 Röderau	0 35 25 - 76 49 95
"of Kishi Ken"	Birgit Ufer, Roseggerstr. 16, 04289 Leipzig	03 41 - 8 61 60 46

Der durchschnittliche Welpenpreis liegt derzeit bei ca. 1300,- €.
Die Welpen müssen bei der Abgabe 4-fach geimpft, mehrfach entwurmt, durch Mikrochip gekennzeichnet und durch einen AC Zuchtwart begutachtet worden sein.
Ab 1.1.2002 muss auch ein DNA-Bluttest zur Elternschaftsbestimmung beim Welpen durchgeführt werden.

Geschützte Zwingernamen des deutschen Akita Club e.V. VDH/F.C.I. von zur Zeit nicht aktiven Züchtern (Hündin zu alt oder zu jung)

Niedersachsen

"von Kobushi-Ken"	Susanne u. Klaus Faust, Westenfelder Str. 2 38387 Söllingen	0 53 54 - 17 91

Nordrhein-Westfalen

"Akita von der Steinhäger Heide",	U. Botthof, Isselhorster Str. 50, 33803 Steinhagen	05204-88156
"aus Chiyoda-Ku"	Magdalene u. Hubert Finkennest, Flurstr. 47, 59075 Hamm,	0 23 81 - 7 47 25
"Toranaga-Ken"	Dr. Ina Gösmeier, Obersinsenerstr. 74, 45770 Marl	0 23 65 - 8 67 07
"of Shinzenbi"	Patrizia Hilse, Wippenhohn 1a, 53773 Hennef	0 22 42 - 8 21 33
"Kotobuki no go Ken"	Henrike Holtermann,Im Rüschenfeld 29, 48161 Münster	0 25 34 - 23 70
"of Shirakami Kensha"	Mechthild Jansen, Donnerbecke 72 b, 44879 Bochum	0 23 24 - 8 10 90
"of Zanshen Go"	Andreas Kurtz, Schlesienring 41, 48324 Sendenhorst	0 25 26 - 95 18 58
"von Hammona-Ken"	Lutz Lammers, Erlenkamp 26, 59071 Hamm	0 23 81 - 98 36 21
"vom Hachi Ko-Ken"	Bettina Lasenga, Further Str. 89 A, 41462 Neuss	
"of Bisho Shiro Kuma"	Britta Lorenz, Schützenstr. 12, 53577 Neustadt a.d.Wied,	0 26 83 - 93 87 63
"Asahi Ken",	Heike Rommelmann, Hauptstr. 80, 32694 Dörentrup	0 52 65- 82 00
"Itsumo-Shimboku"	Ulrich Schmitter, Joh.-Girmesstr. 124, 47929 Grefrath	01 77 - 2 08 80 89
"von Tetsu Mori Ken"	Marita und Harry Schulte, Sülberg 1, 58675 Hemer	0 23 72 - 86 06 75

Hessen

"Takamori-Ken"	Ulrich Becker, Im Wiesengrund 6, 35232 Dautphetal	0 64 68 - 13 53
"von Momo no ki Ken"	Ute Famulok, Warpelstr. 2, 34277 Fuldabrück	0 56 65 - 43 44
"of Sanroku Kensha"	Dr. Manfred Gabrys, Hinter der Kirche 12, 37242 Bad Sooden-Allend.	0 56 52 - 45 00
"Yamaichi"	Heike Mewes, Bergstr. 4, 35091 Cölbe	0 64 21 - 8 47 54
"von Atori Inaka Ken"	Conny Schmidt, Hubertusstraße 12a, 61250 Usingen	0 60 81 - 1 49 92

Rheinland-Pfalz

" Ureshii's"	Karin Odinius, Schützenstr. 24, 53577 Neustadt/Rahms	0 26 83 - 22 92

Baden-Württemberg

"of Hokorashii Fushicho"	Gerhard Decker, Plochingerstr. 44, 73779 Deizisau	07 11 - 3 19 18 65
"Hinnode Kennel"	Elke Hegewald-Kawich, Glatzerstr. 1, 85221 Dachau	0 81 31 - 1 35 22
"Nikko Zaka So"	Eckart Henning, Am Sonnenhang 1, 85241 Hebertshausen	0 81 31 - 8 61 37
"Yutaka na yama no"	Dr. Anne Thevis, Steige 9, 97234 Reichenberg	09 31 - 66 16 19

Sachsen

"vom Zakuro Ken"	Gerd Fischer, Obere Dorfstr. 1c, 04657 Narsdorf	03 43 46 - 6 10 11
"of Furosha Ken"	Sieglinde und Helmut Mirre,Siedlung 23 b, 04657 Narsdorf	03 43 46 - 6 19 20
"of Ore Mountain"	Angelika Reimann, An der Hohle 14, 09548 Deutschneudorf	03 73 68 - 2 68
"of Saibankan"	Sabine u. Kurt Richter, Neue Siedlung 1, 04654 Eschefeld	03 43 48 - 5 16 76
"of Ogawa Ken"	Bernhard Schindler, Grimmaer Str. 5, 04651 Bad Lausick	03 43 45 - 2 16 68

Mecklenburg-Vorpommern

"Tokai Ken"	Holger Saß, Seestr. 2b, 17509 Lubmin	03 83 54 - 3 67 83

Fotonachweis:

Titelbild, Rücktitel, Seite 5, 10, 11, 28, 30, 31, 32, 34, 51, 54 - Angelika Kammerscheid-Lammers

Seite 29	Ausstellung in Odate von Mai 2000, Fotos Dr. Keiichi Ogasawara
Seite 36	Foto oben: JKC - Best in Show der Ausstellung von 01.2001 Foto unten: Susanne Faust und Angelika Kammerscheid-Lammers - Akita-Bronze-Figuren in Tokio
Seite 41	Foto oben: roter Japanimportrüde von Richard Hellman, Italien, Foto unten: gestromte Japanimporthündin von Beate Vetter, D.
Seite 43	Ausstellungshunden aus Japan
Seite 45	o.l. Rüde aus Japan, o.r. Japanimporthündin von Patrice Zeller, Frankreich, unten Japanimportrüde von Shigeko Capron. Frankreich
Seite 47	o.l. rote Japanimporthündin von Birgit Ufer, o.r. gestromter Japanimportrüde von Gabi Richard, u.l. roter Japanimportrüde von Ingo Warnecke, u.r. roter Japanimportrüde von Lambert Dircks, NL
Seite 49	4 Monate alte Hündin aus der Zucht von Sybille Rother
Seite 61	Rüden von Andre Frey aus Frankreich, u.l. Welpen von Dr. Willi Jansen, u.r. Hündin von Mm. Sotteau aus Frankreich.
Seite 66	Hündin von Familie Danesi, Italien, u. 6 Monate alter Japan-Rüde
Seite 67	Beate Vetter und ihre 3 Akita
Seite 70	Hündin der Familie Gottweis
Seite 71	o.l. Welpe in der Nähe von Odate, Welpe aus der Nachzucht von Heike Mewes, unten: Welpe aus der Nachzucht von Dragutin Cacic
Seite 76	l. Hündin von Heike Mewes, r. Importrüde von Lambert Dircks
Seite 79	Rüde und Hündin aus dem Zwinger "of Cacic" bei der Welpenaufzucht
Seite 81	7 Wochen alte Welpenhündin aus dem Zwinger "Amayadori Ken"
Seite 85	Japanimportrüde der Familie Henning mit 10 Wochen
Seite 86	Hündin aus dem Zwinger "of Cacic" mit 10 Tage alten Welpen
Seite 87	Hündin und Welpe aus dem Zwinger "Dharani Go"
Seite 90	o.l. Japanimportrüde Lambert Dircks, NL, o.r. Japanimportrüde von Patrick Suard, Frankreich, m.l. Japanimportrüde von Richard Hellman, Italien; m.r. in Deutschland gezogene Rüde von Familie Thümmel, u.l. in Deutschland gezogener Rüde der Familie Cacic, u.r. Portugalimportrüde der Familie van Loon, NL.
Seite 91	Italienimporthündin der Familie Faust
Seite 96	Rüde in Japan
Seite 102	Wurfschwestern aus dem Zwinger "Kimatashi`s"
Seite 103	Hündin der Familie Scheck aus dem Zwinger "Taisho Go" mit 12 Wochen
Seite 104	o.l. Rüde Tari aus dem Zwinger "Yamaichi", o.r. Hündin aus dem Zwinger "of Cacic" u.l. Japanimport "Daigoh", u.r. Japanimporthündin im Besitz von Patrick Suard, aus dem Siegerin der 20 Jahr-Feier des Akita Club unter dem Zuchtrichter Herrn Nakagawa, im Hintergrund Izumi Awashima.

25 Jahre Akita Club e.V.
in Deutschland
Festabend und Ausstellung
am 16. und 17. März 2002
in den Zentralhallen Hamm

Seihoh of Juntai-Doh - 12 Jahre - erfolgreichster Akita aller Zeiten mit Eigentümer Richard Hellman und den Zuchtrichtern Izumi Awashima, Mitsuo Yoshinaga u. Angelika Kammerscheid-Lammers

Nihonkai Go Okadeyama Kensha
Best in Show - Eigentümer Roberto Brutti, I

Schönste Hündin u. schönster Rüde der Ausstellung
Eig. Jacky Martin, F - Roberto Brutti, I

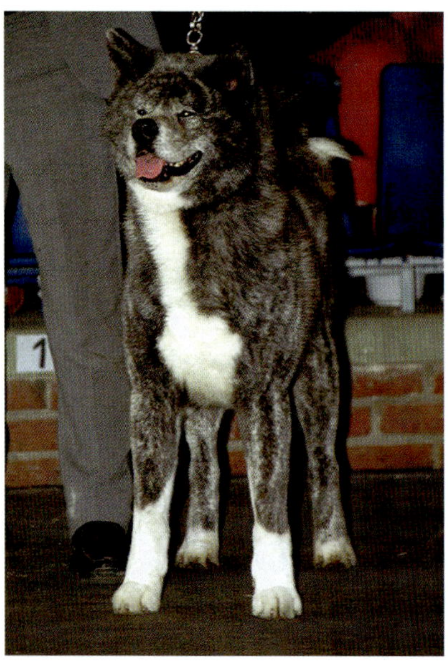

Rikiou Go Sambisow - Antonion Saporito

Kuma Go Hakuhousow - Patrice Zeller

Yuuki - Eugenio Baglieri

Eigentlich haben wir sehr bedauert, dass wir das Buch nicht schon zur 25-Jahr-Feier präsentieren konnten. Der Umstand, dass alles nicht so geklappt hat, wie wir es uns gewünscht hätten, führt aber in diesem Fall dazu, daßwir die Jubiläumsfeier und Ausstellung noch einarbeiten können.

25 Jahre Akita Club in Deutschland sind untrennbar mit den Namen der Familie Lammers und der Familie Finkennest verbunden.
Beide Familien haben den Verein aufgebaut und Hubert und Magdalene Finkennest, sowie Lutz Lammers sind die Gründungsmitglieder, die bis heute Mitglieder des Vereins sind. 25 Jahre Akita Club sind aber auch 25 Jahre kontinierliche Vereinsführung durch Lutz Lammers.

Wie durch Harry Zrenner und Susanne Faust in der Laudatio zur Feier gesagt wurde:
"25 Jahre Akita Club sind gleichbedeutend mit 25 Jahre schöpferischer Kraft, Arbeit, Einsatzbereitschaft und Enthusiasmus, 25 Jahre Gefühl für Führung, Verständnis, Umsicht, 25 Jahre für menschliche Nähe und Freundschaft über Grenzen hinweg zum Wohle des Akita im Zusammenleben mit uns Menschen. 25 Jahre Akita Club sind auch 25 Jahre Lutz Lammers.

Das wir etwas richtig gemacht haben müssen, hat auch die Gästeliste gezeigte.
Zu den 200 Personen des Festabends durften wir neben ganz vielen Freunden aus dem In- und Ausland die Herren Awashima, Shimada und Yoshinaga aus Japan, den VDH Hauptgeschäftsführer Bernhard Meyer und 8 Vorsitzende ausländischer Akita Clubs begrüßen.

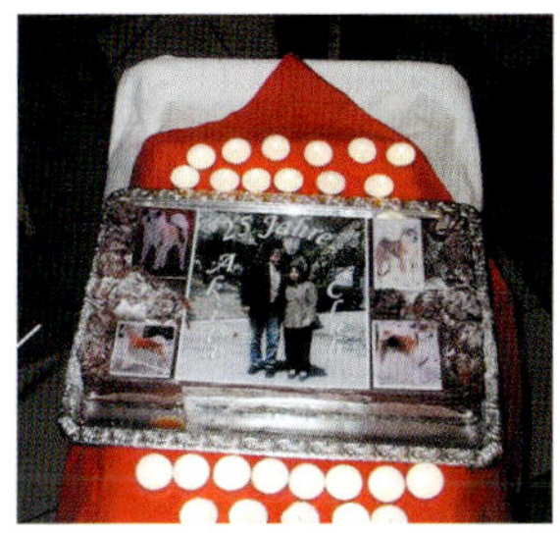

Geburtstagstorte

Pat Szymanski, USA
Jean Luc Delente, Frankreich
Lutz Lammers, Deutschland
Roberto Brutti, Italien
Freddie Klindrup, Dänemark
Magne Bergerson, Norwegen
Fritz Paier, Österreich
Ewa Szeremeta-Szeliger, Polen,
nicht auf dem Foto,
Josef Khyn aus Tschechien.

Um nur einige der vielen Freunde aus dem Ausland zu nennen, mit denen uns zum Teil eine sehr lange Freundschaft verbindet; die sich in ihren Ländern um die Zucht des Akita verdient gemacht haben und mit denen ein sehr guter Informationsaustausch stattfindet oder die sich immer, wenn der Akita Club e.V. große Veranstaltungen hat, über viele hundert, teilweise tausend Kilometer auf den Weg nach Deutschland machen, möchten wir Danke sagen an:
Britt Nyberg & Dag Rune Egge aus Norwegen; Monica Nilsson aus Schweden; Carl Jensen, Lene Möllgard und Inger Davidsen aus Dänemark; Lambert & Yvonne Dircks, Marij & Wilhelm van Loon, Astrid & Joop Quwerkerk aus den Niederlanden; Patrice Zeller, Jean Luc Delente, Patrick Suard, Andre Hell, Chogeko Capron aus Frankreich; Richard Hellman, Gaia und Guiliano Danesi, Roberto Brutti, Antonino Saporito, Salavtore Palermo aus Italien, Pat Szymanski und Sophie Kaluzniacki aus den USA.

Ein ganz besonderer Dank für die vielen wichtigen Informationen der letzten Jahre an Toyosaku Kariyabu, Izumi Awashima und den Präsidenten des JKC Herrn Mitsuteru Hoshi.
Natürlich möchten wir auch Danke sagen, an die in den letzten Jahren recht aktiv gewordenen Akita Besitzer aus Österreich, der Schweiz, Griechenland, Ungarn, Polen, Tschechien und Israel.

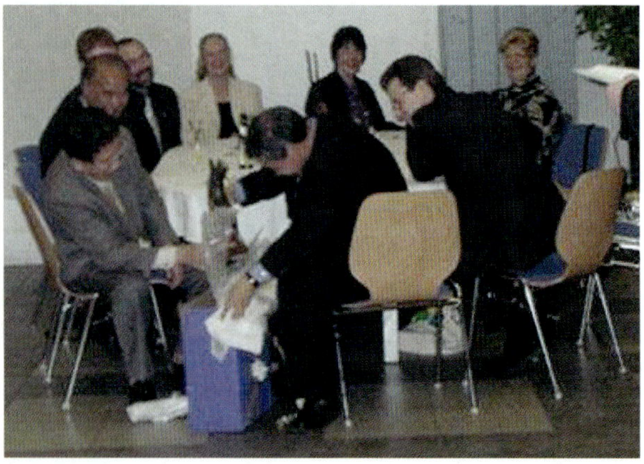

Ehrengäste - im Vordergrund Izumi Awashima links Herr Shimada, Herr Yoshinaga, Beate Pürner Jean Luc & Mano Delente, Claudia Marienfeldt, Annemarie Kolbe und Bernhard Meyer

Lutz & Angelika Lammers, mit Susanne Faust

Das Geschenk, das uns am Festabend "am meisten unter die Haut" gegangen ist, wurde durch Züchter und Mitglieder des Akita Club überreicht. Es kam völlig unvermutet und war für uns die schönste Anerkennung für 25 bzw. 22 Jahre Arbeit für den Club und die Rasse. dafür möchten wir uns ganz herzlich bedanken bei: "of Cacic" Laura & Dragutin Cacic; "Yukruba Ken" Inge & Barthold Kruse; "of Taisho Go" Ingo Warnecke; "No Suzuyama" Karsten Obst; "von Shinrai" Petra Ihde, "of Dharani Go" Dr. Willi Jansen, "Akebono"Petra Krewett & Rainer Schmitz; "vom Aakhof" Christiana Lorra; "Go Kiyama" Sybille & Armin Rother; "of Ichinoseki" Birgit & Horst Schillinger; "Bushi Inu" Jürgen Schlickewei; "of Itoko Ken" Beate & Michael Vetter; "Nozomi Inu of Ryusei" Vera & Vaclav Bitomsky; "Haito Inu of Yama" Birgitte & Ulrich Gottweiss; "Kabuki" Monika Hausner-Schönfelder; "Oyakata Hopf" Thea & Erhard Hopf; "Kimatashi`s" Jutta Schenkl; "of tsuyoi Kuma Ken" Ingrid Bernhard; "of Kishi ken" Birgit Ufer; "Kojama Ken" Kerstin Bledl; "of Amayadori Ken" Gabriela Richard; "Yamaichi" Heike Mewes; "Yumenoshima" Yvonne & Lambart Dircks und Beate Pürner.

Alle Anwesenden haben den Abend für uns zu einem unvergeßlichen Tag gemacht - dafür vielen Dank.

Die 150 für die Ausstellung am 17. März gemeldeten Hund wurde durch Herrn Mitsuo Yoshinaga gerichtet. Man hatte auch diesmal wieder den Eindruck, dass die Akita Club Züchter sich dem Internationalen Standard angeglichen haben. Das zeigt auch, dass man auch mit einer umfassenden Zuchtkontrolle und hoch angesetzten Zuchtvoraussetzungen vorzügliche Akita züchten kann.

Insgesamt war es ein tolles Wochenende mit vielen netten Menschen, die aus 17 Nationen nach Deutschland gekommen sind, um dieses Wochenende mit uns zu feiern. Das viele schöne Akita zu sehen waren, geben die Bilder hoffentlich wieder. Vielen Dank in diesem Zusammenhang an Heike Mewes und Christoph Weyd, die uns innerhalb von 6 Tagen die Fotos der 25-Jahr-Feier zur Verfügung gestellt haben.

Rüde Seiryuu Go Ryuuhou Yamagami
Lambert & Yvonne Dircks

Rüde Poi of Cacic
Laura & Dragutin Cacic

Hündin Naoki-Go -
Eugenio Baglieri

Rüde Korai Yume Maru Go Miyagi
Kozaki Kensha - Gabi Richard

Rüde Lo Tak lei Fukai
Marij & Wilhelm van Loon-Smetsers

Rüde Unryu of Cacic
Laura & Dragutin Cacic

Rüde Angsmyrens Jishi No Iro
Monica & Yngve Nilsson

Rüde Rikioumaru Go Kojoudou
Rainer Schmitz

Rüde Kyoutora Go Shirai
Jocelyne Brassac & Andre Hell

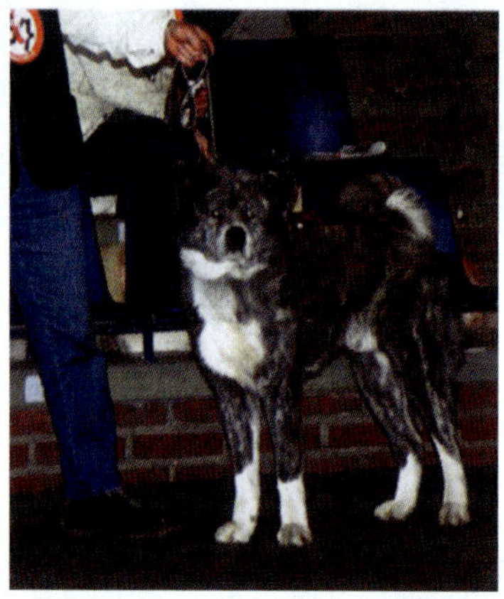